◆ 中国社会科学院创新工程结项成果

A Theoretical and Practical Analysis of Building a
China-Latin America & the Caribbean Community
with a Shared Future

构建中拉命运共同体

理论与实践创新

贺双荣 等◎著

朝华出版社
BLOSSOM PRESS

图书在版编目（CIP）数据

构建中拉命运共同体：理论与实践创新 / 贺双荣等
著. -- 北京：朝华出版社，2024.8. -- ISBN 978-7
-5054-5489-7

Ⅰ. D822.373

中国国家版本馆CIP数据核字第20249KX718号

构建中拉命运共同体：理论与实践创新

贺双荣　等　著

责任编辑　韩丽群
责任印制　陆竞赢
装帧设计　杜　帅
排版设计　愚人码字
出版发行　朝华出版社
社　　址　北京市西城区百万庄大街24号　　　　**邮政编码**　100037
订购电话　（010）68996522
传　　真　（010）88415258
联系版权　zhbq@cicg. org. cn
网　　址　http://zhcb. cicg. org. cn
印　　刷　河北尚唐印刷包装有限公司
经　　销　全国新华书店
开　　本　710mm×1000mm　1/16　　　　**字　　数**　260千字
印　　张　17.75
版　　次　2024年8月第1版　　2024年8月第1次印刷
装　　别　平
书　　号　ISBN 978-7-5054-5489-7
定　　价　88.00元

目录
CONTENTS

导　言

　　"命运共同体"一词最早出现在2011年9月国务院发布的《中国的和平发展》白皮书中。2012年11月，党的十八大报告系统地阐述了建立人类命运共同体的现实基础和概念，2013年3月，习近平主席提出"这个世界，各国相互联系、相互依存的程度空前加深，人类生活在同一个地球村里，生活在历史和现实交汇的同一个时空里，越来越成为你中有我、我中有你的命运共同体"。[①]随后，推动构建人类命运共同体作为中国新时代外交政策的指导思想，不仅写入了2017年10月24日中国共产党第十九次全国代表大会通过修订后的《中国共产党章程》中，而且写入了2018年3月11日第十三届全国人民代表大会第一次会议通过的《中华人民共和国宪法修正案》中，从而确立了其在中国外交政策中的中长期的指导地位。人类命运共同体作为一种超越民族、国家和意识形态的全球观也被写入了联合国决议，获得国际广泛认同，使其具有了重要的国际意义。如何扩大这一理念的国际认知度，践行这一目标的实现，对于提升中国的国际话语权，提高中国的道义感召力具有重要的作用。由此可以看出，构建人类命运共同体已经成为一个具有重要学术性、战略性、时代性和紧迫性的重大课题。

　　人类命运共同体是中国提出的对未来世界的一种愿景，一种秩序观，是中国的"世界梦"。共同体一词包含身份认同、社会化网络、规

[①]习近平：《顺应时代前进潮流　促进世界和平发展——在莫斯科国际关系学院的演讲》，载《人民日报》2013年3月24日，第02版。

范与秩序再生等意义。西方认为中国提出人类命运共同体的倡议是为了重塑世界秩序，是现有秩序的修正者。但正如习近平主席指出的，"中国是现行国际体系的参与者、建设者、贡献者，同时也是受益者。改革和完善现行国际体系，不意味着另起炉灶，而是要推动它朝着更加公正合理的方向发展"。它具有强烈的时代性、包容性和多元性。这一理念具有强烈的时代感，它的提出顺应了时代的要求，是全球化进程中各国间相互依存关系不断深化后，国家间关系应从霸权竞争关系转向合作共赢的命运共同体关系的时代要求。它的包容性体现在中国提出的这一概念是面向国际社会中多种政治、宗教和社会结构之下各类成员的，而非以小圈子、高门槛、排他性为导向。它的多元性体现在以全人类共同价值替代以西方为中心的普世价值观。其深邃的学理意义不仅体现在中国文化传统的基因中，也与西方主流国际关系理论理想主义、自由主义及构建主义等理论体系都有一定的学理相关性。通过探讨这种学理相关性并加以利用，更便于"人类命运共同体"一说的推广和被国际社会接受。此外，进一步从学理上阐释这一理念，也是构建中国学派国际关系理论的任务和学术需要。

推动构建人类命运共同体作为新时期中国外交的指导思想，其政策目标主要有三个：第一，维护中国和平发展的外部环境，延长中国发展的战略机遇期。中国日益融入全球化，中国与外部世界的关系越来越紧密。维护和平发展的外部环境越来越成为中国实现两个百年发展目标的重要条件。第二，构建中国特色大国外交战略。中国的崛起是不争的事实，但中国不想走传统霸权大国的老路，希望通过倡导合作共赢的新型国际关系，构建人类命运共同体，实现国际社会的共同发展，以此来构建中国在国际社会上的话语体系、价值体系、凸显中国特色的大国外交。第三，推动全球治理。随着全球权力的转移及全球化的发展，全球治理结构及理念也应进行改革和变革。共商、共建、共享、共赢等命运共同体意识，为解决全球治理赤字、推动国际关系民主化及解决发展缺位等问题提供了方向和中国方案。

以推动构建人类命运共同体作为新时期中国外交实践，中国先后提出了构建中美新型大国关系、亚洲命运共同体、中非命运共同体等双边和多边倡议。2014年7月17日，习近平主席在巴西利亚与拉美和加勒比国家领导人会晤时提出，与拉美国家构建"携手共进的命运共同体"①。拉丁美洲和加勒比（以下简称"拉美"），作为有33个国家6亿多人口的世界最大的发展中地区之一，在世界政治及中国的外交中占有重要地位。进入21世纪以来，中拉经贸关系得到了快速推进，不仅合作规模、合作领域不断扩大，贸易、投资及金融也逐步成为拉动双方经贸合作及经济增长的引擎。随着双方利益日益融合，中拉双方初步建成互为对方发展机遇的命运共同体。在经贸关系的带动下，中拉合作呈现出宽幅度扩展态势：中拉整体合作机制的建立丰富了中拉互动的维度，合作内容从经贸层面向科技、国政、人文、教育、军事等领域延伸。在全球治理层面，中拉之间的对话与合作趋于频繁，合作效力及影响力迅速提升。拉美成为构建人类命运共同体的重要组成部分。拉美地区有自身独特性，在构建中拉命运共同体的过程中，面临的任务、目标及挑战也不尽相同。因此，开展对中拉命运共同体的研究不仅可以丰富人类命运共同体构建体系的内容，而且对于实现中国特色大国外交也具有非常重要的理论和现实意义。

有鉴于此，《构建中拉命运共同体：理论与实践创新》在2018年被立为中国社会科学院创新工程重大A类项目。项目组成员以中国社会科学院拉丁美洲研究所国际关系研究室成员为主。经过5年的努力，项目顺利结项，并集结成书。

此书共分5章，主要探讨了人类命运共同体思想的时代背景和内涵及

---

①习近平：《努力构建携手共进的命运共同体——在中国—拉美和加勒比国家领导人会晤上的主旨讲话》，载《人民日报》2014年7月19日，第02版。

新时代中国大国外交的特征，构建中拉命运共同体的现实基础、路径、中拉全球治理合作及中拉命运共同体面临的挑战。

周志伟在第一章中就人类命运共同体思想产生的背景、内涵及新时代中国大国外交的特征进行了分析。关于时代背景，他认为有五个维度。第一，经济全球化面临空前"去全球化"逆流。民粹主义的抬头削弱了合作共识，美国全球议程存在明显的政治化倾向，势必给经济全球化带来负面影响。第二，全球体系转型加速推进。一方面，国际权力对比趋于平衡。另一方面，中国率先实现从"外围大国"到"中心国家"的身份突破。此外，南南合作、区域一体化势头强劲，日益成为全球地缘政治的重要平衡力量。第三，大国竞争烈度上升。受此影响，国际关系面临更复杂的干扰因素。作为现行国际秩序的主导方，美国等西方国家为遏制竞争对手而破坏国际规则的行为，无疑对国际关系造成巨大干扰，全球甚至面临退回到"平行体系"的巨大风险。广大发展中国家也将面临更加复杂的国际合作环境，甚至在一定程度上，被迫面临来自美国等西方发达国家要求"站队"的选择压力。在这种局面下，国际合作的弹性和灵活度都将受到限制，国际合作成本和风险也会有所上升。第四，全球治理赤字凸显。当前，全球治理困境主要来自两组供需矛盾。第一组供需矛盾在于全球治理任务的艰巨与治理体系主导方提供公共产品的能力和意愿下降之间的矛盾。另一组供需矛盾则体现在全球治理体系的主导方对新参与方的不认同和不接纳。第五，新时期中国国家发展目标的新变化。在全面建成社会主义现代化强国，实现中华民族伟大复兴的中国梦的新发展阶段，统筹好国内、国际两个大局至关重要。具体到国际层面，核心目标在于：其一，努力争取有利于国计民生发展的各种因素，营造良好的外部环境，维护并利用好发展的战略机遇期；其二，深化全球治理参与度，推动全球治理体系改革，更好发挥负责任大国作用。

关于人类命运共同体思想的内涵，他从国际关系视角做了四点分析。其一，"命运与共"的国际社会观，是对"我们需要建设一个什么形态的国际社会"的回应。其二，全人类共同价值导向，回答的是"我们应该遵循什么价值理念"。其三，"五位一体"的总框架，是针对"我们该如何建设一个更美好的世界"的路径选择问题。其四，共商共建共享的全球治理观，解决的是"我们应该如何实现有效的全球治理"的问题。

在人类命运共同体思想的引领下，新时代中国外交体现出以下鲜明特征：第一，坚持走和平发展道路。中国提出了一系列外交新理念，尤其强调与各国建立和发展利益共同体、责任共同体、命运共同体，向世界展示中国的国际社会观、全球治理观，传递中国构建合作共赢的国际关系的意愿，拒绝基于零和博弈逻辑的"修昔底德陷阱"路径，表达为全球治理提供更多解决方案的大国责任担当，展现的是一种建立在命运与共、共享发展、携手应对之上的国际秩序观和构建思路。第二，践行正确义利观。正确义利观体现出两个层面的核心内涵。其一，正确义利观是中国在从弱变强的发展历程中，总结自身外交实践以及对国际体系存在问题的认知所提出的更具全球意义的普遍价值，为解决基于"利益至上"原则的国际竞争以及大国竞争的"修昔底德陷阱"世纪难题提供了道路探索。其二，正确义利观的提出展示出了逐渐步入全球权力中心的中国与国际社会的共处原则，既回应了"中国崛起对世界意味着什么"的疑虑和困惑，也充分展示了中国崛起能够给波谲云诡的国际关系环境提供正向引领。第三，构建以合作共赢为核心的全球伙伴关系。全球伙伴关系是新型国际关系的重要实际支撑，也体现了新型国际关系的政治学逻辑。首先，从双边层面，构建多类型的伙伴关系；其次，在多边层面，实质性地参与地区治理和全球治理；再次，构建更广泛的跨区域整体合作伙伴网络；最后，在重要议题上，探索构建新型伙伴网络。第四，坚持共商共建共享的全球治理观。基于共商共建共享的全球治理观，中国参与全球治理的基本路径主要体现在以下三个层次。其一是坚持全球治理体系改革的公正、合理的大方向；其二是坚决维护多边协商的全球治理原则；其三是积极提供更多的中国方案。

　　赵重阳在第二章中探讨了构建中拉命运共同体的现实基础。她从历史和现实两个方面进行了探讨。中拉关系的累积和递进式发展为中拉命运共同体的构建奠定了坚实的基础。从1949年中华人民共和国成立至今，中拉关系走过70余年的发展历程，经历了三个发展阶段：自发发展、自主发展和构建发展。其中，自发发展和自主发展阶段为中拉反应式关系模式时期（1949—2013），中拉关系在这一时期实现了从无到有再到飞跃式发展，并实现了从以意识形态为纲到务实主义，从以政治驱动为主到以政治、经贸双轮驱动，以及从以发展双边关系为主到双边、多边合作并重的转变。2013年以来，随着中国提出构建人类命运共同体和中拉命运共同体的理念，中拉加强了对于未来关系发展的顶层设计，合作机制日益健全，合作动力和内容也日益多样化。双方关系具有了更强的规划性和前瞻性，进入构建发展的新阶段，关系模式也转为构建式发展模式。经过70余年的接触、合作与关系调整，中拉逐渐具备了形成共同体的核心变量——集体身份[1]所需的主要变量因素，并且这些变量因素还在不断增强，成了构建中拉命运共同体的现实基础。

　　共同体的构建需要形成共同体意识，即形成集体认同和集体身份。建构主义的代表人物温特在《国际政治的社会理论》一书中提出了共同体成员集体身份形成的四个变量：共同命运、相互依存、同质性以及自我约束的互动方式。在一个情境中这四个变量因素存在的程度越高，集体身份形成的可能性就越大[2]。她根据这个框架，分析了中拉命运共同体构建的现实基础。一是具有共同命运。在国际政治中，典型的共同命运是由一个群体面临的外来威胁造就的[3]。当行为体面临共同的危机或挑战

---

[1] Alexander Wendt, "Collective Identity Formation and the International State", in *The American Political Science Review*, January 1994, Vol. 88, No. 2, p.384.

[2] [美]亚历山大·温特：《国际政治的社会理论》，秦亚青译，上海：上海人民出版社，2014年10月，第1版，第334页。

[3] [美]亚历山大·温特：《国际政治的社会理论》，秦亚青译，上海：上海人民出版社，2014年10月，第1版，第339页。

时便具有了共同命运。中拉共同命运既体现于双方共同的历史遭遇，即都曾遭受西方列强的殖民和侵略；也体现于双方在探索符合自身特色的发展模式、实现国家发展和现代化的过程中面临的共同外部挑战，即以美国等西方发达国家为主导的现行国际体系和全球治理体系对包括中拉在内的广大发展中国家构成的主权挑战、发展权挑战和安全挑战。

　　二是具有同质性。同质性又称相似性，既可体现于客观物质层面，也可体现于主观意识层面。中国和拉美国家虽然国情不同，但由于具有共同命运，在应对共同外部挑战的过程中逐渐形成了总体相近的世界观和全球发展理念。例如，双方对于自身在国际体系中的定位和相互定位逐渐趋于一致，对于建立更加公正、合理的国际新秩序和全球治理体系具有共同的诉求，在处理国际关系时秉持相似的基本原则，在国际事务和全球治理议题上具有相近的立场，等等。随着国际形势的演进，以及中拉对各自发展经历、经验进行的持续总结和反思，双方的一致观念不断增多，对于这种相似性的认知也越来越明确。

　　三是相互依存程度加深。由于具有共同命运，以及相近的世界观和身份认同，中拉相互战略定位不断提升，加强合作以应对共同外部挑战和促进国家发展的意愿不断增强，合作动力多元化，合作领域多样化，逐渐构筑起综合、立体、多层次、全方位的合作架构。双方的共同利益不断增多，逐渐由经济、政治领域向安全等领域扩展，在涉及各自核心利益和共同关心的国际事务中也互相支持与配合，相互依存程度加深。

　　四是自我约束的相处模式。在国际政治中，当一个国家自愿尊重其他国家的个体性和需求时，它就是自我约束的。[①]中拉双方在合作过程中始终秉持相互尊重、平等相待、协商共赢、共同发展的原则；寻求建立和平共处、平等尊重、互不干涉内政、互惠共赢、共同发展，以及共同

[①][美]亚历山大·温特：《国际政治的社会理论》，秦亚青译，上海：上海人民出版社，2014年10月，第1版，第347—350页。

安全、结伴而不结盟的合作关系。这种具有自我约束性质的双边关系不仅是中拉关系区别于拉美与美欧等其他大国关系的根本特质，也是中拉关系可持续发展的根本保障。

未来中拉可继续从以下几方面加强合作，进一步夯实构建中拉命运共同体的现实基础：一是增强对于构建共同体身份的主观认知。共同命运、同质性、相互依存都是客观条件，需要中拉双方进一步做出观念上的努力，将客观促进因素转化为主观认知和认同。如通过政府宣传和社会舆论等路径增强双方社会各层级对于共同命运、同质性、正向相互依存等的积极认知，以及合作应对共同威胁和挑战、实现共同发展的主观认同；通过学术交流和文明对话等路径增强双方在价值理念、具体内涵等方面的沟通，增进一致性；通过加强合作机制建设增进相互认知和认同等。二是增强积极相互依存度。由于相互依存可以是积极的也可以是消极的，并有可能引发行为体对于形成依赖和脆弱性的担忧，因此中拉之间除了应增强对相互依存的积极认知外，还应进一步加强积极相互依存度。首先是寻找更多利益对接点，拓展相互依存的领域，以削弱对于依附性和脆弱性的担忧[1]。其次是提高中拉整体的相互依存程度。中国可在继续加强与拉美关键支点国家合作的同时，进一步通过中拉整体合作机制加强与其他拉美国家的合作。三是继续践行自我约束的互动模式。自我约束是形成集体身份和共同体的根本保障。如果说政治和经济因素对于中拉关系发展起着重要的引领和推动作用，那么自我约束则起到了保驾护航的作用。未来，随着中拉合作领域的拓展，双方利益不断融合的同时也会产生新的分歧，只有继续践行自我约束的互动模式，坚持和平共处、共同发展、共同安全的合作原则和目标，才能有效化解分歧和纷争，免受其他外部因素的干扰和分化，最终形成中拉命运共同体。

---

[1] [美]亚历山大·温特：《国际政治的社会理论》，秦亚青译，上海：上海人民出版社，2014年10月，第1版，第335页。

孙洪波在第三章分析了中拉命运共同体构建的路径。他认为中拉关系经历"累积式"和"跨越式"发展阶段后,双方已形成利益相互融合与相互依存的关系,是国际体系中的重要力量及发展中国家的主要力量构成,拉美是中国构建人类命运共同体的重要伙伴。

构建中拉命运共同体的路径有以下几个:第一,完善中拉合作机制,构建中拉伙伴关系网络。目前中拉"五位一体"的全面合作包括政治互信、经贸交往、人文交流、国际协作和整体与双边互动,整体合作与双边合作相互促进。整体合作项下的各种"功能性合作"与全面合作项下的各个领域具有不同的层次性、关联性、互动性和侧重性特点。中拉合作机制网络在国别和区域层面上初步形成,加强中拉全面合作伙伴关系,以功能领域合作为引导,需要进一步完善中拉合作机制,注重功能领域和合作机制的公共产品属性,为中拉命运共同体建设探讨具体实施路径。第二,高质量共建"一带一路",构建发展合作新平台。推动高质量共建"一带一路",是构建人类命运共同体的重要载体、路径及具体行动,可形成深受欢迎的国际公共产品和国际合作平台。拉美是"21世纪海上丝绸之路"的自然延伸,中拉在"一带一路"框架下实现中拉发展战略对接,促进双方共同发展。以"五通"合作为主线,有利于进一步优化中国对拉美既定政策,落实好近年来中国对拉美宣示的系列理念、主张和举措,为推进对拉整体与双边合作、深层次和高水平运筹中拉关系注入新动力。同时也要看到,中国在拉美推进"一带一路"建设面临诸多不容忽视的挑战。第三,共享发展,构建中拉发展共同体。拉美属于全球新兴发展中板块,是构建全球发展共同体的天然伙伴。进入21世纪以来,中拉经贸关系取得了跨越式的发展,中拉不仅合作规模、合作领域不断扩大,而且贸易、投资及金融逐步成为推动经贸合作的引擎,随着双方利益日益融合,中拉双方初步建成发展命运共同体。全球发展倡议在助力区域发展治理方面同样发挥着不可或缺的作用,共建中拉发展共同体既体现了全球发展倡议的全球意义,又结合了当地的发展实际体现出区域意义。拉美国家看重中国的经济实力和国际影响力，期待对华经贸合作提质升级。第四，构建中拉卫生健康共同体。受全球新冠疫情扩散影响，中拉第一次共同经历了全球性公共卫生危机，中拉加强抗疫合作、相互支持，成为新时期中拉关系发展的新亮点。中拉卫生健康合作可分为疫苗、医疗技术、基础设施、医疗科研、人才培养、监管政策、公共卫生政策等领域，这需要构建双边合作和区域合作框架或路径。中拉充分利用抗疫合作经验，完善中拉卫生健康合作机制，探讨构建中拉卫生健康共同体合作路径。目前中拉卫生健康合作尚处于起步阶段，医疗产业链合作相对薄弱，政府间的医疗合作紧密程度需要进一步加强。第五，创新人文交流机制，促进中拉民心相通。目前迫切需要解决中拉人文交流领域的具体目标定位、路径选择及政策执行路线图等问题，构建中拉整体、多边及双边层面上的人文交流统筹协调机制，重点完善多渠道、多平台中拉人文交流合作执行机制建设，提升中国对拉国际传播能力和国际话语权，充分发挥人文交流在构建中拉命运共同体中的重要支撑作用。

何露杨在第四章分析了中拉加强全球治理合作，推动构建人类命运共同体的必要性、可能性、合作领域以及面临的挑战。她认为，在当前的全球治理改革与合作中发挥引领作用，为国际社会破解全球治理赤字难题提供"中国方案"是构建人类命运共同体的重要内容。作为国际社会的重要成员及发展中国家的主要力量构成，拉美是中国加强全球治理合作，推动构建人类命运共同体的重要伙伴。中国同拉美国家作为发展中国家和新兴经济体，都是实现世界和平与繁荣，促进多边主义、世界多极化和国际关系民主化的重要力量。作为新兴国家与发展中国家参与全球治理的先行者，拉美不仅是全球治理的积极参与者和推动者，也是特定治理领域的行动引领者和协调者，更是全球治理的理念建设者和制度贡献者。

基于具有本地区特色的全球体系观和世界秩序观，拉美国家发展出一系列指导对外政策实践的国际政治思想和外交理念，代表发展中国家地区对西方主流国际关系理论与行为模式进行了创新发展和有益补充。为了建立更加公平包容的国际政治经济新秩序，拉美国家在参与国际事务的过程中倾向于加强南南合作、地区一体化、多边主义，加快全球治理改革，推动世界体系和国际秩序向更加多元、公正、均衡的方向发展。作为多边治理机制的重要组成部分，拉美积极响应治理议程，承办全球性会议和竞选国际组织要职是其参与全球治理的重要途径。作为长期积极参与地区性及全球性多边治理行动的发展中国家地区，拉美注重发挥地区的双重身份和集体谈判优势，在对外交往和国际合作过程中不断积累经验，提升能力，进而能够在特定治理议题上起到协调甚至引领的作用。

2008年金融危机爆发以来，全球性问题日益涌现，在百年未有之大变局下，世纪疫情的出现进一步加速国际权力格局的转变，为不断崛起中的新兴国家推动全球治理变革，为发展中国家构建更加公平合理的国际秩序提供了重要契机。中拉在身份认同、外交理念、发展诉求、国际地位等方面享有共同的利益和理念，为双方同舟共济完善全球治理、携手构建中拉命运共同体奠定了坚实的政治基础。中国和拉美国家同属发展中国家，一致的身份认同是中拉加强全球治理合作的重要政治基础。基于对和平发展、多边主义以及主权与不干涉原则的坚持，中拉持有相近的外交理念，为双方推进全球治理合作创造了有利条件。在日益错综复杂的国际形势下，防范化解风险挑战、实现社会经济可持续发展，是中拉加强全球治理合作的动力之源。

进入21世纪以来，中拉在经贸、环境、能源、卫生、网络等多个全球治理领域展开了形式多样、富有成效的合作，中拉全球治理合作的双多边机制建设不断完善。双边层面，巴西、墨西哥、阿根廷作为新兴国家和地区大国，密切关注全球治理体系变革，在全球贸易、气候变化、可持续发展、能源、安全及网络治理等领域表现活跃，是地区参与和推动全球治理议程的先锋力量，也是中国推进构建新型国际关系和人类命运共同体、推动建立更加公正合理的全球治理体系的重要伙伴。中国同拉美大国就共同关注的全球治理议题开展了富有成效的双边合作，针对全球贸易和金融治理、气候变化应对、可持续发展等治理议题进行了密切的对话沟通和立场协调，达成了重要共识，取得了积极成果，推动了全球治理的发展与完善。多边层面，中拉双方基于地区及全球性的治理平台开展了不同程度的磋商与合作，收获了广泛共识，取得了积极成效。

以全球治理合作推进中拉命运共同体构建也面临一些问题与挑战。首先，在中美博弈的大背景下，随着中国在拉影响力的上升，中美在拉战略竞争日益激烈。一方面，美国在拉美不断加大负面影响中拉关系力度，令部分拉美国家对发展对华关系的顾虑有所上升；另一方面，美国利用拉美一体化组织不断强化对拉渗透、试图降低中国在拉影响力。其次，近年来，在右翼保守意识形态、民族主义、逆全球化思想沉渣泛起的背景下，代表极端右翼势力的领导人在部分拉美国家上台执政，导致这些国家的身份认同和外交理念发生较大幅度的调整，加大了中拉在部分全球治理议题上的立场与政策协调难度。最后，当前，不利的国际市场环境、经济结构性痼疾叠加全球新冠疫情后续影响，拉美经济发展陷入低迷，地区政治生态加速演变，不稳定、不确定因素显著增加，一体化合作遭遇逆风，为中拉推进"一带一路"合作、构建中拉命运共同体带来一定挑战。

贺双荣在第五章分析了构建中拉命运共同体面临的挑战。一是利益共同体作为构建中拉命运共同体的基石，其可持续性受到挑战。在后疫情时代，受世界政治经济不确定性以及自身发展模式的制约，拉美国家经济持续低迷，经济风险增加；与此同时，经济增长困境增加了政府执政难度，使政府轮替加快和政治极化严重，由此加大了中拉合作的经济和政治风险。此外，拉美经济疲弱导致的贫困率上升、外债激增、通胀高企等问题，进一步引发了拉美的社会危机，给中拉发展合作带来了一定的社会风险。

二是身份认同使中拉构建命运共同体面临重要挑战。主权国家之间构建利益共同体是相对容易的，但构建共同体意识是较难的，其"潜在的困难和麻烦在于共同体的身份认同感"。发展中国家的身份认同是过去中拉推动南南合作、构建世界经济新秩序和全球治理合作的重要基础。但随着中拉经济的发展及其在世界经济中地位的变化，这一身份认同以及中拉关系的性质受到拉美的质疑。而中拉在文化和政治认同上的较大差异则是影响中拉命运共同体意识形成的主要障碍。拉美文明的西方底色将使中拉在政治和文化上有不同的身份认同，这导致中拉经贸合作的外溢效应不显著、拉美国家加强与中国政治及安全合作的意愿不强，中国提升在拉美的软实力仍面临政治障碍。

三是大国竞争与地缘政治挑战。中拉命运共同体面临的最大挑战是全球权力转移带来的体系压力。随着中国的崛起，美国现在有"越来越多的共识认为，中国的崛起不仅是对美国的战略挑战，而且中国是一个以牺牲美国利益为代价崛起的国家"。美国对中国的战略遏制和战略打压是全方位的，遏制中国在拉美日益扩大的影响力是其对外战略的目标之一。其中，拉美地区特殊的地缘政治地位使美国对中国在拉美日益扩大的存在感比在其他地区更加敏感，因此也受到美国更多的关注和打压，门罗主义强势回归给中拉命运共同体的构建造成巨大的挑战。

中拉命运共同体的构建是一个长期的过程，未来中拉双方在促进利益进一步融合，加强身份认同，弥合认知差异，应对体系压力，特别是中美战略竞争等方面，仍面临着巨大挑战。在世界动荡变革期，中国将保持对拉美战略的确定性、战略耐心以及战略定力，推动中拉命运共同体建设走深走实。

1

第一章

人类命运共同体思想与
新型国际关系

人类命运共同体思想是马克思主义中国化、时代化的重要创新，既根植于中华优秀传统文化的价值理念，是对马克思主义国际关系理论的继承与发扬，也实现了对传统西方国际关系理论的突破和超越。一方面，它反映出了中国对于"世界向何处去，人类怎么办"这一时代重要课题的哲学思考；另一方面，也是中国为"推动人类走向更加美好的未来"所提出的建设方案，充分体现了中国"向善、向上、向美"的价值观和追求。

人类命运共同体思想与中华优秀传统文化、马克思主义世界观、中国社会主义建设实践存在深刻的逻辑关联，但该理念的提出也体现出了鲜明的时代特征。换言之，在全球百年未有之大变局的局面下，人类命运共同体思想是新一代中国国家领导人基于中国政治哲学、中国特色社会主义外交思想、新时代中国国家建设需要、发展中国家身份提出的，积极回应了"建设一个什么样的世界"和"如何建设这个世界"等重大时代问题。由此可见，人类命运共同体思想的产生和发展与全球之变、中国之变存在着一定的因果逻辑，体现的是对全球大变局中的挑战、风险、不确定性的理性应对思路，反映出中国凝聚全人类共同价值、维护全球和平与发展的治理愿景。

鉴于此，本章首先探讨人类命运共同体思想产生的时代背景，期望从全球之变、中国之变两个维度解析人类命运共同体思想所回应的时代变局。其次，进一步阐述在人类命运共同体思想的引领下，新时代中国特色大国外交的实际内涵，旨在厘清新时代中国外交的目标体系。最后，从中国对拉美政策的视角着手，尝试回答中国对拉美地区的战略认知、拉美在中国外交中的位置、中国对拉美的政策目标等核心问题。

第一节 人类命运共同体思想形成的时代背景

人类命运共同体思想是基于世情、国情新发展、新变化的理论创新，体现了凝聚全人类共同价值，化解变局挑战风险的治理哲学。该理念形成的时代背景体现在多个维度，根据笔者的理解，经济全球化的发展新态势、国际权力体系的转型变化、国际关系竞合新局面、全球治理供需失衡、中国新时代发展目标是理解人类命运共同体思想内涵的重要维度。

一、经济全球化面临"去全球化"逆流

经济全球化是社会生产力发展的客观要求和科技进步的必然结果，给全球经济社会发展、全人类生活都带来了巨大革新，也是影响国际权力结构、全球治理体系发展走势的重要因素。对于经济全球化的发展历程，有学者划分为三个阶段：第一次全球化为1830年左右至第一次世界大战爆发，特征为以欧洲为中心的国际贸易、投资和贷款流动；第二次全球化为20世纪20年代至20世纪80年代发展中国家债务危机，特点是石油和工业制成品贸易增加，但大多数工业制成品由欧美等发达国家生产，发展中国家参与全球化的意愿较低；第三次全球化则始于1987年左右，并延续至今，最大特性是创建了复杂的国际供应链，尤其随着现代技术的应用，生产要素配置更趋合理，国际贸易增速更为显著。①也有学者认为，真正意义上的经济全球化主要包含两个阶段，第一个阶段是19

---

① 王俊美：《全球化正在迈入新阶段——访美国经济学家马克·莱文森》，载《中国社会科学报》
2021年9月17日。

世纪70年代中期至1914年一战爆发，该阶段经济全球化依托新帝国主义均势秩序，是建立在殖民扩张基础上的、单向和被动的全球化；第二个阶段是20世纪80年代中期至今，在自由主义国际秩序下，以跨国公司为主体、国际直接投资为载体的生产要素合作逐渐成为世界经济运行的本质特征，发展中国家利用比较优势更为主动地参与到全球化进程中。[①]

在经济全球化促进全球财富增长的同时，国家受益不均一直是备受争议的问题。在第三次经济全球化之前，南北国家财富鸿沟是学界关注的核心问题，包括拉丁美洲在内的发展中地区学者所提出的中心—外围理论、依附理论就深刻揭示了发展中国家在全球化中所处的不利局面，甚至产生了主张"脱钩"的思想流派，而这些对发展中国家的政治思潮、社会运动产生了巨大影响，民族主义与"反全球化"思潮在发展中国家一直具有很强的影响力，甚至成为政治动员的重要旗帜，在经济下行时期体现得尤为明显。美国次贷危机和欧债危机爆发后，全球经济在10年内都未能获得实质性增长。受此影响，民粹主义抬头成为国家、地区、国际三维政治生态中最引人关注的现象。尽管民粹主义具有左、右两种不同导向，但对经济全球化则都持不同程度的排斥态度。在此期间，特朗普现象、英国脱欧、欧洲保守力量壮大成为欧美发达国家右翼民粹主义"回潮"的典型体现。而在发展中地区，政治意识形态多极化也呈现上升态势，进而加剧了不同政策主张之间的排斥程度，与第三次经济全球化初期的趋同性政策环境存在显著反差。换言之，以往的"求同存异"共识越来越遭到"我们是不同的"的排斥性思维侵蚀，受此影响，关于国家发展议程、经济全球化的政策共识减少，进而体现出内政外交政策的宽幅调整，由此产生更大的不确定性，这也与经济全球化所需的政策延续性、确定性是相违背的。

[①] 王玉主、王伟：《国际秩序与经济全球化：历史进程与影响机理》，载《学术探索》2021年第12期，第76—79页。

现阶段，经济全球化所面临的另一巨大挑战是美国对全球化的干扰和扭曲，根本原因在于以中国为代表的新兴大国更有效地利用第三次经济全球化实现国家财富的迅速积累，在这种局面下，延续霸权和遏制竞争者成为美国国内政治的两大共识性目标。在美国次贷危机爆发后的10年间，新兴市场和发展中国家占全球GDP（购买力平价）的比重从44%增至60%。①同时，中国国内生产总值从2008年底的4.6万亿美元增长到13万亿美元左右，而增加的8万亿左右美元占全球 GDP 增长的一半以上。②在全球经济普遍低迷的局面中，中国的异军突起加剧了美国的战略焦虑。基于"中国在第三次经济全球化受益最丰"和"中国将在新一轮经济全球化中发挥引领作用"的两种基本判断，美国利用自身的美元霸权、规则霸权以及在全球各区域的影响力优势，极力干扰和扭曲全球经济秩序，一方面旨在压缩中国在经济全球化的受益空间，另一方面则着眼于遏制中国参与全球化的广度和深度。自特朗普执政开始，美国实际上就是在推进以遏制中国为目标的"双轨全球化"（或言"平行体系"）。这种政策导向对经济全球化的干扰体现在两个层面：其一，作为全球头号经济大国和经济全球化传统主导国，美国排斥性的全球议程存在明显的政治化倾向，严重背离自由、开放的市场规则，势必对经济全球化造成扭曲；其二，中国是全球第二大经济体、第一货物贸易大国和第二大消费市场，对世界经济增长贡献率多年高居首位，也是全球120多个国家和地区的最大贸易伙伴和重要投资来源国，美国在规则、技术、产业领域的"去中国化"政策则将对经济全球化动能造成抑制。从具体表现来看，美国挑起的对华贸易战、对华技术打压、排华性质的贸易制度安排（如《美国—墨西哥—加拿大协定》）、抹黑中国"一带一路"倡议等

---

① Wenjie Chen, Mico Mrkaic, and Malhar Nabar, "The Global Economic Recovery 10 Years After the 2008 Financial Crisis", *IMF Working Paper*, WP/19/83, March 2019, P.5.

② Jim O'Neill, "The Global Economy Ten Years After", Sep. 12, 2018. DOI: https://www.jordantimes.com/opinion/jim-oneill/global-economy-ten-years-after[2024-5-20]

做法，直接目标在于限制中国与其他国家、地区之间的经济利益融合，维持美国在全球各地区、各领域的影响力优势。但是，从更深层次来看，这将对经济全球化造成巨大的负面冲击。

二、全球体系转型加速推进

伊曼纽尔·莫里斯·沃勒斯坦曾经判断，在1990—2025/2050年这段时间里，很可能出现的情况是：和平、稳定与合法性将不多见，原因在于美国霸权的衰落以及世界新体系的形成。[1]根据巴西资深外交家塞尔索·阿莫林的分析，世界新体系是"从一个两极权力结构模式向一种新模式的过渡"。尽管这种新模式的轮廓还不完全清楚，但美国维护单极霸权与权力中心多样化是这一过程中最显著的两种趋势。

随着"冷战"的结束，美苏两极对立格局瓦解，与此同时，经济全球化的提速推进使得国际体系呈现出新的变化趋势。在"冷战"结束后的三十年里，国际体系终结了美苏主导的雅尔塔体系，但又在相当程度上延续和发展了二战后国际体系的一些主要框架，处于突变后的长期渐变过程中。[2]在此局面下，国际力量对比呈现出新的变化特征。

第一，国际权力对比趋于平衡。自"冷战"结束以来，在全球化快速推进阶段，发展中国家群体通过全球产业链分工参与，利用更低的劳动力成本、更具规模的消费市场等比较优势实现了经济的快速增长，尤其是2008年全球金融危机以来，发展中国家的增长效率更显优势，南北经济总量对比从1980年的25：75变为60：40，发展中国家经济总量反超发达国家，这对全球权力结构造成了深远冲击，发达国家主导国际事务

---

[1] 弗朗西斯科·洛佩斯·塞格雷拉主编：《全球化与世界体系》（上），白凤森等译，北京：社会科学文献出版社，2003年2月。

[2] 杨洁勉：《当代国际体系的渐变和嬗变——基于两个三十年的比较与思考》，载《国际展望》2022年第2期，第2页。

的法理性面临越来越多的质疑。特别是，非西方国家兴起后，不断就自身国际话语权和规则制定权提出诉求，自由主义国际秩序的公正性、合理性逐渐受到质疑。①从更深层次来看，世界财富和经济力量的变化远不止于改变"二战"后的国际体系，而是要改变自15—16世纪以来一直由"泛欧国家"主导国际体系和国际秩序的局面，使国际权力在"泛欧国家"和"非泛欧国家"间进行相对平衡的再分配。②尽管国际格局呈现出扁平化的趋势，但却尚未形成真正的"多极"局面。

第二，中国率先实现从"外围大国"到"中心国家"的身份突破。"冷战"结束后的30年里，中国经济完成了对绝大多数发达国家的超越。1991年，中国GDP排名全球第9位，不及七国集团成员国和西班牙；2001年，中国的排位升至第6位，超越西班牙、加拿大和意大利；2005年，中国超过法国升至第5位；2006年，中国超过英国，进一步攀升至第4位；2007年，中国实现对德国的赶超，排名升至第3位；2010年，中国超过日本升至第2位。自此之后，中国不断缩小与美国的差距。2010年，中国GDP（按国际汇率计算）相当于美国的39.3%，到2021年，中国GDP规模已达到美国的77.1%。在经济发展的快速带动下，中国科技、军事也取得了跨越式突破。国家综合实力的提升一方面直接使中国实现了从"外围大国"到"中心国家"的身份突破，另一方面也深刻地改变了西方发达国家对全球经济的垄断局面。正因为如此，中国的崛起成为推动全球权力结构转型最为关键的因素。

第三，南南合作势头强劲，且成为改革国际体系的重要力量。全球权力转移强化了发展中国家深化合作的政治意愿，加快了南南合作的节奏，新兴国家之间的经贸合作升级尤其显著。受此影响，南南合作在多数发展中国家的外交政策中重新成为优先议题，而合作领域及内容较之

---

① 刘建飞：《探索国际秩序转型的中国智慧与路径》，载《中国社会科学报》2022年3月18日，第03版。

② 林利民：《21世纪国际体系转型析论》，载《现代国际关系》2009年第6期，第6页。

前发生了显著质变。进入21世纪以来，发展中国家加强了在全球范围内的团结协作，不结盟运动、77国集团等传统发展中国家合作组织重新恢复活力，在诸如气候谈判、粮食安全、地区争端等国际事务中发挥了积极作用，在某些重要议题上，这些组织的影响力重新呈现出上升态势。除这些传统的南南合作机制外，还诞生了金砖国家、基础四国等致力于强化发展合作、维护发展中国家利益的新机制，这两个机制逐渐成为当前全球治理体系中的重要力量，也将成为新时期南南合作的重要机制。从合作领域和内容来看，新时期的南南合作从传统的"贸易加援助"走向以市场为基础的贸易、金融、投资、产业合作、区域一体化等多领域广泛合作。与传统的南南合作相比，由于发展中国家经济均处在相对上升的阶段，因此，新时期的合作实现了发展中国家之间更加有效的对接，更加符合"优势互补"和"合作共赢"原则。[1]

发展中国家是中国外交的基础，是中国在全球治理中相互协作的重要伙伴。21世纪初，中国逐步建立中非合作论坛、中国—阿拉伯国家合作论坛、中国与东南亚国家联盟的"10+1""10+3"机制、中国—中亚合作对话会、上海合作组织、中国—拉共体合作论坛等机制框架。随着中国综合实力的增强，南南合作的凝聚力和效率得到了显著提升。一方面，中国与发展中国家之间的高效经贸合作，深刻改变了发展中国家对发达国家的经济依赖，中国成为发展中国家实现经济社会发展可借助的力量；另一方面，新兴大国合作已对国际经济旧秩序产生"撬动"效应。比如，在国际货币基金组织2010年份额和治理改革中，中国、印度、巴西的份额均有显著提高。再比如，二十国集团在全球经济治理中核心地位的确立，更是改变了发达国家主导全球经济事务的局面，大大增强发展中国家在全球经济中的影响力和话语权，使国际经济关系呈现

---

[1] 王跃生、马相东：《全球经济"双循环"与"新南南合作"》，载《国际经济评论》2014年第2期，第61—80页。

出多元平衡发展状态，从而加速国际经济秩序的改革与新秩序的建立。

第四，区域一体化趋势加强，区域共同体将成为全球地缘政治的重要平衡力量。作为经济全球化的重要组成部分，区域一体化呈现出活跃态势。与以往北北型、南北型为主的区域经济合作不同的是，南南区域经济合作活力有明显提升。究其原因，一方面是发展中国家在经济全球化快速推进过程中呈现出更具优势的增长势头，全球价值链分工也为发展中国家之间合作提供了更大空间；另一方面，经济增长提升了发展中国家的战略自主意识，在谋取自身经济发展自主权的同时，发展中国家对区域性集体身份认同的政治诉求有所提升，这不仅形成了对区域经济合作的有效支撑，而且还扩大了区域一体化的实际内涵。以东盟为例，发展安全、经济一体化、维护民族特色和塑造地区共识成为一体化的重要内涵，一方面强调东盟中心地位（内部），另一方面则注重大国力量平衡。①再以拉美地区为例，在21世纪初左翼集体主政周期，南美洲国家联盟是拉美一体化探索的局部突破，前者旨在实现地区政治、经济、社会、防务和文化领域的全方位一体化。另外，2011年12月成立的拉美和加勒比国家共同体（简称"拉共体"）也体现出了构建集体身份的同样逻辑，成为该地区与域外力量开展对话的重要平台。②由此可见，在国际体系转型过程中，一大批中、小、微规模国家将区域机制建设提升至更优先的位置，体现了"外围"国家对国际权力结构"极化"趋势的主动应变。尤其值得关注的是，这种"化零为整"的区域共同体越来越成为大国外交战略中的重要一环，比如东盟是美、欧、日等国和地区的"印太战略"的重要抓手，与此同时，东盟同样是中国周边外交战略的优先选项。基于上述逻辑，区域共同体在全球地缘政治中的"杠杆"作用将

---

① 杨飞：《从安全到发展：话语认同与东盟演进的动力——基于东盟历史文本的解读》，载《东南亚研究》2021年第4期，第63—64页。

② 周志伟：《如何看待中美拉三角关系中的两组结构性矛盾》，载《当代世界》2018年第4期，第33—34页。

会体现得更为显著。从具体实践来看，作为地区中小国家的代表，东盟尽量避免做大国博弈的"棋子"与"马前卒"，而是争取在大国对话中发挥"桥梁"作用。[①]

三、大国竞争烈度上升

国际权力体系的变化深刻影响着大国关系形态特征，尤其在守成大国和崛起大国之间的关系上体现得更为明显。如前所述，新兴大国群体性崛起是撬动国际权力体系变革的最大动力，但是，崛起效率更高的中国才是该进程的核心引擎。进入21世纪以来，中美关系开始超越双边性，正在向多边形、地区性，乃至全球性发展。[②]过去20年来，美国不断调整对中美关系的定位，而战略竞争始终是最核心的关键词，且体现出竞争升级的明显趋势。小布什执政8年间，对中国的定性曾发生过从"战略竞争者"到"负责任的利益攸关方"的变化，但一直坚持"中国是最可能与美国发生军事竞争的国家"的基本判断；奥巴马执政期间，提出了"建设21世纪积极、合作、全面的中美关系"，将中美关系定位为"全面对话与合作伙伴"，但"亚太再平衡"战略的提出则体现出制衡中国的政策筹划，旨在应对中国的快速崛起。总体来看，无论是小布什政府还是奥巴马政府，美国对华战略定位的总基调是共同的，即美国欢迎一个稳定、和平与繁荣的中国崛起。[③]而针对不可回避的大国竞争，均倾向于有效管控，目标是维持中美双边的稳定。但是，自特朗普执政以来，美国对华战略定位出现大幅调整。2017年，特朗普上任后的首份美国《国家安全战略报告》认为中国和俄罗斯是美国面临的首要挑战，将中国界定为美国最主要的战略竞争对手和挑战现存秩序的"修正主义国

[①]张洁：《东盟加强战略自主有利区域稳定与发展》，载《光明日报》2022年5月17日，第16版。
[②]杨洁勉：《中美应对国际体系转型的战略和举措》，载《国际问题研究》2007年第3期，第26页。
[③]陈积敏：《冷静评估特朗普政府对华战略定位》，载《学习时报》2018年1月8日，第116—119页。

家"，尤其宣告美国自"冷战"结束以来奉行的对华接触政策是失败的，强调要与中国开展全面战略竞争，而竞争则在经济、政治、外交、人文交流以及国际秩序等领域全面展开。①在特朗普执政末期，中美关系呈现出从战略竞争走向战略对抗的发展态势，突出表现为美方不断挑战中国核心利益、突破双边关系底线、升高紧张气氛、加剧恶性互动。②拜登执政后，在2021年的《临时国家安全战略方针》《2022年国家防务战略报告》和《2022年国家安全战略报告》中均强调中国是"唯一有能力将经济、外交、军事和技术力量结合起来并对稳定和开放的国际体系提出持续挑战的竞争对手"，"中国是美国最重要的战略竞争对手"。与特朗普政府相比，拜登政府和民主党精英更加重视从国际体系层面审视中国带来的挑战，以及中美围绕国际体系的竞争。基于这个逻辑，拜登政府高度重视与盟友、伙伴国之间的协调，积极打造"盟伴体系"，力图以"复合型阵营""规则制衡"等方式加大对华战略竞争力度。③

与此同时，俄美关系中的竞争（甚至对抗）成分同样也呈持续累升态势。俄美结构性矛盾主要体现在双方对俄罗斯周边地区主导权的竞争、美国试图改造俄罗斯政治制度、俄美安全困境等三个层面，这些因素主导着两国关系的性质和主要特征。④"冷战"结束后初期，俄罗斯在美国全球战略定位中始终在"伙伴—竞争对手—潜在敌手"三者之间游移，而其中的转换，依美国战略取向、俄罗斯发展方向及国际格局发展变化三大因素之间的相互作用而定。⑤克林顿执政时期，美国将俄罗斯定性为"战略伙伴关系"，辅之以兼具"融入"和"遏制"的对俄改造政

①吴心伯：《论中美战略竞争》，载《世界经济与政治》2020年第5期，第104—112页。
②吴心伯：《特朗普对中美关系的冲击与美国对华政策剖析》，载《复旦学报（社会科学版）》
　2021年第5期，第170页。
③赵明昊：《拜登执政与美国对华战略竞争走向》，载《和平与发展》2021年第3期，第19—22页。
④柳丰华：《俄美关系的走向及其影响》，载《国际问题研究》2021年第2期，第69页。
⑤袁鹏：《美国对俄战略析论——依据、目标、框架、变化》，载《现代国际关系》2006年第1
　期，第2页。

策。①21世纪初，随着伊拉克战争的爆发以及普京大国战略的推进，俄美结构性矛盾逐步凸显，俄罗斯重新被小布什政府定性为"战略竞争对手"，美国在《2006年国家安全战略报告》中批评俄罗斯"民主倒退"，并通过北约东扩以及在中亚地区推进"颜色革命"对俄进行遏制性挤压和战略性肢解。②在以美国为首的西方国家持续施压之下，美俄矛盾升级，俄罗斯不得不采取一些超常规手段以阻止独联体国家的"去俄化"倾向，2008年俄格战争和2014年乌克兰危机更是俄罗斯与西方国家之间战略博弈和对抗趋于白热化的体现。③2015年1月，奥巴马在发表国情咨文时，将乌克兰危机与美俄关系放在仅次于反恐和武力打击"伊斯兰国"的第二位；④同年度的《国家安全战略报告》反复强调"俄罗斯的侵略"，将俄罗斯与恐怖主义并称为对全球安全的威胁，美国要动员并领导全球对抗俄罗斯的侵略，通过制裁让俄罗斯付出巨大代价。特朗普执政以后，美俄关系并未达到外界预期的"重启"效果，反而出现了"美俄关系处于历史最低水平"⑤的局面，美国在此期间出台的战略文件将俄罗斯确定为战略竞争者和首要军事对手，强调加大对俄的战略遏制。受此影响，美俄双方的制裁战、媒体战、外交战持续升温。拜登执政后，美俄关系中的对抗性成分进一步上升，尤其与特朗普时期不同的是，拜登政府在联合盟国围堵、孤立俄罗斯层面体现出了更强的决心和执行力，进而直接引爆了俄乌军事冲突。

在对华与对俄关系中，美国的政策安排具有两个共性。第一，以

---

① 张业亮：《克林顿政府对俄政策与世纪之交的美俄关系》，载《美国研究》2000年第4期，第46—49页。

② 吴大辉：《美国在独联体地区策动"颜色革命"的三重诉求——兼论中俄在上海合作组织架构下抵御"颜色革命"的当务之急》，载《俄罗斯中亚东欧研究》2006年第2期，第2页。

③ 刑广程：《俄罗斯与西方关系：困境与根源》，载《国际问题研究》2016年第5期，第112页。

④ "Remarks by the President in State of the Union Address", January 20, 2015, 网址链接：https://obamawhitehouse.archives.gov/the-press-office/2015/01/20/remarks-president-state-union-address-january-20-2015, [2022-05-20]

⑤ 冯绍雷：《从特朗普到拜登：美俄关系新变化》，载《当代世界》2021年第2期，第12页。

"全政府"方式加强对中国和俄罗斯的遏制。在对华关系方面，从贸易、技术、舆论层面渲染"中国威胁论"，对华采取全方位的打压。一方面加大对华的贸易攻势，胁迫中国在贸易问题上做出让步，另一方面试图通过"脱钩断链"方式限制中国的科技发展。与此同时，在涉及中国核心利益和重大关切问题上，美国不仅直接加大对华干涉力度，而且利用西方话语霸权混淆国际舆论，干扰中国发展的内外环境。在对俄关系方面，美国的单边经济制裁体现得更加明显，尤其是自2008年以来，对俄经济制裁的广度和深度都呈显著升级态势。

第二，通过"全伙伴"方式加大对中、俄两国的围堵。从奥巴马时期的"亚太再平衡"战略到特朗普时期的"印太战略"，美国在多领域不断加大对中国的战略围堵、遏制、打压力度，从地区、国际两个层面限制中国的崛起速度。除以上述及的双边范畴之外，强化排斥中国的盟友（伙伴）体系建设成为美国对华政策的重要手段。在整体战略层面，"印太战略"强调借助印度平衡和制约中国；在安全层面，美日印澳四国机制（Quad）和美英澳三边安全伙伴关系（AUKUS）得到持续推进，对中国周边安全环境造成巨大干扰；在经贸层面，美国在加大对中国"污名化"的同时，还与日本、澳大利亚建立印太基础设施建设伙伴关系，限制中国"一带一路"的国际合作节奏，此外，还努力推进排斥性的贸易制度安排，不管是早期的"跨太平洋伙伴关系协定"（TPP），还是拜登提出的"印太经济框架"（IPEF），排斥中国无一例外均是其中的核心内容；在技术层面，除拉拢盟友强化对华技术管制以外，美国主导推进了"清洁网络"（The Clean Network）计划，还可能与核心盟友一道合作开发通信设备，推动构建不依赖中国的半导体供应链。此外，美国会更加注重在全球战略节点地点和国家加大投入，通过"经济问题安全化"等策略，离间相关国家与中国的关系。[①]究其实质，仍旨在构建

———

① 赵明昊：《美国竞争性对华战略论析》，载《现代国际关系》2019年第10期，第20页。

更大范围的全球伙伴体系，尽可能限制中国通过高效的国际合作达到国际影响力提升的传导路径。在对俄关系上，美国"全伙伴"对抗思路体现得同样明显。2014年乌克兰危机之后，以美国为首的西方对俄合围施压趋于白热化。一方面，美国通过"颜色革命"强化了在中东欧和独联体地区的政治塑造，逐步推进符合美国利益的伙伴体系构建；另一方面，北约经过多个轮次的东扩，加之美国通过"C5+1"合作机制强化与中亚五国的安全合作，美国对俄的"包围圈"呈现合拢趋势。此外，"利用欧盟扩大对前苏联的影响力"①也成为美国孤立俄罗斯的重要一环。

随着大国竞争烈度的上升，国际关系面临更复杂的干扰因素。首先，以美国为主的西方国家的强权逻辑和霸凌行为是世界和平和发展的巨大障碍，也是全球不稳定的关键因素，使国际关系所遵循的主权平等、和平共处、求同存异、平等互利、合作共赢等原则的约束力下降。尤其是作为现行国际秩序的主导方，美西方国家为遏制竞争对手而破坏国际规则的行为，无疑对国际关系造成更大的干扰。其次，受零和博弈和"冷战思维"的影响，美西方国家的排他性和对抗性的外交行为将加剧世界的二元对立，甚至存在引导全球退回到"平行体系"的巨大风险。再次，在大国竞争日益升级的局面下，广大发展中国家将面临更加复杂的国际合作环境，甚至在一定程度上，被迫面临来自美西方发达国家要求"站队"的选择压力。在这种局面下，不管是对竞争的大国而言，还是对处在大国竞争中的第三方国家而言，国际合作的弹性和灵活度都将受到限制，国际合作成本和风险也均会有所上升。

四、全球治理层面的供需矛盾日趋加剧

当前，全球治理困境主要源于两组供需矛盾。第一组供需矛盾在于

---

①冯玉军：《俄美关系：力量失衡下的相互角力》，载《现代国际关系》2014年第2期，第12页。

全球治理任务的艰巨与治理体系主导方提供公共产品的能力和意愿下降之间的矛盾。"逆全球化"现象的出现反映出了全球治理所存在的系统性问题，它在给全球治理效率造成负面影响的同时，也引发了一些全新的全球性问题。有学者在分析国内制度对全球治理的影响时指出，全球性议题的治理需要各国的集体行动，但是一些国家由于内部制度具有对抗性和否决式特点，因此无法在全球性议题上提供确定和连贯的承诺、支持与行动。如果这类国家又是国际关系中的大国，当其内部出现"否决政治"时，全球治理和国际合作的质量势必受到影响。①现阶段，受政治极化的影响，美欧发达国家的狭隘民族主义、保护主义、民粹主义日益见长，在参与全球化过程中更强调本国利益的最大化，参与全球治理和提供公共产品的意愿和能力大打折扣，甚至出现随意退出国际多边合作机制的现象，这与在经济全球化快速发展阶段由发达国家主导推进全球治理的局面形成巨大反差，全球性问题的解决面临显著的供需矛盾。不仅如此，全球治理中本就存在的"民主赤字"、"责任赤字"和"信任赤字"等问题则更加凸显，这也为全球治理体系改革提出了必要性和迫切性需求。

另一组供需矛盾则体现在全球治理体系的主导方对新参与方的不认同和不接纳。在国际体系转型过程中，广大新兴市场和发展中国家就参与全球治理提出了合理性需求，要求对西方发达国家主导的全球规则体系进行改革，改变以发达国家利益为导向的全球治理规则，更加充分重视发展中国家群体（甚至全人类）的利益诉求，一方面能客观反映国际权力体系的新变化，另一方面则强调构建一个更加公平、合理的全球治理体系。但是，随着全球势力对比变化和自身势力相对衰弱，美国希望以较小成本继续掌握全球治理主导权，这就增加了全球有效治理、全球治理变革与国际体系转型契合的难度，从而使全球治理机制体现出与全

①苏长和：《大变局下的全球治理变革：挑战与前景》，载《当代世界》2021年第7期，第57页。

球权力结构不相称的滞后性。由此可见，新兴国家还未拥有对全球事务决策的平等参与权或未得到公平对待，而发达国家既有由权力转移带来的安全焦虑，也有对能否继续掌握现有机制控制权的担忧，甚至质疑新兴大国进入机制后是否按照既定规则办事、有无承担国际责任的意愿。[①]这些因素共同促成另一组供需矛盾，即在国际决策体系中，发展中国家的参与需求与发达国家的有限权力让渡之间的矛盾。

五、新时期中国国家发展目标的新变化

中国共产党十八大报告指出，经过九十多年艰苦奋斗，我们党团结带领全国各族人民，把贫穷落后的旧中国变成日益走向繁荣富强的新中国，中华民族伟大复兴展现出光明前景。建设中国特色社会主义，总依据是社会主义初级阶段，总布局是五位一体，总任务是实现社会主义现代化和中华民族伟大复兴。2015年召开的中国共产党中央委员会第十八届第五次全体会议强调，我国发展仍处在可以大有作为的战略机遇期，必须顺应我国经济深度融入世界经济的趋势，奉行互利共赢的开放战略，发展更高层次的开放型经济，积极参与全球经济治理和公共产品供给，提高我国在全球经济治理中的制度性话语权，构建广泛的利益共同体。[②] 2017年，中共十九大报告强调，中国特色社会主义进入了新时代，明确了我国发展新的历史方位。这个新时代，"是决胜全面建成小康社会、进而全面建设社会主义现代化强国的时代"[③]。与此同时，十九大报告还标示出了2020年、2035年、21世纪中叶3个时间节点，制定了全面建

---

① 吴志成、董柞壮：《国际体系转型与全球治理变革》，载《南开学报（哲学社会科学版）》2018年第1期，第128页。

② 《中共十八届五中全会在京举行》，人民网，2015年10月30日。网址链接：http://cpc.people.com.cn/n/2015/1030/c64094-27756155.html，[2024-05-29]

③ 《习近平谈治国理政》第3卷，北京：外文出版社，2020年，第9页。

成小康社会、基本实现社会主义现代化、全面建成社会主义现代化强国三个阶段性战略安排。

在庆祝中国共产党成立100周年大会上的讲话中，习近平总书记再次强调："经过全党全国各族人民持续奋斗，我们实现了第一个百年奋斗目标，在中华大地上全面建成了小康社会，历史性地解决了绝对贫困问题，正在意气风发向着全面建成社会主义现代化强国的第二个百年奋斗目标迈进。"①这也标志着我国进入了一个新发展阶段，为确切地把握我国发展新的历史方位和实践要求提供了时代坐标。新发展阶段是中国特色社会主义新时代的一个阶段，是我国全面建成小康社会之后，首先基本实现社会主义现代化，然后再全面建成社会主义现代化强国的阶段。②2022年，中共二十大报告中进一步明确提出，从现在起，中国共产党的中心任务就是团结带领全国各族人民全面建成社会主义现代化强国、实现第二个百年奋斗目标，以中国式现代化全面推进中华民族伟大复兴。

在中国特色社会主义的新时代和新发展阶段，要实现全面建成社会主义现代化强国的第二个百年奋斗目标，要实现中华民族伟大复兴的中国梦，重中之重在于统筹推进经济建设、政治建设、文化建设、社会建设、生态文明建设和党的建设。在国际层面，我国发展新的历史方位和奋斗目标也存在全新需求。2015年，中共十八届五中全会公报强调了统筹国内国际两个大局的重要性，它与坚持人民主体地位、坚持科学发展、坚持深化改革、坚持依法治国、坚持党的领导并列为全面建成小康社会，推动经济社会持续健康发展必须遵循的六大原则。在《国民经济

---

① 习近平：《在庆祝中国共产党成立100周年大会上的讲话》，中国政府网，2021年7月1日。网址链接：https://www.gov.cn/xinwen/2021-07/01/content_5621847.htm?jump=true，[2024-06-01]
② 姜辉、林建华：《当代中国历史方位和发展阶段的科学判断及其演进逻辑》，载《中国社会科学》2022年第1期，第30—31页。

和社会发展第十三个五年规划纲要》（简称"十三五规划纲要"）①中，则对"统筹国内国际两个大局"进行了较详细的阐述，尤其强调全方位对外开放是发展的必然要求，而具体思路则包括：坚持打开国门搞建设，既立足国内，充分运用我国资源、市场、制度优势，又重视国内国际经济联动效应，积极应对外部环境变化，更好利用两个市场、两种资源，推动互利共赢、共同发展。而在"十三五规划纲要"的第11篇"构建全方位开放新格局"中，进一步从完善对外开放战略布局、健全对外开放新体制、推进"一带一路"建设、积极参与全球经济治理、积极承担国际责任和义务等五个维度进行了充分阐释。2017年的中共十九大报告再次明确提出，实现中国梦离不开和平的国际环境和稳定的国际秩序，而中国也将始终做世界和平的建设者、全球发展的贡献者、国际秩序的维护者，将继续发挥负责任大国作用，积极参与全球治理体系改革和建设，不断贡献中国智慧和力量，与世界各国共同构建人类命运共同体。此外，还强调积极促进"一带一路"国际合作，打造国际合作新平台，增添共同发展新动力，推动建设开放型世界经济。很显然，这些同样体现了实现共赢发展，贡献中国力量的国际合作观。

2021年发布的《国民经济和社会发展第十四个五年规划和2035年远景目标纲要》的第42章第3节，具体谈到了营造良好外部环境的政策思路，比如积极发展全球伙伴关系，推进大国协调和合作，深化同周边国家关系，加强同发展中国家团结协作，坚持多边主义和共商共建共享原则，维护以联合国为核心的国际体系和以国际法为基础的国际秩序，共同应对全球性挑战，推进构建人类卫生健康共同体，优化对外援助布

---

① 《中华人民共和国国民经济和社会发展第十三个五年规划纲要》，新华社，2016年3月17日。网址链接：http://www.xinhuanet.com/politics/2016lh/2016-03/17/c_1118366322_2.htm，[2024-04-30]

局，积极落实联合国2030年可持续发展议程，等等。①2022年，中共二十大报告提出，中国愿与国际社会一道努力落实全球发展倡议、全球安全倡议，推动建立一个持久和平、普遍安全、共同繁荣、开放包容、清洁美丽的世界。

由此可见，在全面建成社会主义现代化强国，实现中华民族伟大复兴的中国梦的新发展阶段中，统筹好国内国际两个大局至关重要，具体到国际层面，核心目标在于：其一，努力争取有利于国计民生发展的各种因素，营造良好的外部环境，维护并利用好发展的战略机遇期；其二，深化全球治理参与，推动全球治理体系改革，更好发挥负责任大国作用。

第二节　人类命运共同体思想的主要内涵

一、理念的提出及发展演变

人类命运共同体从概念提出到内涵阐释经历了一个理论深化过程。2012年11月，中国共产党的十八大报告首次正式提出人类命运共同体概念，报告指出："我们主张，在国际关系中弘扬平等互信、包容互鉴、合作共赢的精神，共同维护国际公平正义。"其中，在阐释合作共赢时，报告则进一步强调："合作共赢，就是要倡导人类命运共同体意识，在追求本国利益时兼顾他国合理关切，在谋求本国发展中促进各国共同发展，建立更加平等均衡的新型全球发展伙伴关系，同舟共济，权

---

①《中华人民共和国国民经济和社会发展第十四个五年规划和2035年远景目标纲要》，新华社，2021年3月13日。网址链接：http://www.xinhuanet.com/2021-03/13/c_1127205564_13.htm，[2024-05-23]

责共担，增进人类共同利益。"①2013年3月，习近平主席在莫斯科国际关系学院所做的《顺应时代前进潮流 促进世界和平发展》演讲中强调，在当今日新月异的世界，"各国相互联系、相互依存的程度空前加深，人类生活在同一个地球村里，生活在历史和现实交汇的同一个时空里，越来越成为你中有我、我中有你的命运共同体"②。这也是中国国家领导人首次在国际场合阐述人类命运共同体理念。此后，在博鳌亚洲论坛年会、上海合作组织成员国元首理事会、亚太经合组织共商领导人峰会等场合，习近平主席呼吁各国树立同舟共济、荣辱与共的命运共同体、利益共同体意识，努力构建多类型的命运共同体。总体来看，在此之前，人类命运共同体处在理念的形成校准阶段，相对更强调相互依存的利益关系和合作的互利性。

2015年9月，在第70届联合国大会一般性辩论中，习近平主席发表了题为《携手构建合作共赢新伙伴 同心打造人类命运共同体》的重要讲话，呼吁各国"继承和弘扬联合国宪章的宗旨和原则，构建以合作共赢为核心的新型国际关系，打造人类命运共同体"。与此同时，习近平主席还系统阐释了构建人类命运共同体的中国方案，即建立平等相待、互商互谅的伙伴关系，营造公道正义、共建共享的安全格局，谋求开放创新、包容互惠的发展前景，促进和而不同、兼收并蓄的文明交流，构筑尊崇自然、绿色发展的生态体系的"五位一体"总布局和总路径。③这也标志着人类命运共同体成为中国的世界观以及中国外交的核心关键词，清晰地向世界传递出中国对世界的美好愿景。自此开始，人类命运共同体成为中国外交表达的高频词。

①胡锦涛：《坚定不移沿着中国特色社会主义道路前进 为全面建成小康社会而奋斗——在中国共产党第十八次代表大会上的讲话》，载《人民日报》2012年11月18日，第01版。
②习近平：《顺应时代前进潮流 促进世界和平发展——在莫斯科国际关系学院的演讲》，载《人民日报》2013年3月24日，第02版。
③习近平：《携手构建合作共赢新伙伴 同心打造人类命运共同体——在第70届联合国大会一般性辩论时的讲话》，载《人民日报》2015年9月29日，第02版。

2017年1月，习近平主席在联合国日内瓦总部发表了题为《共同构建人类命运共同体》①的主旨演讲，全面系统地阐释了中国提出人类命运共同体的初衷以及构建人类命运共同体的路径构想。在演讲中，习近平主席明确指出：让和平的薪火代代相传，让发展的动力源源不断，让文明的光芒熠熠生辉，是各国人民的期待，也是我们这一代政治家应有的担当。中国方案是：构建人类命运共同体，实现共赢共享。此外，习近平主席还强调，国际关系一系列的公认的原则，如平等和主权原则、国际人道主义精神、联合国宪章明确的四大宗旨和七项原则、和平共处五项原则，都应该成为构建人类命运共同体的基本遵循。而就人类命运共同体的具体内容，习近平主席则从伙伴关系、安全格局、经济发展、文明交流、生态建设等五个维度进行具体阐释，具体内容包括：坚持对话协商，建设一个持久和平的世界；坚持共建共享，建设一个普遍安全的世界；坚持合作共赢，建设一个共同繁荣的世界；坚持交流互鉴，建设一个开放包容的世界；坚持绿色低碳，建设一个清洁美丽的世界。对照此前的阐述，上述表述更清晰地体现出了人类命运共同体的建设目标及路径。

2017年2月10日，联合国社会发展委员会第五十五届会议协商一致通过"非洲发展新伙伴关系的社会层面"决议，构建人类命运共同体理念首次被写入联合国决议。之后，该理念被写入到更多的联合国决议之中：3月17日，首次被写入到联合国安理会决议之中；3月23日，首次被写入到联合国人权理事会决议；10月30日，首次被写入到联合国大会决议，等等。这一方面体现了人类命运共同体理念所传导的价值观得到了国际社会的广泛认同，另一方面也说明了人类命运共同体理念所包含的原则规范在全球治理中的普遍适用性。由此可见，人类命运共同体理念已经突破中国外交的范畴，具备了更深远的国际内涵。

---

①习近平：《共同构建人类命运共同体》，载《人民日报》2017年1月20日，第02版。

2017年10月，习近平总书记在中国共产党的十九大报告中共有6次强调"构建人类命运共同体"，不仅清晰明确了构建人类命运共同体是中国外交所追求的愿景目标——中国特色大国外交要推动构建新型国际关系，推动构建人类命运共同体；而且将"坚持推动构建人类命运共同体"作为全面准确贯彻落实新时代中国特色社会主义思想的重要工作安排，强调"中国人民的梦想同各国人民的梦想息息相通，实现中国梦离不开和平的国际环境和稳定的国际秩序"。报告还明确呼吁各国人民同心协力，构建人类命运共同体，建设持久和平、普遍安全、共同繁荣、开放包容、清洁美丽的世界。另外，十九大报告对如何构建人类命运共同体也给出了系统阐述：要相互尊重、平等协商，坚决摒弃冷战思维和强权政治，走对话而不对抗、结伴而不结盟的国与国交往新路。要坚持以对话解决争端、以协商化解分歧，统筹应对传统和非传统安全威胁，反对一切形式的恐怖主义。要同舟共济，促进贸易和投资自由化便利化，推动经济全球化朝着更加开放、包容、普惠、平衡、共赢的方向发展。要尊重世界文明多样性，以文明交流超越文明隔阂、文明互鉴超越文明冲突、文明共存超越文明优越。要坚持环境友好，合作应对气候变化，保护好人类赖以生存的地球家园。[1]

与此同时，十九大同意将人类命运共同体写入《中国共产党党章》，在修订后的《中国共产党党章》中的"总纲"部分明确强调：在国际事务中，坚持正确义利观，维护我国的独立和主权，反对霸权主义和强权政治，维护世界和平，促进人类进步，努力推动构建人类命运共同体，推动建设持久和平、共同繁荣的和谐世界。[2]2018年3月11日，第十三届全国人民代表大会第一次会议表决通过了《中华人民共和国宪

---

[1]习近平：《决胜全面建成小康社会　夺取新时代中国特色社会主义伟大胜利——在中国共产党第十九次全国代表大会上的报告》，北京：人民出版社，2017年，第57—58页。

[2]《中国共产党党章》，中国共产党员网。网址链接：https://www.12371.cn/special/zggcdzc/zggcdzcqw/，[2024-05-26]

法修正案》，构建人类命运共同体同样被写入新版《中华人民共和国宪法》。在修订版序言中的外交部分，将"中国革命和建设的成就是同世界人民的支持分不开的"修改为"中国革命、建设、改革的成就是同世界人民的支持分不开的"；在"中国坚持独立自主的对外政策，坚持互相尊重主权和领土完整、互不侵犯、互不干涉内政、平等互利、和平共处的五项原则"之后增加"坚持和平发展道路，坚持互利共赢开放战略"；将"发展同各国的外交关系和经济、文化的交流"修改为"发展同各国的外交关系和经济、文化交流，推动构建人类命运共同体"。①构建人类命运共同体被先后写入《中国共产党章程》和《中华人民共和国宪法》，充分体现了党和国家将人类命运共同体上升为一种至高意志。

2021年7月1日，习近平总书记在庆祝中国共产党成立100周年大会上指出，以史为鉴、开创未来，必须不断推动构建人类命运共同体……中国共产党关注人类前途命运，同世界上一切进步力量携手前进，中国始终是世界和平的建设者、全球发展的贡献者、国际秩序的维护者。新的征程上，我们必须高举和平、发展、合作、共赢旗帜，奉行独立自主的和平外交政策，坚持走和平发展道路，推动建设新型国际关系，推动构建人类命运共同体，推动共建"一带一路"高质量发展，以中国的新发展为世界提供新机遇。②2021年11月18日，中国共产党中央委员会第十九届第六次全体会议通过了《中共中央关于党的百年奋斗成就和历史经验的决议》（以下简称《决议》），《决议》提出的"十个明确"是对习近平新时代中国特色社会主义思想的系统概括，而其中就包括"明确中国特色大国外交要服务民族复兴、促进人类进步，推动建设新型国际关系，推动构建人类命运共同体"。另外，在概括党和国家的外交成就时，《决议》多次强调构建人类命运共同体：推动构建人类命运共同

---

① 《中华人民共和国宪法修正案》，新华社，2018年3月11日。参阅中国人大网链接：http://www.npc.gov.cn/zgrdw/npc/xinwen/2018-03/12/content_2046540.htm，[2024-06-02]
② 习近平：《在庆祝中国共产党成立100周年大会上的讲话》，载《旗帜》2021年第7期，第8页。

体，弘扬和平、发展、公平、正义、民主、自由的全人类共同价值，引领人类进步潮流。经过持续努力，中国特色大国外交全面推进，构建人类命运共同体成为引领时代潮流和人类前进方向的鲜明旗帜，我国外交在世界大变局中开创新局、在世界乱局中化危为机，我国国际影响力、感召力、塑造力显著提升。与此同时，《决议》明确指出，党推动构建人类命运共同体，为解决人类重大问题，建设持久和平、普遍安全、共同繁荣、开放包容、清洁美丽的世界贡献了中国智慧、中国方案、中国力量，成为推动人类发展进步的重要力量。[1]由此可见，构建人类命运共同体不仅是中国共产党的使命承诺和重要践行，而且也将是未来全人类进步事业的发展方向。

二、人类命运共同体思想的主要内涵

中国学术界为人类命运共同体思想内涵的探讨提供了多元多维视角。有研究强调构建人类命运共同体对全人类事业的价值体现，认为该理念是实现人类和平发展的中国方案、为人类做出新的更大贡献的时代担当、建设美好世界的人间正道。[2]有研究则认为，人类命运共同体的核心要旨就是，世界命运应该由各国共同掌握，国际规则应该由各国共同书写，全球事务应该由各国共同治理，发展成果应该由各国共同分享。[3]也有研究从全球治理视角指出，人类命运共同体的主要内涵可以概括为四个方面：相互依存的利益共同体、和而不同的价值共同体、共建共享的安全共同体、同舟共济的行动共同体，构建人类命运共同体应该坚持

① 《中共中央关于党的百年奋斗重大成就和历史经验的决议》，载《人民日报》2021年11月17日，第01版。

② 姜辉：《构建人类命运共同体：百年大党的中国方案和世界期待》，载《党建》2021年第7期，第95—98页。

③ 王义桅：《人类命运共同体的内涵与使命》，载《人民论坛》2017年第12期，第6页。

协商对话、共建共享、合作共赢、交流互鉴、绿色低碳等基本原则和价值目标。^①上述视角均为理解人类命运共同体提供了有益的参考，但从国际关系学科的惯用思维逻辑来看，人类命运共同体思想的主要内涵可体现在以下几个层次。

（一）"命运与共"的国际社会观

构建人类命运共同体需要回答的第一个问题是：我们需要建设一个什么形态的国际社会？从概念本身来看，人类命运共同体首先体现的是一种世界观，回答的问题是"我们需要构建一个怎样的国际体系和国际秩序"。从中国的政策表述来看，人类命运共同体始终强调国际社会的相互依存、利益交融、同舟共济、责权共担、荣辱与共等基本特性，并且倡导通过合作维护共同的福祉。正因为如此，十八大报告在首次提出人类命运共同体理念时便强调：合作共赢，就是要倡导人类命运共同体意识，在追求本国利益时兼顾他国合理关切，在谋求本国发展中促进各国共同发展，建立更加平等均衡的新型全球发展伙伴关系，同舟共济，权责共担，增进人类共同利益。2017年12月1日，在中国共产党与世界政党高层对话会开幕式上，习近平总书记对人类命运共同体作了更加清晰明确的阐述："人类命运共同体，顾名思义，就是每个民族、每个国家的前途命运都紧紧联系在一起，应该风雨同舟，荣辱与共，努力把我们生于斯、长于斯的这个星球建成一个和睦的大家庭，把世界各国人民对美好生活的向往变成现实。"^②

很显然，人类命运共同体体现的是中国对未来国际社会的愿景，属于一种国际社会观。在这种愿景式的国际社会之中，各方承认他们之间以及人与自然之间存在深刻的相互依赖关系（或某种形式的共同命

①郝立新、周康林：《构建人类命运共同体——全球治理的中国方案》，载《马克思主义与现实》2017年第6期，第1—7页。
②习近平：《论坚持推动构建人类命运共同体》，北京：中央文献出版社，2018年10月，第510页。

运），并因此愿意通过协商与合作来推动世界经济的发展、处理各国/各文明之间的利益冲突和矛盾、化解人与自然的不和谐，以创造和维护一个和平、稳定、繁荣、可持续发展的世界。[1]究其实质，就是通过共同挑战、共同利益和共同责任把世界各国团结在一起的状态，是国与国之间以共同利益为最大公约数化解矛盾、合作共赢的状态。[2]

（二）全人类共同价值导向

构建人类命运共同体需要回答的第二个问题是：我们应该遵循什么价值理念？在一个全球化程度日益强化的时代，人类所追求的共同利益其实就是人类共同价值所在。因此，人类共同价值既是全人类共同追求的目标，是世界各国在价值上的最大公约数，同时也是具有约束性的原则规范体系。2015年9月28日，习近平主席在第七十届联合国大会一般性辩论的讲话中明确提出："和平、发展、公平、正义、民主、自由，是全人类的共同价值，也是联合国的崇高目标……当今世界，各国相互依存、休戚与共。我们要继承和弘扬联合国宪章的宗旨和原则，构建以合作共赢为核心的新型国际关系，打造人类命运共同体。"[3]这是中国国家领导人首次明确表述人类共同价值，全人类共同价值不仅成为习近平新时代中国特色社会主义思想的重大理论创新，而且也是推动构建人类命运共同体的价值根基。

2021年7月6日，习近平总书记在"中国共产党与世界政党领导人峰会"的演讲中对遵循全人类共同价值进行了更深入的阐释，强调"各国历史、文化、制度、发展水平不尽相同，但各国人民都追求和平、发

---

[1]王玉主：《中国的国际社会理念及其激励性建构——人类命运共同体与"一带一路"建设》，载《当代亚太》2019年第5期，第11页。

[2]王寅：《人类命运共同体：内涵与构建原则》，载《国际问题研究》2017年第5期，第23页。

[3]习近平：《携手构建合作共赢新伙伴 同心打造人类命运共同体》，载《人民日报》2015年9月29日，第02版。

展、公平、正义、民主、自由的全人类共同价值。我们要本着对人类前途命运高度负责的态度，做全人类共同价值的倡导者，以宽广胸怀理解不同文明对价值内涵的认识，尊重不同国家人民对价值实现路径的探索，把全人类共同价值具体地、现实地体现到实现本国人民利益的实践中去"。同年10月25日，习近平主席在中华人民共和国恢复联合国合法席位50周年纪念会议上进一步强调："我们应该大力弘扬和平、发展、公平、正义、民主、自由的全人类共同价值，共同为建设一个更加美好的世界提供正确理念指引。和平与发展是我们的共同事业，公平正义是我们的共同理想，民主自由是我们的共同追求。" 这段讲话不仅阐明了全人类共同价值构成要素的具体内涵，而且也明确了全人类共同价值与人类命运共同体理念之间的逻辑关系，那就是全人类共同价值是构建人类命运共同体的价值导向和理念引领。构建人类命运共同体必须以相应民族、国家、地区的共同生活实践、共同物质利益的考量为基础，但是，更应该关注相应人民的精神世界，以人类共同价值为基础。[①]

（三）"五位一体"的总框架

构建人类命运共同体需要回答的第三个问题是：我们该如何建设一个更美好的世界？如前所述，自人类命运共同体理念被提出以来，其目标体系和实现路径便得到了不断深入的探讨论证，且建立起了包含政治、安全、经济、文化、生态在内的"五位一体"框架体系。

具体而言，构建人类命运共同体就是要致力于：坚持对话协商，建设一个持久和平的世界；坚持共建共享，建设一个普遍安全的世界；坚持合作共赢，建设一个共同繁荣的世界；坚持交流互鉴，建设一个开放包容的世界；坚持绿色低碳，建设一个清洁美丽的世界。

---

① 孙伟平：《"人类共同价值"与"人类命运共同体"》，载《湖北大学学报（哲学社会科学版）》2017年第6期。

（四）共商共建共享的全球治理观

构建人类命运共同体需要回答的第四个问题是：我们应该如何实现有效的全球治理？2015年10月12日，第十八届中共中央政治局就全球治理格局和全球治理体制进行第二十七次集体学习。习近平总书记在此次集体学习时指出，数百年来列强通过战争、殖民、划分势力范围等方式争夺利益和霸权逐步向各国以制度规则协调关系和利益的方式演进。现在，世界上的事情越来越需要各国共同商量着办，建立国际机制、遵守国际规则、追求国际正义成为多数国家的共识。随着全球性挑战增多，加强全球治理、推进全球治理体制变革已是大势所趋。全球治理体制变革离不开理念的引领，全球治理规则体现更加公正合理的要求离不开对人类各种优秀文明成果的吸收。要推动全球治理理念创新发展，积极发掘中华文化中积极的处世之道和治理理念同当今时代的共鸣点，继续丰富打造人类命运共同体等主张，弘扬共商共建共享的全球治理理念。2016年7月1日，在庆祝中国共产党成立95周年大会上，习近平总书记再次强调全球治理体系改革问题，提出"什么样的国际秩序和全球治理体系对世界好、对世界各国人民好，要由各国人民商量，不能由一家说了算，不能由少数人说了算。中国将积极参与全球治理体系建设，努力为完善全球治理贡献中国智慧，同世界各国人民一道，推动国际秩序和全球治理体系朝着更加公正合理方向发展"。

共商共建共享是中国提出的全球治理观，其核心内容在于践行真正的多边主义，维护以联合国为核心的国际体系和以国际法为基础的国际秩序，反对任何形式的霸权主义、冷战思维、阵营对立，坚持对话而不对抗、拆墙而不筑墙、融合而不脱钩、包容而不排他，以公平正义为理念引领全球治理体系改革，动员全球资源，应对全球挑战，促进全球的和平发展。当前，共商共建共享的全球治理观已经得到世界上越来越多国家和国际组织的认可，它既是中国积极参与全球治理体系改革的核心主张，也构成了人类命运共同体思想的重要组成部分，不仅为解决"全球治理赤字"贡献了中国智慧，而且也将成为全球治理体系改革的重要引领。

第三节　人类命运共同体思想与新型国际关系

人类命运共同体思想是中国共产党自十八大以来的重要理论创新，它既是对马克思主义理论的创造性发展，也是对中华优秀文化的创造性传承，更是回应全球百年未有之大变局的创造性理论探索。作为应对"世界之问"和"时代之问"的解决方案，人类命运共同体思想赋予了中国外交更加丰富的内涵，也成为新时代中国特色大国外交的重要引领。

2017年1月，习近平主席在联合国日内瓦总部发表的《共同构建人类命运共同体》演讲从伙伴关系、安全格局、经济发展、文明交流、生态建设等五个角度阐述了人类命运共同体的构建思路：坚持对话协商，建设一个持久和平的世界；坚持共建共享，建设一个普遍安全的世界；坚持合作共赢，建设一个共同繁荣的世界；坚持交流互鉴，建设一个开放包容的世界；坚持绿色低碳，建设一个清洁美丽的世界。与此同时，习近平主席还进一步阐述了中国践行人类命运共同体的四点承诺：维护世界和平的决心不会改变；促进共同发展的决心不会改变；打造伙伴关系的决心不会改变；支持多边主义的决心不会改变。[①]很显然，上述演讲内容分别从"世界应该怎么办"和"中国将会怎么办"两个视角阐释了人类命运共同体思想内涵和构建路径。在人类命运共同体思想的引领下，新时代中国外交具有以下鲜明特征。

---

① 习近平：《论坚持推动构建人类命运共同体》，北京：中央文献出版社，2018年，第414—426页。

一、坚持走和平发展道路

"修昔底德陷阱"是学术界探讨大国崛起时常用到的一个术语，其核心要义是：当一个崛起国威胁取代现有主导国时自然会出现不可避免的混乱。该命题的提出者格雷厄姆·艾利森认为，"修昔底德陷阱"与主导国或崛起国的动机无关，而是来自对于国际秩序领导地位的竞争所产生的结构性压力。尽管学术界对"修昔底德陷阱"命题的学理性提出了批判和质疑，但从世界历史的发展演变来看，符合"修昔底德陷阱"逻辑的案例并不少见。基于此，中国崛起会给世界带来什么？这是国际社会面对中国快速崛起最关注的问题，也是中国外交需要最先回答的问题。

维护世界和平与发展一直是中国外交的重要准则，针对这一点，不同阶段存在侧重点差异。在21世纪之前，侧重点更多体现在"中国是世界和平与发展的捍卫者"这一层面，从"和平共处五项原则"到"中间地带"和"三个世界"理论，再到"和平和发展是时代主题"的重要判断，充分体现了中国从国际关系原则、反帝反霸阵线等维度对世界和平与发展大局的维护与捍卫。进入21世纪以后，随着中国综合国力和国际影响力的提升，"中国是世界和平和发展的建设者"在中国外交表述中得到更多强调。2002年的中共十六大报告强调，"中国外交政策的宗旨，是维护世界和平，促进共同发展。我们愿同各国人民一道，共同推进世界和平与发展的崇高事业……愿与国际社会共同努力，积极促进世界多极化，推动各种力量和谐并存，保持国际社会的稳定"[①]。2003年，中国时任国务院总理温家宝强调"和平崛起"的中国发展道路选择，而"和平崛起"就包括"中国的崛起不会妨碍任何人，也不会威胁任何

[①]《全面建设小康社会，开创中国特色社会主义事业新局面》，载《中国共产党第十六次全国代表大会文件汇编》，人民出版社，2002年，第45—47页。

人。中国现在不称霸，将来即使强大了也永远不会称霸"的具体内涵。2004年，中国正式提出"坚持走和平发展的道路"政策目标。2005年发布的首份《中国的和平发展道路》白皮书明确强调，走和平发展道路，就是要把中国国内发展与对外开放统一起来，把中国的发展与世界的发展联系起来，把中国人民的根本利益与世界人民的共同利益结合起来。中国对内坚持和谐发展，对外坚持和平发展，这两个方面是密切联系、有机统一的整体，都有利于建设一个持久和平、共同繁荣的和谐世界。中国过去不称霸，现在不称霸，将来强大了也不称霸。建设一个持久和平、共同繁荣的和谐世界，是世界各国人民的共同心愿，是中国走和平发展道路的崇高目标。①2011年，《中国的和平发展》白皮书再次强调，中国积极为世界和平与发展做出自己应有的贡献，决不搞侵略扩张，永远不争霸、不称霸，始终是维护世界和地区和平稳定的坚定力量。此外，进一步强调中国和平发展道路是一条新型发展道路，也需要外部世界理解和支持。中国和平发展打破了"国强必霸"的大国崛起传统模式，中国和平发展顺应了世界发展大势，中国乐见并支持越来越多的发展中国家改变自身命运，也乐见和支持发达国家继续繁荣发展。②

中共十八大以来，随着中国崛起速度的提升，中国在全球治理中的参与有了显著增强，在全球经济治理和国际体系转型上展现出建设性参与的姿态，并且在全球化遭遇多重逆流的局面之下，中国充分发挥了负责任大国的作用，甚至在一定程度上成为全球化和全球多边治理的主要引领者。随着国内建设和外交构建之间的有效联动，国际社会对中国的疑虑聚焦在"中国会如何改变这个世界"这一问题上。鉴于此，中国提出了一系列外交新理念，尤其强调与各国建立和发展利益共同体、责

---

① 中国人民共和国国务院新闻办公室，"中国的和平发展道路"。参阅中国政府网：http://www.gov.cn/zhengce/2005-12/22/content_2615756.htm，[2024-05-28]

② 中国人民共和国国务院新闻办公室，"中国的和平发展道路"。参阅中国政府网：http://www.scio.gov.cn/ztk/dtzt/58/3/Document/999959/999959_1.htm，[2024-05-28]

任共同体、命运共同体，向世界展示中国的国际社会观、全球治理观，传递中国构建合作共赢的意愿，拒绝基于零和博弈逻辑的"修昔底德陷阱"路径，表现为全球治理提供更多解决方案的大国责任担当。尤其值得指出的是，中国展现的是一种建立在命运与共、共享发展、携手应对的国际秩序观和构建思路。2021年，习近平总书记在庆祝中国共产党成立100周年大会上强调，和平、和睦、和谐是中华民族5000多年来一直追求和传承的理念，中华民族的血液中没有侵略他人、称王称霸的基因。中国始终是世界和平的建设者、全球发展的贡献者、国际秩序的维护者。中国共产党将继续同一切爱好和平的国家和人民一道，弘扬和平、发展、公平、正义、民主、自由的全人类共同价值，坚持合作、不搞对抗，坚持开放、不搞封闭，坚持互利共赢、不搞零和博弈，反对霸权主义和强权政治，推动历史车轮向着光明的目标前进！[1]综上所述，基于中国走进国际权力和决策体系中心的事实，中国始终展示出建设性、可合作、可预期的姿态，愿意与世界各国分享发展"红利"，积极向国际社会提供可选择的公共产品，回应国际社会对中国的责任诉求。

中国外长王毅曾多次强调，"在外交上不断采取新举措，推出新理念，展示新气象，新时期的中国外交更有全球视野，更有进取意识，更有开创精神，积极探索走出一条有中国特色的大国外交之路"[2]。中国外交的积极性和主动性具体体现为"以更加积极的姿态参与国际事务，发挥负责任大国作用，共同应对全球性挑战"、"在追求本国利益时兼顾他国合理关切，在谋求本国发展中促进各国共同发展，建立更加平等均衡的新型全球发展伙伴关系，同舟共济，权责共担，增进人类共同利益"、"不附加条件地提供全球公共产品"等诸多方面。中国外交的重心更多地由注重服务发展、促进发展，营造良好的外部环境和条件，向

---

①习近平：《在庆祝中国共产党成立100周年大会上的讲话》。参阅中国政府网站：http://www.gov.
　cn/xinwen/2021-07/01/content_5621847.htm，[2024-05-28]
②王毅：《探索中国特色大国外交之路》，载《国际问题研究》2013年第4期，第2页。

引导地区和全球发展趋势，发挥负责任大国作用，缓解国际社会对中国崛起的担忧和不适，推动国际秩序和全球治理体系变革的方向转变。[①]总体来看，中国和平发展战略框架是以国家实力的增长为基础，以融入国际社会、推进自身变革、塑造国际秩序为基本内容，在利益（尤其是共同利益）、观念、国际制度建设等层面具备了越来越丰富且立体的展现。[②]

二、践行正确义利观

以义为先、义利兼顾的正确义利观根植于中华优秀传统文化和马克思主义的义利观思想之中，也是中国外交实践所总结出来的宝贵经验。它是新时代中国外交理论的创新和发展，充分展示了中国社会主义核心价值取向。究其本质，它体现的是中国对"义""利"关系、道义和责任关系、本国利益与他国利益关系、国家发展与世界发展关系的辩证思考。

2013年3月，习近平主席在访问坦桑尼亚期间发表了题为《永远做可靠朋友和真诚伙伴》的演讲，提出了中方将秉持"真、实、亲、诚"的对非政策工作方针和正确义利观。此后，习近平主席在不同场合对正确义利观做了进一步阐述："义"反映的是共产党人、社会主义国家的理念。我们希望全世界共同发展，特别是希望广大发展中国家加快发展。"利"，就是要恪守互利共赢原则，不搞我赢你输，要实现双赢。我们有义务对贫穷的国家给予力所能及的帮助，有时甚至要重义轻利、舍利取义，绝不能唯利是图、斤斤计较。[③]2014年7月，习近平主席表示："经济全球化、区域一体化快速发展，不同国家和地区结成了你中有

①谢方：《十八大后的中国外交将更加积极主动》，载《中国社会科学报》2012年11月21日，第01版。
②门洪华：《中国和平发展与国际秩序变革：国家实力、国际目标与战略设计（1985—2015年）》，载《中国战略报告》2016年第2期，第267页。
③王毅：《坚持正确义利观　积极发挥负责任大国作用》，载《人民日报》2013年9月10日，第07版。

我、我中有你、一荣俱荣、一损俱损的关系。这就决定了我们在处理国际关系时必须摒弃过时的零和思维,不能只追求你少我多、损人利己,更不能搞你输我赢、一家通吃。只有义利兼顾才能义利兼得,只有义利平衡才能义利共赢。"①此外,习近平主席还强调"坚持正确义利观,有原则、讲情谊、讲道义,多向发展中国家提供力所能及的帮助"②。2014年11月29日,习近平主席在外事工作会议上再次强调"要坚持正确义利观,做到义利兼顾,要讲信义、重情义、扬正义、树道义"。另外,在阐释中国外交布局时,习近平将"打造周边命运共同体,秉持亲诚惠容的周边外交理念,坚持与邻为善、以邻为伴,坚持睦邻、安邻、富邻,深化同周边国家的互利合作和互联互通"③放在首要位置上。

除国家间关系的维度外,维护国际公平正义同样属于正确义利观的要义所在,具体包括两个层次。其一,坚持国家主权平等原则,尊重各国人民自主选择发展道路的权利,反对把自己的意志强加于人,反对干涉别国内政,反对以大欺小、倚强凌弱、以富压贫,反对为一己之力损害他人利益、破坏地区和平稳定。④针对大国与小国之间的关系,习近平主席就曾强调,大国与小国相处,要平等相待,践行正确的义利观,义利相兼,义重于利。⑤其二,捍卫联合国宪章宗旨和原则,维护以联合国为核心的国际体系,维护以国际法为基础的国际秩序,反对任何国家将其国内法凌驾于国际法之上的霸权行为。

大国责任担当也是中国正确利益观的重要内容。习近平主席多次指出要积极承担与我国能力和地位相适应的国际责任和义务,不断发挥建

---

①习近平:《共创中韩合作未来　同襄亚洲振兴繁荣——在韩国国立首尔大学的演讲》,2014年7月4日。网站链接:http://www.xinhuanet.com//world/2014-07/04/c_1111468087.htm,[2024-05-28]
②习近平:《在周边外交工作座谈会上的讲话》,载《人民日报》2013年10月26日,第01版。
③《习近平谈治国理政》(第二卷),北京:外文出版社,2017年,第444页。
④王泽应:《正确义利观的深刻内涵、价值功能与战略意义》,载《求索》2014年第11期,第27页。
⑤习近平:《携手构建合作共赢新伙伴　同心打造人类命运共同体》,载《人民日报》2015年9月29日,第02版。

设性作用、提供更多公共产品，积极参与全球治理体系建设和改革，同各国人民一道推进人类和平与发展的崇高事业。王毅外长就曾表示，中国绝不会做国际体系中坐享其成的"搭便车者"。我们将从世界和平与发展的大义出发，以更加积极的姿态参与国际事务，坚持不懈做和平发展的实践者、共同发展的推动者、多边贸易体制的维护者、全球经济治理的参与者，为推动人类进步事业发挥更大作用。①

中国的正确义利观是对西方国家"利益至上""只有永恒的利益，没有永恒的朋友"等理念的批判，体现中国维护世界和平与国际正义的负责任大国身份，尤其展示了中国坚持走和平发展道路的决心和破解大国之间战争悲剧这一历史宿命的意愿，表达了中国坚定维护世界秩序、循序渐进推进国际体系改革的信心。②另外，正确义利观体现出两个层面的核心内涵。其一，正确义利观是中国在从弱变强的发展历程中，总结自身外交实践以及对国际体系存在的缺陷，所提出的更具全球意义的普遍价值，为解决基于"利益至上"原则的国际竞争以及大国竞争的"修昔底德陷阱"世纪难题提供了道路探索。其二，正确义利观的提出展示出了逐渐步入全球权力中心的中国与国际社会的共处原则，既回应了"中国崛起对世界意味着什么"的疑虑和困惑，也充分展示了中国崛起能够给波谲云诡的国际关系环境提供正向引领。

三、构建以合作共赢为核心的全球伙伴关系

2013年3月，习近平总书记首次提出推动建立以合作共赢为核心的新型国际关系。2014年11月，习近平总书记在中央外事工作会议上强调，不能身体已进入21世纪，而脑袋还停留在冷战思维、零和博弈老框

---

① 王毅：《坚持正确义利观　积极发挥负责任大国作用》，载《人民日报》2013年9月10日，第07版。
② 秦亚青：《正确义利观：新时期中国外交的理念创新和实践原则》，载《求是》2014年第12期，第55—57页。

框内，要跟上时代前进步伐，推动建立以合作共赢为核心的新型国际关系，把合作共赢理念体现到政治、经济、安全、文化等对外合作的方方面面。2015年9月，习近平主席在出席第七十届联合国大会一般性辩论时发表了题为《携手构建合作共赢新伙伴 同心打造人类命运共同体》的重要讲话："当今世界，各国相互依存、休戚与共。我们要继承和弘扬联合国宪章的宗旨和原则，构建以合作共赢为核心的新型国际关系，打造人类命运共同体。"[①]2016年6月，王毅部长在中国发展高层论坛上对构建以合作共赢为核心的新型国际关系进行了细致阐释，其理论内涵包括：一是以命运共同体为处理国际关系的共同目标；二是以共同利益为处理国际关系的重要基础；三是以共赢为处理国际关系的基本原则；四是以合作为处理国际关系的主要方式。[②]由此可见，构建全球伙伴关系和合作共赢是新型国际关系的核心要义所在。

全球伙伴关系是新型国际关系的重要实际支撑，也体现了新型国际关系的政治学逻辑。总体来看，构建"全球伙伴关系"包括以下五个维度：第一，从双边层面，构建多类型的伙伴关系。中国是主要大国中率先将伙伴关系确定为国家交往指导原则的，已与100多个国家建立了不同层级的伙伴关系，突破了非友即敌、或结盟或对抗的冷战思维，在建立平等相待、互商互谅的伙伴关系方面起到了示范带头作用。中共十九大报告强调，中国积极发展全球伙伴关系，扩大同各国的利益交汇点，推进大国协调和合作，构建总体稳定、均衡发展的大国关系框架，按照亲诚惠容理念和与邻为善、以邻为伴的周边外交方针深化同周边国家关系，秉持正确义利观和真实亲诚理念加强同发展中国家团结合作。很显

---

① 习近平：《携手构建合作共赢新伙伴 同心打造人类命运共同体》，载《人民日报》2015年9月29日，第02版。

② 王毅：《构建以合作共赢为核心的新型国际关系——对"21世纪国际关系向何处去"的中国答案》，2016年5月29日。网站链接：http://new.fmprc.gov.cn/wjb_673085/zzjg_673183/zcyjs_673189/jbzc_673191/201606/t20160629_7597219.shtml，[2024-06-02]

然，中国倡导的伙伴关系没有门户之见，具有很强的包容性，致力于发展共同利益，追求在交流互鉴中取长补短，在求同存异中共同进步，从而避免小集团利益带来的各种封闭与排斥，避免走上结盟对抗的老路，为国际社会加强对话合作提供了正能量。①第二，在多边层面，利用好世界贸易组织、二十国集团、上海合作组织、金砖国家、基础四国等国际机制，实质性地参与地区治理和全球治理，从多种全球性伙伴关系中争取与综合国力相匹配的规则权、话语权，塑造更加公正合理的国际新秩序。第三，通过中非合作论坛、中阿合作论坛、中拉论坛、中国—中东欧国家合作机制、中国—东盟"10+1"合作机制等机制，构建更广泛的跨区域整体合作伙伴网络。第四，在重要议题上，探索构建全球发展伙伴、蓝色经济伙伴、数字经济伙伴、科技创新合作伙伴、新工业革命伙伴、环境气候伙伴、清洁能源合作伙伴、全球减贫伙伴等新型伙伴网络。

合作共赢是中国构建全球伙伴关系的根本路径，体现了新型国际关系的经济学逻辑。2012年党的十八大报告指出，合作共赢，就是要倡导人类命运共同体意识，在追求本国利益时兼顾对他国合理关切，在谋求本国发展过程中促进各国共同发展，建立更加平等均衡的新型全球发展伙伴关系，同舟共济，权责共担，增进人类共同利益。②2017年党的十九大报告进一步强调，中国将高举和平、发展、合作、共赢的旗帜，恪守维护世界和平、促进共同发展的外交政策宗旨，坚定不移在和平共处五项原则基础上发展同各国的友好合作，推动建设相互尊重、公平正义、合作共赢的新型国际关系。③总体来看，作为新型国际关系的核心内容，

①李志永、文君：《推动构建全球伙伴关系网络》，载《人民日报》2019年9月20日，第09版。
②胡锦涛：《坚定不移沿着中国特色社会主义道路前进 为全面建成小康社会而奋斗——在中国共产党第十八次全国代表大会上的报告》，北京：人民出版社，2012年，第47页。
③习近平：《决胜全面建成小康社会 夺取新时代中国特色社会主义伟大胜利——在中国共产党第十九次全国代表大会上的报告》，北京：人民出版社，2017年，第58页。

合作共赢体现了新时代中国外交更全面丰富的世界观。习近平总书记曾多次强调，当今世界的时代潮流就是和平、发展、合作、共赢。与此同时，合作共赢也被新时代中国外交明确定义为实现世界和平发展的现实路径。

合作共赢的本质，是以多赢、共赢新理念，替代你输我赢、赢者通吃的旧思维，坚持共商共建共治共享原则而非零和博弈的思维方式；共同维护和发展开放型世界经济格局，反对各种形式的保护主义，反对任何以邻为壑、转嫁危机的意图和做法；把本国利益同各国共同利益结合起来，努力扩大各方共同利益的汇合点。[1]2012年12月，习近平总书记在与在华工作的外国专家代表座谈时表示，中国的事业是同世界各国合作共赢的事业……中国不仅是合作共赢的积极倡导者，更是合作共赢的切实践行者。[2]

"一带一路"倡议是中国落实合作共赢理念的重要践行，不仅创新了中国国际合作的内容与模式，而且体现了中国在维护和平、发展、合作、共赢时代潮流方面的开拓者身份。2013年，习近平总书记在提出"丝绸之路经济带"之时就强调"将其作为一项造福沿途各国人民的大事业"[3]。《中华人民共和国国民经济和社会发展第十四个五年计划和2035年远景目标纲要》（简称"十四五"规划）提出了"实行高水平对外开放，开拓合作共赢新局面"和"推进共建'一带一路'高质量发展"等具体目标。尤其针对"一带一路"高质量发展问题，明确了加强发展战略和政策对接、推进陆海天网"四位一体"基础设施互联互通、实现贸易投资合作优化升级、架设文明互学互鉴桥梁等合作思路。由此可见，"一带一路"倡议首先体现的是中国持续推进对外开放的经济方

---

[1]郭树勇：《新型国际关系：世界秩序重构的中国方案》，载《红旗文稿》2018年第4期，第18页。

[2]《习近平在北京同在华工作的外国专家代表亲切座谈》，2012年12月5日，网站链接：https://www.gov.cn/ldhd/2012-12/05/content_2283523.htm，[2024-06-02]

[3]《习近平在哈萨克斯坦纳扎尔巴耶夫大学发表重要演讲》，载《人民日报》2013年9月8日，第01版。

略，通过两个市场、两种资源之间的有效衔接，提升中国在国际分工中的参与水平，服务于中国经济的可持续增长，与此同时，"一带一路"建设也为其他参与方提供了资金、技术、产能等资源供给，为它们自身的经济民生发展提供可供利用的外部动力，从而形成各国经济之间更具效率的联动和对接。"一带一路"倡议充分地展现了中国和平、发展、合作、共赢的外交思想，成为新时代构建新型国际关系、构建高质量伙伴关系、实现全球共享发展的国际合作平台。从实践来看，"一带一路"倡议在加强各国各地区互联互通、推动建设开放型世界经济、落实联合国2030年可持续发展议程等方面成果卓著。"一带一路"建设不仅为破解发展中国家发展难题指明了方向，为提升相关国家经济竞争力、促进经济社会可持续发展提供了平台，而且也有助于世界各国间的产能合作、互联互通，推进经济全球化朝健康方向发展，使发达国家和发展中国家都能从经济全球化进程中获益。与此同时，"一带一路"建设还能为世界经济可持续发展提供新动能，为解决当今世界和平赤字、发展赤字、治理赤字提供新思路。①因此，中国通过"一带一路"建设，既实现了对本国经济发展的更好促进，也为所有共建参与方提供了可利用的发展机遇，更对全球发展事业做出了应有的贡献，充分体现了新时代中国外交合作共赢的核心要义。

四、坚持共商共建共享的全球治理观

中国的全球治理观是随着中国参与全球治理程度的提升而逐步丰富和完善起来的，也是中国针对全球治理系统性问题所做出的理念探索。2012年，在党的十八大报告中，"推动全球治理体制改革"被界定为外交工作的重要成就。2015年，习近平总书记在中共中央政治局第二十七

①柴尚金：《"一带一路"开启合作共赢新时代》，载《光明日报》2018年8月30日，第11版。

次集体学习时非常系统地论述了全球治理改革的趋势以及中国的全球治理观，强调"公正""合理"是全球治理体制改革的大方向，中国的理念不是推倒重来、另起炉灶，而是与时俱进、改革完善。要推动全球治理理念创新发展，积极发掘中华文化中积极的处世之道和治理理念中同当今时代的共鸣点，继续丰富打造人类命运共同体等主张，弘扬共商共建共享的全球治理理念。[1]这次中共中央政治局集体学习不仅比较少见地聚焦全球治理格局、全球治理体制等此类议题，而且也是首次提出共商共建共享的中国特色全球治理理念。2017年党的十九大报告进一步明确提出，中国秉持共商共建共享的全球治理观，倡导国际关系民主化，坚持国家不分大小、强弱、贫富一律平等，支持联合国发挥积极作用，支持扩大发展中国家在国际事务中的代表性和发言权。中国将继续发挥负责任大国作用，积极参与全球治理体系改革和建设，不断贡献中国智慧和力量。总体来看，共商共建共享的全球治理观，超越了国家和意识形态的分野，是全球治理和世界秩序塑造的中国理念和中国方案，其实质内涵包括：强调治理的多元主体、平等参与和民主协商；旨在建设更具代表性、包容性、开放性和公正性的治理体系；以推动构建新型国际关系为时间准则，以构建人类命运共同体为目标。[2]

基于共商共建共享的全球治理观，中国参与全球治理的基本路径主要体现在以下三个层次。第一，坚持全球治理体系改革的公正、合理的大方向。公正、合理改革思路的提出，逻辑非常清晰，那就是国际力量对比已经发生显著变化。新兴市场国家和一大批发展中国家的快速发展，使全球治理旧体制面临迫切的改革性需求。一方面，新兴市场国家和发展中国家的壮大，使得全球权力结构发生了根本改变，发达国家主

---

① 参阅新华社和共产党员网报道：http://www.gov.cn/xinwen/2015-10/14/content_2947008.htm, https://news.12371.cn/2015/10/13/ARTI1444729223695731.shtml,［2024-06-01］

② 秦亚青、魏玲：《新型全球治理观与"一带一路"合作实践》，载《外交评论》2018年第2期，第3—7页。

导全球事务的旧模式已不具备充分的合理性，全球治理决策体系必须增加新兴市场国家和发展中国家的代表性和发言权，使全球治理体制更加平衡地反映大多数国家意愿和利益；另一方面，新兴市场国家和发展中国家的迅速崛起提升了这部分群体国家参与全球治理的建设能力，部分发展中国家在全球治理公共产品供给层面甚至具备了不亚于发达国家的能力，与此同时，南南合作的不断深化为全球治理体系改革提供了更强动能，甚至在诸如气候变化、粮食安全、能源安全、联合国维和等全球性议题的解决方案中，发展中国家群体的参与具有越来越强的不可或缺性，不给予这些国家平等的参与权，很多全球性议题的解决方案就缺乏实际意义。基于此，在全球治理体系改革层面，中国旨在凝聚全球共识，而新兴市场国家和发展中国家尤其是我们争取的主要力量。

第二，坚决维护多边协商的全球治理原则。随着全球权力体系更趋"扁平化"，多边协商将是全球治理原则的趋势所在，但是，这种趋势需要发展中国家群体去努力维护，反对单边主义、霸权主义和强权政治的干扰，反对发达国家将本国利益凌驾于全球利益之上的霸权逻辑，反对发达国家凭借全球治理的主导权遏制竞争对手和发展中国家的惯用套路，坚决捍卫发展中国家的自主权、发展权和决策参与权。为此，包括中国在内的新兴市场国家和发展中国家首先应该敢于对发达国家不公正、不合理的治理方案说"不"；其次，发展中国家应该强化政策立场协调，针对全球性议题勇于发声，尽可能地形成一致性立场，形成对发达国家的全球治理方案的有效平衡，迫使发达国家向新兴市场国家和发展中国家让渡相匹配的决策权，从而为真正且有效地履行多边协商提供制度保障。发展中国家既是多边主义的切实受益者，也是多边主义的坚定维护者。因此，在维护多边协商的全球治理原则方面，中国与发展中国家存在广泛的共同利益。

第三，积极提供更多的中国方案。全球治理体系改革的一个重要前提条件是治理方案的多样化，而新兴市场国家和发展中国家则是治理方案创新的重要群体。随着中国综合实力和国际影响力的上升，为履行大国责任和义务，中国不仅具有向全球提供更多公共产品的意愿，而且也具备显著的执行力优势。从具体践行来看，中国在近10年间推出了诸如"一带一路"倡议、亚洲基础设施投资银行、丝路基金、中国气候变化南南合作基金、中国国际进口博览会等多样化全球性公共产品，而且也提出了诸如构建人类命运共同体、共商共建共享全球治理观、全球发展倡议以及共同、综合、合作、可持续的全球安全观等符合全人类价值的重要理念。中国方案的提出为全球治理提供了更多的政策思路，但也遭到了美国等西方国家的质疑与排斥，不仅将中国方案和理念政治化和价值观化，助推炒作所谓"新殖民主义""债务陷阱""中国威胁论""中国霸权论"等舆论。鉴于此，发展中国家依然是中国推广中国方案，提高中国方案国际传播度应争取的力量。

第四节　中拉命运共同体：认知与共同利益

拉美是一个发展中国家集中的地区，并且在全球性的相关事务中发挥着积极的作用。在中国构建人类命运共同体的实践过程中，中拉命运共同体是重要的组成部分。2014年7月，习近平主席在中国—拉美和加勒比国家领导人会晤上就做出了"努力构建携手共进的命运共同体，共创中拉关系的美好未来"的呼吁。

事实上，自进入21世纪以来，中国政府提高了对拉美政策的认识高度，对拉美的定位及政策途径做出了明确界定和规制，尤其从中国对拉美的两份政策文件中，可以比较清晰地看出拉美在中国外交中所处的位置以及中拉关系的着力点。

一、中国对拉美的认知分析

2008年11月和2016年11月，中国先后发布两份《中国对拉丁美洲和加勒比政策文件》（以下简称"对拉政策文件"）。2015年1月，中国—拉共体论坛(以下简称"中拉论坛")首届部长级会议召开，中拉整体合作机制正式启动，并分别在2018年2月和2021年12月召开了第二届和第三届部长级会议。由此可见，针对拉美地区，中国加强了从"对拉政策文件"到合作机制的统筹安排。从两份"对拉政策文件"和"中拉论坛"三届部长级会议宣言及《中国—拉共体成员国重点领域合作共同行动计划（2022—2024）》，我们能够对拉美在中国外交中的地位得出较为清晰的判断。

1.拉美是与中国存在诸多共性的新兴力量。2008年"对拉政策文件"指出，拉丁美洲和加勒比是发展中国家的重要组成部分，是当今国际舞台上的重要力量。拉美历史悠久，地大物博，经济社会发展基础良好，发展潜力巨大。拉美各国积极探索符合本国国情的发展道路，政局保持稳定，经济持续增长，人民生活不断改善。各国有着联合自强的强烈愿望，致力于促进本地区和平、稳定发展，整体实力不断壮大，国际影响力不断增强。各国积极参与国际事务，为维护世界和平、促进共同发展作出了积极贡献，在国际和地区事务中发挥着日益重要的作用。与2008年首份"对拉政策文件"相比，2016年第二份"对拉政策文件"强调，"新兴市场国家和发展中国家的崛起成为不可阻挡的历史潮流"。此外，在文件的第一部分很明确地指出"拉美和加勒比地区是新兴经济体和发展中国家的重要组成部分，是维护世界和平与发展的重要力量"和"拉美和加勒比作为一个整体，是国际格局中不断崛起的一支重要力量"。两份"对拉政策文件"的表述体现了中国将拉美视为存在诸多共同身份的对象，而身份的共同之处包括发展中国家属性、历史积淀深厚的地区、崛起中的新兴力量、维护世界和平与发展的重要力量，等等。

这些界定不仅拉近了中拉之间的距离，而且也阐释了中拉双方具有构建命运共同体的充分逻辑，中拉双方也承担着"维护历史潮流"的共同责任和使命。

从中拉双方轮流举办的历届"中拉论坛"部长级会议文件来看，拉美与中国之间的共性则体现得更加清晰具体。《2015年"中拉论坛"首届部长级会议宣言》[1]强调：中国同拉美和加勒比国家作为发展中国家和新兴经济体，都是实现世界和平与繁荣，促进多边主义、世界多极化和国际关系民主化的重要力量。双方愿就共同关心的国际和地区事务加强对话与合作，就重大全球性问题加强协作，增强发展中国家在多边决策机构中的话语权，继续为世界和平、稳定、发展、繁荣做出积极贡献。中拉面临相似的发展目标，拥有广泛的共同利益，并认识到拉共体欠发达成员国面临的具体挑战。我们认为，双方关系是实现共同发展的重要机遇。《2018年"中拉论坛"第二届部长级会议宣言》[2]对中拉双方的共性作了更全面的阐述：中国和拉美国家作为发展中国家和新兴市场国家，将继续共同致力于维护世界和平、保护和促进人权、促进可持续发展和经济增长、消除各种形式和不同领域的不平等与贫困。我们致力于捍卫国际和平与安全，和平解决争端，反对将使用武力或以武力相威胁作为解决争端的手段，或单方面采取有悖于国际法，破坏国家主权、稳定和人民自决权的强制手段。我们认为，尊重人权、发展权和基本自由，促进民主、包容和加强体制建设有利于各国发展。我们承认各国有权选择自己的政治、社会和文化制度，以此作为促进世界和平与和谐的不可或缺的基础。而《2021年"中拉论坛"第三届部长级会议宣言》[3]更

---

[1] 参阅中国—拉共体论坛网站：http://www.chinacelacforum.org/zywj/201501/t20150121_6284986. htm，[2024-06-03]

[2] 参阅中国—拉共体论坛网站：http://www.chinacelacforum.org/zywj/201802/t20180203_6285032. htm，[2024-06-03]

[3] 参阅中国—拉共体论坛网站：http://www.chinacelacforum.org/zywj/202201/t20220112_10481445. htm，[2024-06-03]

体现出了中拉双方在理念上的一致性：我们应共同坚守和平、发展、公平、正义、民主、自由的全人类共同价值。我们重视中方关于推动建设持久和平、普遍安全、共同繁荣、开放包容、清洁美丽的世界的愿景。我们认为，世界多极化、经济全球化、国际关系民主化的大方向没有改变。我们应推动国际社会基于国际法和多边主义，构建相互尊重、公平正义、合作共赢的新型国际关系，共同塑造更加公正合理的韧性世界，以应对共同的紧迫挑战。我们欢迎中方提出的"全球发展倡议"，相信倡议将有助于加快落实联合国2030年可持续发展议程，推动实现更加强劲、绿色、健康的全球发展，不让任何人掉队。

2.拉美是中国拓展国际合作关系的重要组成部分。2008年中国发布的首份"对拉政策文件"提出"建立平等互利、共同发展的中拉全面合作伙伴关系"的政策目标，2016年的"对拉政策文件"再次明确"中拉全面合作伙伴关系以平等互利为基础，以共同发展为目标"。并且，进一步细化了实现"携手发展的命运共同体"的合作路径。这些政策新内容进一步贴近拉美国家的发展需求，体现了中国兑现"与拉美实现发展战略对接"承诺的践行，不仅能提高拉美国家对政策文件的"接受度"，而且也能增加中拉落实合作的效力。

随着中国综合实力的提升以及国际影响力的扩大，中国国际合作得到快速推进，作为具有巨大发展潜力和国际影响力上升的重要区域，拉美也将是中国开展国际合作的重要伙伴。

二、中国与拉美的共同利益分析①

中国和拉美国家具有相类似的国家身份，在国际体系转型中都具有改革全球治理体系的强烈愿望，也面临实现身份突破的机遇，因此，

——————————————

①该部分包含岳云霞、谭道明的学术观点。

兼具"同道"与"协作"特征的"雁阵模式"是双方在世界变局中维护发展权利的最优选择。与此同时，中国和拉美多数国家都处在"中等收入"发展区间，都在探索高质量、可持续、可治理的发展模式，双方具备实现"共商、共建、共享"互惠合作关系的可行性。

（一）国际体系改革中的"同行者"

冷战时期，中国和拉美国家都曾是反帝、反霸的"同路人"，冷战结束后，在国际体系改革层面仍延续着"同路人"的合作关系。究其原因，其一，都属于发展中国家，处在相似的发展阶段，且面临相似的发展问题，维护发展权利是它们改革国际经济体系的核心关切；其二，都属于上升区间的新兴市场国家和发展中国家，具有改革现有国际体系的政治意愿，提升国际决策参与度是它们改革政治体系的重要诉求。在国际体系改革方面，中国与拉美绝大多数国家的立场具有较高的一致性。

首先，维护联合国在现有国际体系中的核心地位，推动联合国改革，符合中国和拉美主要国家的共同利益。中国与巴西、墨西哥、阿根廷都是联合国创始会员国，也都是现有国际体系的受益者。与此同时，都主张对现有国际体系进行必要改革，提高联合国对发展中国家核心利益的关注，摆脱国际议程被西方大国操纵的现状。在联合国安理会改革问题上，都主张在扩大安理会成员规模时优先考虑广大发展中国家的正当要求，增加发展中国家在安理会中的代表。此外，中国和拉美主要国家都反对美国在国际事务中的单边主义和霸权主义。

其次，推动全球治理的"非西方化"转变符合中国与拉美主要国家的共同利益。中国与巴西、阿根廷、墨西哥均为二十国集团成员国，都要求推进国际金融机构和监管体系改革，建立平衡、包容、可持续的世界经济金融体系，实现全球治理机制从"西方治理"向"西方与非西方共同治理"转变。

（二）全球治理新规则设置上的"协作方"

全球治理的核心在于规则设定。在全球治理的诸多议题上，中拉双方既强调规则的有效性，也重视规则的公平性。针对全球化面临的新问题，在新的治理规则设置上，中拉双方存在较大的协作空间。

在气候治理领域，中国与拉美绝大多数国家都坚持《联合国气候变化框架公约》在国际应对气候变化进程中的主渠道地位，坚持《联合国气候变化框架公约》的原则和规定，特别是公平原则、共同但有区别的责任原则和各自能力原则，共同推动落实《巴黎协定》。现阶段，中拉双方在气候变化问题上持有相似立场：坚持共同但有区别的责任原则和各自能力的原则；发达国家应向发展中国家提供资金、技术和能力等方面的支持和援助；走可持续发展之路，应对气候变化要兼顾经济、社会和环境的发展。

在互联网治理领域，中国和拉美主要国家具有相近的治理路径和目标。首先，都主张发挥联合国在互联网治理中的主导地位和作用，主张在联合国规定的框架内开展互联网国际规则制定的机制性对话，反对美国等西方国家单方面控制互联网治理体系，反对网络霸权，反对网络攻击和大规模监控，反对狭隘、封闭的小集团主义。其次，都强调网络空间治理进程应该增强发展中国家的代表性和话语权，充分顾及发展中国家的发展和安全等利益，以建立公正正义的网络空间秩序，维护网络空间的安全、稳定与繁荣。其三，都倡议加强全球网络基础设施建设，反对设备和技术垄断，降低接入互联网的成本，提高发展中国家互联网普及率和民众应用互联网的能力；对于域名、IP地址及根服务器等互联网核心关键资源的管理应当在全球范围内进行协调，这种协调应当合法化，并确定管理这些资源的最佳全球做法，不允许只有某一个国家享有决定权。

在南极治理方面，中国与拉美主要国家在南极环境治理方面存在共同利益。拉美主要国家的南极治理理念与我国倡导的加强南极环境保护、倡导绿色考察、维护南极生态平衡、实现南极可持续发展等理念相得益彰。中国承诺加强对南极环境的保护管理、实践和技术的交流。巴西和阿根廷反对在南极地区非法捕鱼、要求加强生态保护，呼吁对科学活动和旅游活动的次数加以限制。

（三）高质量发展探索中的"互鉴方"

拉美是全球新兴经济体较集中的地区，有着共同的增长与发展诉求，中拉双方存在着经济利益公约数。

在国内经济增长与发展领域，中拉均须实现以增长为前提的包容性发展。增长是发展中国家创造增量、解决现实瓶颈和制约因素的唯一路径。经过40多年来改革开放的高速经济增长，中国全面消除了绝对贫困，人均GDP突破1万亿美元，还成为联合国工业分类体系下39大类、191中类和525个小类中全球唯一生产全门类产品的制造业大国，但一些突出问题和制约因素也逐步浮现：一是长期投资主导型增长形成的高杠杆问题；二是高科技和先进制造业领域存在的短板和"卡脖子"问题；三是城乡差异、南北差异和东西差异逐渐放大。中国问题的解决在依托结构性改革的同时，还需要经济保持稳定增长，实现总量规模提升和长期积累，才能有条件逐步解决现实困难。拉美地区除了海地外，均为中等收入以上国家，但地区发展面临三大严峻挑战：一是长期缺乏经济增长的内在动力，多数国家全要素生产率增长缓慢，甚至停滞；二是经济增长的波动性大，在经历21世纪初期"大宗商品超级周期"下的繁荣后，拉美自2013年以来再现20世纪80—90年代所谓的"失去的十年"，新冠疫情的冲击甚至使地区经济增长回退至20世纪初水平；三是贫困率高且贫富差距居高不下，拉美经委会统计数据显示，2020年地区贫困率达到了33.7%，赤贫率高达12.5%，而地区33国中，有16国的基尼系数超出了代表着收入不平等的阈值0.4[1]。美洲开发银行研究结果显示，增长对

---

[1]ECLAC (2021). *Social Panorama of Latin America 2020*. DOI: https://www.cepal.org/en/publications/46688-social-panorama-latin-america-2020[2024-05-21]

拉美地区的发展至关重要，地区GDP下降5％或更多时，实际工资的下降平均为10％，在某些情况下甚至高达20％；失业率增加，正规工作数量减少；贫困率通常会增加3至5个百分点。[①]可见，中拉发展阶段具有相似性，双方都必须实现更高质量增长，而经济结构的互补性使双方合作潜力超出竞争可能。

在经济发展的治理领域，中拉存在着多方面交流与合作空间。联合国《变革我们的世界——2030年可持续发展议程》（以下简称"议程"）显示了中国与拉美地区的合作可能性。根据联合国可持续发展解决方案网络（SDSN）和德国贝塔斯曼基金会发布的《2020年可持续发展报告》[②]，在议程17个可持续发展目标（SDGs）中，中国实现SDG1（消除贫困）、SDG4（确保包容和公平的优质教育）和SDG8（体面的工作和经济增长），在SDG6（为所有人提供水和环境卫生并对其进行可持续管理）和SDG9（建造具备抵御灾害能力的基础设施）方面取得持续进展，但在SDG10（减少不平等）和SDG14（保护和可持续利用海洋和海洋资源以促进可持续发展）方面仍面临重大挑战，在其他方面则面临明显挑战。相比而言，拉美地区在SDG7（可负担的清洁能源）、SDG13（气候行动）和SDG17（重振可持续发展全球伙伴关系）方面有持续进展，但在SDG10（减少不平等）和SDG16（创建和平、包容的社会以促进可持续发展）方面面临重大挑战，在其他领域面临明显挑战。同时，中拉双方均高度重视目标的实现，中国制订了《中国落实2030年可持续发展议程国别方案》；拉美则在拉美经委会的领导下，成立了拉丁美洲和加勒比国家可持续发展论坛，作为跟进和审查2030年议程实施情况的

①Busso, Matías; Messina, Julián (2022). The Inequality Crisis: Latin America and the Caribbean at the Crossroads. DOI: http://dx.doi.org/10.18235/0002629[2024-05-21]

②Bertelsmann Stiftung and Sustainable Development Solution Network (SDSN). *Sustainable Development Report 2020: Covid—19 and the future of sustainable development*. DOI: https://s3.amazonaws.com/ sustainabledevelopment.report/2020/2020_sustainable_development_report.pdf[2024-05-21]

区域机制，地区11国拥有与议程相一致的国家发展计划。可以看到，中拉在可持续发展目标的实现上存在较大互补空间，中拉有条件开展可持续发展的治理经验交流与互鉴活动，并进行切实合作。

（四）经贸互惠关系的"共建方"

中国是拉美的第二大贸易伙伴和重要的投资来源国，拉美则是21世纪以来中国商品和资本最大的海外增量市场。中拉经贸合作长期引领着中拉关系的发展，当前更在双方发展中具有战略意义。中国共产党第十九届五中全会通过《中共中央关于制定国民经济和社会发展第十四个五年规划和2035年远景目标的建议》，明确提出"加快构建以国内大循环为主体、国内国际双循环相互促进的新发展格局"，而拉美是中国食品和工业原料的重要供应来源以及走出去的主要目的地之一，在外循环以及内外循环的衔接中具有重要作用。同时，拉美则因电力不足、水资源缺乏、交通基础设施薄弱以及缺乏五年以上长期融资的基础设施，长期生产率低下，且因经济持续低迷而缺乏内部解决方案，迫切需要外部资源协助解决现实困难。因此，中拉经贸合作在新时期仍是实现中拉共赢的有效手段，也是中拉合作的基石所在，双方有条件共同打造平等互利的南南合作典范。

在贸易领域，中拉存在生产结构的互补性。拉美地区的金属和矿石、大豆、豆粕、鱼粉、海鲜和水果等产品在中国进口商品中的占比超过2/3，拉美在中国确保供应链稳定的过程中发挥了积极作用。同时，巴西、阿根廷、智利、秘鲁、乌拉圭等近1/3的拉美国家以中国为主要出口市场，对华出口是确保其收入稳定的重要基础之一。

在投资领域，中国的技术、标准在拉美具有一定适用性，通过在拉美市场建立新的区域生产链、制定并输出新的技术标准，可以对冲源自传统发达国家的风险。拉美则对中国资本、市场和技术均有期待，特别是地区小微企业经济贡献率高、创造就业机会比重高，但由于受制于技术创新投入不足、融资渠道有限、信息不对称等因素，平均生产率和收益率要远低于大型企业，亟须获得国际融资、基础设施支持，缩短与跨国公司之间的信息和技术差距，摆脱长期游离于国际合作框架之外的困局。因此，拉美希望在数字经济、跨境电商等新兴领域加强对华合作，加速地区融入全球价值链。

在基础设施领域，中国在拉美已在一定程度上实现了以工程合作为先导、以金融服务为支持，实现了装备产品、技术标准、服务等方面的联动。而拉美国家因近期经济低迷，各国政府面临财政限制，难以使用公共财政资源扩大公共投资规模，在交通、能源和电信领域有着较高的对华合作需求。在交通上，拉美希望借助中国进行融资和建设，连结东西向的"新兴轴心"，改善地区间贫富分化，加强区域内一体化；在能源和电信基础设施上，拉美国家希望借此机会消除制约其发展的能源瓶颈，并通过相关数字信息网络平台的搭建，提高物流运输效率，提升供需对接质量。

在金融合作领域，中国在拉美地区除了推进信贷资源的投放外，还设有多项基金，并通过货币互换和人民币当地结算等措施，使该地区成为人民币国际化的先行先试区域。而且中国在谋求与拉美地区和拉美国家的金融机构保持顺畅的政策沟通的同时，推出一系列有利于双边、多边投融资的措施，这将为拉美国家经济社会发展提供重要的支撑。

2

第二章

构建中拉命运共同体的
现实基础

中拉命运共同体是人类命运共同体的重要组成部分，是中国对于中拉关系未来发展的愿景，并正得到拉美国家各界越来越多的关注。在此背景下，中拉双方需要进一步明确的是，当前阶段构建命运共同体的现实基础有哪些？或者说，已经具备了哪些构建命运共同体所需的积极条件和促进因素？唯有如此，才能确定未来需要继续稳固推进和完善的领域，为最终构建中拉命运共同体指明方向。

首先，构建中拉命运共同体的现实基础并非突然形成于某一时刻，而是在中拉关系历经70余年的发展过程中逐渐形成并得到巩固的。其次，构建中拉命运共同体的现实基础是由不同的变量因素构成的，这些变量因素也并非出现于同一时间段，而是随着中拉关系的不断深入发展逐步形成的。最后，由于形成的时间和背景不同，这些变量因素的强弱程度具有差异性：有些变量因素从一开始就存在，有些则是随着双方关系的发展而逐渐被认知、认同；有些已经发展到比较成熟的水平，有些则处于刚起步的阶段。

鉴于此，本章将在第一节对中拉关系的发展历程进行简要的回顾和梳理，以厘清不同历史阶段中拉关系的特点及取得的成就。第二节将对构建中拉命运共同体现实基础的主要构成因素加以分析，以评估其当前的发展水平。最后的结语将基于前两节的梳理和评估，对未来中拉命运共同体构建需要进一步加强或巩固的领域进行分析。

第一节　中拉关系基础架构的发展演进

自1949年中华人民共和国成立至今，中国与拉丁美洲国家的关系已历经70余年的发展，并一直随着国际形势的变化以及双方发展战略和外交战略的调整而不断加深。按照时间线划分，中拉关系先后经历了自发发展（从1949年至20世纪80年代末）和自主发展（从20世纪80年代末至2013年）两个阶段，并进入当前构建发展（2013年至今）的新阶段。而按照发展模式划分，在自发发展阶段和自主发展阶段，中拉关系主要是顺应历史的潮流和各自发展利益的需求而向前推进，呈现为"反应式"的关系模式。在构建发展阶段，中拉开始从战略和全局的高度规划、构建双方关系的未来发展，中拉关系也开始向"主动筹划型"即"构建发展"模式转变。[①]

一、中拉关系"反应式"发展模式阶段

从1949年中华人民共和国成立至2013年，是中拉关系"反应式"发展模式的阶段。在这一时期，中拉关系实现了从无到有再到飞跃式发展的历程，并实现了几大转变：

（一）从以意识形态为纲到务实主义的转变

在成立初期加入社会主义阵营。拉美地区受到美国的影响和控制，除1959年革命后的古巴外，都属于资本主义阵营。在这样的背景下，意识形态成为阻碍中拉关系发展的关键因素。这导致中华人民共和国在成立后的20年间，除了实行社会主义的古巴外，未与任何拉美国家建立外

---

①赵重阳、谌园庭：《进入"构建发展"阶段的中拉关系》，载《拉丁美洲研究》，2017年第5期，第18、21页。

交关系。20世纪70年代起，出于国家发展的需要，以及国际格局多极化发展的趋势，中拉双方的对外政策都开始向务实主义转变。中国于20世纪70年代末实行改革开放，淡化意识形态对外交政策的影响。拉美国家的外交独立性也不断增强，逐渐突破"意识形态边疆"，采取更加务实和多元化的对外政策，并纷纷与中国谈判建交。冷战结束后，世界多极化趋势进一步增强的同时，美国等西方大国的霸权主义迅速膨胀，对别国内部事务的干预也明显增多[①]。中国和拉美作为最大的发展中国家和重要的发展中地区，进一步认识到加强双方关系与合作对于维护各自主权和独立、助力国家发展、提升国际影响力，以及推动建立更加公正合理的国际政治经济新秩序的重要性。鉴于此，中拉进一步淡化意识形态差异，以互利共赢、共同发展的务实主义原则指导双方关系发展。双方在对方外交全局中的战略地位大幅提升。中国从战略高度看待中拉关系，拉美国家也视中国为对外关系多元化的重要战略选择[②]。

（二）从以政治驱动为主到以政治、经贸双轮驱动的转变

中华人民共和国成立后的很长一段时期，建立政治外交关系是发展中拉关系的首要目标。虽然双方分属两个敌对的阵营，但中国并不认为拉美是一个敌对力量，而是始终认为双方都属于第三世界和发展中国家，有着相似的历史遭遇，处于相同的发展阶段，面临共同的发展挑战，拉美是应当争取并与之加强团结的重要力量。在无法建交的情况下，中国积极推动民间外交，增进双方的沟通和相互了解，进而寻求建立官方外交关系。一些拉美国家，特别是巴西等拉美大国也视中国为亚洲最有影响力的发展中国家，是拉美迫切需要与之发展关系的国家[③]，并

---

①张宏志：《剧变后的反思——苏联解体与中美关系》，载《党的文献》，2000年第5期，第75页。
②郑秉文、孙洪波、岳云霞：《中国与拉美关系60年：总结与思考》，载《拉丁美洲研究》，2009年S2期，第6页。
③李明德主编：《拉丁美洲和中拉关系——现在与未来》，北京：时事出版社，2001年，第485页。

进行过一些建交的试探和努力。在这样的相互认知和不断努力下，至20世纪80年代末，中国已与17个拉美国家建立了外交关系[①]，基本涵盖了所有拉美主要国家。

20世纪90年代以后，中国和拉美都进入关键发展期。中国要进一步深化改革开放以加快国家经济建设，拉美国家需要更大的市场和更多的投资以走出20世纪80年代以来的经济危机。在这样的背景下，中拉在继续深化政治关系，并提出建立平等互利、共同发展的中拉全面合作伙伴关系的同时，经贸合作方面也取得了令人瞩目的成就。首先是贸易合作呈跨越式增长，双方的贸易总额从1991年的只有近24亿美元快速上升到2012年的近2613亿美元，增长了约108倍[②]。其次是投资合作快速发展。拉美国家成为中国企业海外投资的主要市场之一。中国对拉美非金融类直接投资存量从2003年的约46亿美元上升到2012年的约682亿美元[③]，增长了近14倍。再次是金融合作快速发展。从2005至2011年，中国向拉美国家提供的贷款额超过750亿美元，其中2010年提供的贷款额就达到370亿美元，超过世界银行、美洲发展银行和美国进出口银行投资的总和[④]。政治和经济因素共同成为这一时期推动中拉关系发展的主要驱动因素。

（三）从以发展双边关系为主到双边、多边合作并重的转变

拉美是全球最早开启地区一体化进程的地区之一，并在20世纪六七十年代成立了一批重要的地区和次地区组织。进入20世纪80年代

[①] 17个拉美国家中不包括格林纳达（中格于1985年建交、1989年断交、2005年复交），尼加拉瓜（中尼于1985年建交、1990年断交、2021年复交）和伯利兹（中伯于1987年建交、1989年断交）。

[②] 中华人民共和国国家统计局编：《中国统计年鉴》，北京：中国统计出版社，2013年。

[③] 贺双荣主编：《中国与拉丁美洲和加勒比国家关系史》，北京：中国社会科学出版社，2016年8月，第1版，第343页。

[④] Kevin P. Gallagher, Amos Irwin, Katherine Koleski, "The New Banks in Town: Chinese Finance in Latin America", Inter-American Dialogue Report, 2012, p.1.

后，受经济危机等因素的影响，拉美一体化进程减缓，但仍然产生了孔塔多拉集团（1983年）这样重要的地区磋商和协调机构①，成为拉美首个完全独立于美国的地区政治磋商和协调常设机构。但中国与拉美的地区组织在这一时期却几乎没有联系。这一是因为当时中国并未完全融入国际体系，与国际多边机制联系较少；二是因为这一时期中国还处在与拉美国家建立和巩固双边关系的阶段，尚未找到与拉美地区组织建立联系的时机。

20世纪90年代以后，中国经济持续高速发展，融入世界体系的程度日益加深。特别是2001年加入世界贸易组织后，中国开始全面融入世界体系，并开始积极推行多边外交，对于全球治理的态度也从以往的"游离"于全球治理体系之外转变为积极参与治理进程。而拉美地区在"开放的地区主义"理论引领下，地区一体化进程再次取得新的进展。南方共同市场、南美国家联盟、美洲玻利瓦尔联盟、太平洋联盟、拉共体等组织先后成立，一体化的领域也从以经济领域为主扩展到政治、能源、传媒等领域。在这样的背景下，中国与拉美国家在继续加强双边合作、建立各种层级伙伴关系的同时，多边合作也得到加强。首先是建立并拓展了中国与拉美地区和次地区组织的关系。中国与里约集团、南方共同市场、安第斯集团、加勒比地区国家等建立起对话或协商机制，成为美洲开发银行和加勒比开发银行的正式成员，并成为美洲国家组织、联合国拉美经委会、拉美一体化协会等的观察员。拉共体于2011年12月成立后，中国便倡议成立中拉合作论坛，以加强中拉整体合作②。其次是加强在国际多边场合和全球治理进程中的互动与合作。中拉同为发展中国家，在维护世界和平、捍卫自身和发展中国家权益等方面有共同的利益

①孔塔多拉集团于1986年改组为"八国集团"；1990年更名为"里约集团"；2011年拉美和加勒比国家共同体成立后，里约集团终止运行。

②温家宝：《永远做相互信赖的好朋友——在联合国拉丁美洲和加勒比经济委员会的演讲》，2012年6月。

诉求；在推动世界多极化、建立国际政治经济新秩序、改革全球治理机制等方面持有相同或相似的立场。因此，中拉加强了在联合国、亚太经合组织、二十国集团和金砖国家组织等多边框架内的沟通与协调，并在全球气候治理和国际金融体系改革等重要议题上开展了广泛的互动与合作。值得一提的是，2004年海地发生武装叛乱后，中国应联合国的要求，派出维和警察防暴队，参加联合国海地稳定特派团的维和行动。这是中国第一次参与西半球的维和行动，也是第一次进入一个未建交的国家执行维和任务。

总体而言，在自主发展阶段，中拉关系呈反应式发展模式。双方根据各自国家发展和应对国际形势演变的需要，不断调整和提升对方的战略定位。在这一时期，中拉关系实现了以意识形态为纲到务实主义，以政治驱动为主到以政治、经贸双轮驱动，以发展双边关系为主到双边、多边合作并重的转变。双方关系不断得以丰富和充实，政治互信加深，经贸合作呈现"跨越式"发展；共同利益不断增多，共同认知不断增强，在国际和地区事务中的互动与合作也更加密切。中拉逐渐形成了多支柱、宽领域、多层次的关系总架构，为下一阶段双方关系进一步提质升级夯实了基础。

二、中拉关系"构建发展"模式阶段

2013年以来，随着构建人类命运共同体和中拉命运共同体理念的提出，中拉关系开始具有更强的规划性和前瞻性，进入了构建发展的新阶段。

（一）加强中拉关系发展的顶层设计

一是进行频繁的高层互动。自2013年以来，习近平主席已经五次前往拉美（2013年、2014年、2016年、2018年、2019年），到访过11

个拉美国家，出席多个由拉美国家主办的国际多边会议；李克强总理也于2015年访问拉美，突显中国对中拉关系的高度重视。拉美各国领导人也纷纷来华访问，无论是左翼还是右翼政府执政，都将发展对华关系作为其对外关系的重点。中拉领导人还利用联合国、亚太经合组织、金砖国家、二十国集团、核安全峰会等各种多边场合进行会见，加强彼此间的沟通和了解。密集的高层互动不仅极大地推进了中拉合作的广度和深度，也对中拉关系未来发展做出了引领、规划和顶层设计。

二是提出中拉关系发展新理念。自2013年以来，中国相继从中拉关系全局，以及政治、经济、文化等具体领域提出中拉合作新理念。如中国于2013年提出建立中拉相互尊重、平等互利、共同发展的全面合作伙伴关系；2014年提出构建中拉关系"五位一体"新格局和务实合作"1+3+6"新框架，并首次提出构建中拉命运共同体；2015年提出设立中拉文明对话机制；2017年提出拉美地区是21世纪海上丝绸之路的自然延伸。这些新理念的提出为中拉合作开辟了更为广阔的空间，得到了拉美国家的响应和关注。2018年中拉论坛第二届部长级会议发表的《关于"一带一路"倡议的特别声明》中，拉共体国家认为，该倡议可以成为深化中国与拉美和加勒比国家经济、贸易、投资、文化、旅游等领域合作的重要途径。中拉命运共同体理念也得到拉美国家越来越多的关注，2021年12月举行的中拉论坛第三届部长级会议便是以"共克时艰、共创机遇，携手推动构建中拉命运共同体"为主题。这些新理念的提出，以及中拉双方对这些新理念的认同和关注，引领并推动中拉关系提质升级。

三是制定中拉关系政策文件与合作规划。如2016年11月，中国政府发布第二份《中国对拉美和加勒比政策文件》，全面阐述了新时期中国对拉政策的新理念、新主张、新举措，以"推动中拉各领域合作实现更大发展"。中拉论坛成立后，双方在论坛框架内分别于2015年、2018年和2022年制订了三份合作规划或共同行动计划，以规划未来一段时期内的重点合作领域和合作路径。这些政策文件与行动计划明确了双方未来合作的重点领域及路径，是对双方关系顶层设计和新理念的落实与实践。

（二）中拉合作机制日益健全

2013年以来，中拉建立、健全和拓展了整体、双边及多边合作机制，建立了较为完善的立体合作网络。

一是建立整体合作机制。此前，中国与拉美地区的多边合作虽然取得很大进展，但并没有针对整个拉美地区的整体合作机制。2011年底成立的拉共体为中拉进行整体合作创造了条件。2014年1月，拉共体第二届峰会通过《关于支持建立中国—拉共体论坛的特别声明》，为推进中拉整体合作奠定了重要基础。2014年7月，习近平主席访问拉美期间与拉美国家领导人共同宣布成立中拉论坛。此后，双方分别于2015年、2018年和2021年举行了三届中拉论坛部长级会议。除制订并通过共同规划或合作计划外，中拉论坛还设置了一系列分论坛，基本涵盖政治、经济、文化、安全等各领域。中拉整体合作的启动不仅实现了中国与全球各区域（尤其是发展中地区）整体合作的全覆盖，而且对于中拉开展全方位合作、形成立体合作网络格局，以及构建命运共同体起到重要推动作用。

二是加强双边关系及合作机制。首先是中国与多个拉美国家建交或复交。自2012年底以来，中国不断在拉美取得外交突破，先后与巴拿马、多米尼加、萨尔瓦多和洪都拉斯建交，与尼加拉瓜复交，使中国在拉美的建交国由此前的21个增加到26个，表明拉美国家对中拉关系所取得的巨大成就，以及对发展中拉关系符合双方利益的认同。其次是继续推进伙伴关系。伙伴关系已经成为中国外交的一个重要标志[①]。继2012年6月与巴西建立全面战略伙伴关系后，中国自2013年以来更新与拉美多国的关系：与秘鲁、墨西哥、阿根廷、委内瑞拉、智利和乌拉圭等国建立"全面战略伙

---

①王毅：《共建伙伴关系 共谋和平发展》，载《学习时报》，2017年3月29日，第01版。

伴关系"；与哥斯达黎加、乌拉圭、玻利维亚、苏里南、牙买加和哥伦比亚等国建立了"战略伙伴关系"。目前，中国已经与巴西、墨西哥、阿根廷、智利、秘鲁等拉美主要国家建立了全面战略伙伴关系，基本涵盖了中国在这一地区主要的交往国家和经贸伙伴，对中拉关系的稳固和深化发展起到积极推进作用。再次是合作机制多样化。如在政治方面，中国与拉美主要国家基本实现了战略对话的制度性安排，包括与巴西建立了高层协调与合作委员会，与墨西哥、阿根廷分别成立了常设委员会，与委内瑞拉设立了中委高级混合委员会等；在经济方面，中国与拉美多国签署了自由贸易协定或正在进行自由贸易谈判；在文化方面，中国与绝大多数建交国签订了文化协定，在文化艺术、广播影视、文物保护、新闻出版、体育和旅游等领域开展广泛深入的双边文化交流。

三是共同创建和推动新多边合作机制。除了在既有国际机制内的合作外，中国2013年以来提出或主导创建的"一带一路"合作倡议和经济区、金砖国家新开发银行，以及亚洲基础设施投资银行等多边合作机制也得到拉美国家的积极响应和参与。如巴西既是金砖银行的创始成员，也是亚投行的创始成员国。截至2024年5月，已有6个拉美国家（巴西、秘鲁、智利、乌拉圭、阿根廷、厄瓜多尔）成为亚投行的成员国，3个为意向成员国（委内瑞拉、玻利维亚、萨尔瓦多）[①]；21个拉美国家签署"一带一路"共建合作文件，加入"一带一路"合作倡议，未加入的巴西、墨西哥和哥伦比亚等国也与中国在该倡议框架下展开实质合作。

（三）中拉合作动力和内容日益多样化

一是中拉关系的驱动因素进一步增多。总体而言，在自发发展阶段，中拉关系以政治驱动为主；在自主发展阶段，中拉关系以经贸、政

---

① "Members and Prospective Members of the Bank", AIIB website, DOI: https://www.aiib.org/en/about-aiib/governance/members-of-bank/index.html，[2022-10-24]

治双轮驱动为主，其中更以经贸合作推动双方关系在21世纪初实现跨越式发展。进入构建发展阶段后，中拉关系驱动因素进一步增多，由以政治、经济为主进入政治、经济、文化、国际合作等多引擎驱动阶段。二是合作领域不断拓展。随着中拉关系驱动力的丰富，中拉合作也由以政治、经贸为主向着政治、经贸、社会、人文、国际协作、安全领域及整体合作方式全面发展，形成了全方位、多层次、立体化的战略合作格局①。以中拉论坛为例，自论坛成立以来，下设分论坛不断增多，从经贸、农业等相关论坛拓展至学术、媒体、地方政府合作等论坛，再进一步拓展至防务、数字技术、减贫与发展，以及灾害管理等论坛，凸显了中拉合作领域的扩大与丰富。三是合作主体日益多元化。随着中拉关系的不断密切和深入，综合立体化合作格局的形成，合作主体也日趋多元化，从最初的以政府机构、国有大型企业为主扩展至民营企业、媒体、智库乃至个人等，从各个层级和领域推进中拉合作、密切中拉关系。

总体而言，进入"构建发展"阶段以来，中拉关系在继续延续上一阶段良好发展态势的基础上呈现出新的特征，具有更强的前瞻性和规划性，通过高层互动、提出新的合作理念、出台合作政策文件和提出中长期合作规划、推动整体合作，以及构建合作新平台等举措引领双方关系进一步提质升级。进入新阶段以来，中拉合作的广度和深度都有所突破，并增加了国际内涵。不仅中国与拉美大国之间的战略对话得到加强，更通过中拉论坛强调共同身份和共同立场表达。中拉共同利益和相互依存程度增强，共同认知和共同理念增多，具备了构建中拉命运共同体的基础和条件。

---

① 谌园庭：《中拉关系70年回顾与前瞻：从无足轻重到不可或缺》，载《拉丁美洲研究》，2019年第6期，第22页。

第二节　促进中拉共同体认同的现实条件

正如习近平主席所阐释的，人类命运共同体"就是每个民族、每个国家的前途命运都紧紧联系在一起，应该风雨同舟，荣辱与共，努力把我们生于斯、长于斯的这个星球建成一个和睦的大家族，把世界各国人民对美好生活的向往变成现实"。而为了实现这个目标，则需要"人们顺应时代发展潮流，齐心协力应对挑战，开展全球性协作"，为构建人类命运共同体创造有利条件。[1]这意味着世界各国人民首先需要具有共同的身份认知和认同，才能够真正齐心协力地进行全球性协作，应对挑战，构建人类命运共同体。

很多学术研究也认为，构建共同体首先需要形成共同体意识，也就是形成关于共同体的集体认同和集体身份。这不仅是因为成员身份将增进行为体的归属感和认同感[2]，更是因为集体身份是在国际层面建立共同体的核心变量，因为如果没有集体身份，人们最多可以期待的是行为上的合作，而不是共同体[3]。建构主义理论认为，集体身份的形成主要取决于行为体间是否具有共同命运、相互依存、同质性，以及自我约束的互动方式这四个变量。在一个情境中这四个变量因素存在的程度越高，集体身份形成的可能性就越大[4]。集体身份的形成也就意味着成员之间共同安全、共同利益、共同观念乃至共同行动等的形成和建立。由此可见，形成集体身份是构建共同体的基础，当集体身份也就是共同体身份形成

---

① 习近平：《携手建设更加美好的世界——在中国共产党与世界政党高层对话会上的主旨讲话》，2017年12月1日。

② David W. McMillan & David M. Chavis, "Sense of Community: A Definition and Theory", in *Journal of Community Psychology*, 14(1), January 1986, p.10.

③ Alexander Wendt, "Collective Identity Formation and the International State", in *The American Political Science Review*, January 1994, Vol. 88, No. 2, p.384.

④ [美]亚历山大·温特：《国际政治的社会理论》，秦亚青译，上海：上海人民出版社，2014年10月，第1版，第334页。

之时，共同体便也随之形成。因此，本节将以这四个变量因素为分析框架，对迄今为止构建中拉命运共同体所具备的现实基础做类型区分，并尝试从这四个层面分别界定中拉关系现实基础的发展程度。

一、共同命运：同样面临多重外部挑战

在国际政治中，典型的共同命运是由一个群体面临的外来威胁造就的[1]。具体而言，当行为体面临一个"共同的他者"，例如面临共同的危机或挑战时，便具有了共同命运。由于共同命运是由把双方作为一个群体对待的第三方建构的，因此即使行为体之间没有联系和互动也能够具有共同命运。当共同命运必须是存在的客观条件时才能促进集体身份的构成。

拉美地区和中国在建立直接联系之前便先后都遭到西方资本主义列强的殖民和侵略，实现国家独立和民族解放后又不断遭受西方国家的干涉，以及由其主导的国际秩序和国际体系的制约。这些共同的外部冲击不仅直接改变了中拉历史发展的轨迹，还持续对双方的主权、发展权以及和平安全构成威胁和挑战，并延续至今。因此，中国与拉美国家无疑具有共同的命运。

（一）面临共同的主权挑战

自1492年哥伦布发现美洲大陆后，资本主义进入全球扩张和殖民阶段。拉美与中国先后沦为西方资本主义列强的殖民地和半殖民地，不仅自身历史发展进程被打断，还被迫成为其所需资源和资本的供给地及产品倾销地，遭受其长达百年乃至数百年的压迫和剥削。实现国家和民族独立后，又持续遭到西方资本主义国家的政治、经济、文化乃至军事干

---

①[美]亚历山大·温特：《国际政治的社会理论》，秦亚青译，上海：上海人民出版社，2014年10月，第1版，第339页。

涉，使双方的主权安全面临威胁和挑战。

中华人民共和国成立后，以美国为首的西方资本主义国家不仅对中国实行政治孤立和经济封锁，还通过朝鲜战争等对中国进行军事威胁。中国人民战胜了一系列外部施加的重大风险挑战，付出巨大牺牲，才得以自主探索出具有中国特色的社会主义道路。但西方国家仍不断从意识形态等领域侵扰，并在中国台湾、西藏、新疆等问题上以所谓民主、人权等借口加以干涉。近年来，随着中国综合国力和国际影响力的提升，美国等西方国家更视中国为"战略竞争对手"，进一步从高科技等领域加强对中国的封堵，严重威胁了中国的主权独立和国家安全。

拉美国家在文化、经济和政治制度等层面与西方国家具有密切的联系，因此其在独立后一直希望获得西方国家的平等承认与合作，其精英阶层也自视为西方的一部分。但在实践过程中，拉美地区却被西方大国"降为二等地区"，始终处于"国际不平等"地位[1]。在其独立后不久，英、法、美等国便不断以索债、保护自身利益和侨民安全，以及"维护自由国际秩序"等为由对拉美国家进行军事、政治、经济入侵和控制。美国更是基于"门罗主义"强势左右拉美国家的发展进程，通过军事入侵、扶植代理人、建立军事集团、资助或制裁等形式在拉美实行干涉、扩张和称霸[2]。20世纪50年代至80年代，美国对危地马拉、圭亚那、古巴、智利、多米尼加共和国和格林纳达等国家以及中美洲地区进行多次包括军事入侵在内的干涉行动。其对古巴的封锁和制裁至今已长达60多年。冷战结束后，特别是21世纪以来，为了维持对拉美的控制和霸权，美国等西方国家又以维护"人权""民主"为名，打击和遏制拉美左翼政府探索自主发展道路的实践。美国仅对委内瑞拉就实施过支持政变、

---

[1]Tom Long, "Latin America and the Liberal International Order: An Agenda for Research", in *International Affairs*, Volume 94, Issue 6, November 2018, p.1372.

[2]徐世澄：《帝国霸权与拉丁美洲——战后美国对拉美的干涉》，北京：世界知识出版社，2002年1月，前言第3页。

扶持反对派"临时政府"、实施政治孤立和经济制裁等多种干涉手段，甚至启动地区军事同盟条约而以武力相威胁①。美国等西方国家对拉美的干涉不仅对其主权独立和国家安全造成重大危害，也给相关国家造成巨大经济损失和严重的人道主义灾难。

（二）面临共同的发展权挑战

中国和拉美国家都是发展中国家，首要任务都是实现国家的稳定发展和现代化。但当前仍然以西方国家为中心的国际秩序和国际体系对双方的独立自主发展都形成严重制约和挑战。

当前的国际秩序是由西方国家主导建立的包括制度、规则、安排在内的广泛体系，旨在强化西式的政治和经济规范，确保其特权和利益②。因此，其不仅在政治上推行霸权主义和强权政治，还控制着世界经济体系，主导着国际分工，垄断着核心技术和规则制定权，并利用这些控制权和垄断权干扰中国和拉美国家等发展中国家的经济发展进程，干涉、压制其发展诉求。

中华人民共和国成立之初，便受到西方资本主义国家的经济封锁，严峻的外部环境使因遭受战争严重破坏的经济多次陷于危机。为了实现国家现代化，中国于20世纪70年代末实行改革开放，后又于2001年加入世界贸易组织，开始深度参与国际经济体系，并取得巨大成就。然而，为了遏制中国的发展和崛起，美国等西方国家持续针对中国实施经济和技术等方面的封锁。特别是2017年美国特朗普政府上台之后，对中国采

---

① 2019年9月，美国与其他10个美洲国家共同启动了《美洲国家间互助条约》，以对抗委内瑞拉。该条约规定，任何一国对美洲一国的武装攻击应视为对全体美洲国家的攻击，各缔约国承诺行使其单独或集体自卫的固有权利以援助对付攻击；任何一个美洲国家的领土完整、主权或政治独立遭受非武装攻击侵略、大陆外或大陆内冲突，或任何其他危及美洲和平的因素或形势的影响时，缔约国应立即商定共同防御和维护大陆和平与安全的措施。

② Stacie E. Goddard, "Embedded Revisionism: Networks, Institutions, and Challenges to World Order", *International Organization*, Vol. 72, No. 4, 2018, p.765; 王明国：《人类命运共同体与国际秩序转型——基于国际制度视角的分析》，载《国际论坛》，2022年第3期，第42页。

取了一系列强硬的限制性经济措施，如加征关税、出口管制、投资审查与制裁，以及以"国家安全""供应链安全"为名实施进口限制等。不仅如此，美国还拉拢其他国家，试图通过控制关键资源、关键部门、关键技术和关键供应链等遏制中国的发展。

拉美国家自19世纪初获得独立后就开始了以经济增长为目标的现代化发展。而受殖民地时期历史、文化和经济制度等遗留因素的影响，拉美形成了对非正式制度、自然资源和发达国家市场的三重依赖。[1]这使拉美的发展深受中心国家的控制、制约乃至阻碍。20世纪90年代，为了应对债务危机和经济衰退，获得国际金融组织的贷款援助，拉美国家又不得不在西方国家的压力下接受由其提出的新自由主义经济改革方案，实行全面的自由化、私有化和市场化改革。新自由主义经济改革加速了国际垄断资本对拉美国家的渗透，使拉美国家更加依赖私营经济和国际市场，更加依附于国际垄断资本[2]，最终导致拉美国家经济衰退、社会不平等程度加剧、社会矛盾激化。进入21世纪后，以巴西、委内瑞拉等国家为代表的拉美左翼政府对更强调社会公正和国家干预的替代发展模式进行了探索和实践，寻求替代新自由主义的自主发展模式。但是，由于始终未能改变以初级产品出口为主的经济结构，以及在资金、技术、工业制成品乃至消费品等方面对西方发达国家的严重依赖，因此拉美国家始终未能彻底摆脱"外围"国家的地位，不仅经济形势极易受到外部的冲击，而且在金融、技术以及人力资源等领域均受制于现行国际体系和国际秩序。

（三）面临共同的安全挑战

任何国家想要生存并取得可持续发展，都需要和平稳定的外部环境，对于发展中国家而言尤其如此。而在全球化背景下，国家之间相互

---

① 林红：《困于民粹主义与新自由主义之间：拉丁美洲的发展选择问题》，载《江苏行政学院学报》，2022年第2期，第83、84页。
② 靳辉明：《新自由主义的危害与拉美左翼运动的崛起》，载《江汉论坛》，2014年第2期，第6页。

依赖的程度不断加深，任何地方发生的传统或非传统安全危机都可能危及全球的和平与安全。发展中国家由于社会政治经济体系相对更加脆弱，更易于遭受这些危机的冲击，甚至因此面临生存危机和挑战。因此，包括中国和拉美国家在内的广大发展中国家始终都在努力维护国际的和平与稳定，寻求发展的新途径和新机遇。

然而，美国等西方国家为了维持以其为中心的国际秩序和治理体系，建立西方价值体系统治下的国际社会，在处理国际问题时推行新干涉主义，频繁以保护人权、捍卫人类共同价值观等为标榜，通过经济、文化乃至军事手段，或明或暗地介入其他国家的内政外交。由于现实国际政治中的干涉一般都是强国对弱国的行为[①]，因此广大发展中国家通常成为其干涉的对象。1999年到2011年仅12年的时间里，西方国家就发动多场地区局部战争[②]，打击的都是发展中国家。西方国家的干涉行径不仅给被干涉国造成深重灾难，使其产生人道主义危机，还严重违反了《联合国宪章》和国际关系的基本准则，损害国际秩序和世界和平，阻碍和破坏了世界经济的发展，并造成生态、粮食、能源和恐怖主义等多方面的安全危机，危及各个主权国家特别是广大发展中国家的切实利益与国家安全。并且，为了维护其主导的国际秩序，未来美国等西方国家在国际政治博弈中必然会继续推行新干涉主义，干涉的手段和方式也会更加多元化和隐蔽化。[③]这必将给国际社会的和平与发展带来巨大隐患，危及包括中国和拉美国家在内的世界各国的和平安全。

此外，在全球治理问题上，西方国家主导的全球秩序及倡导的发展模式造成长期的国际政治不公正、经济发展不平衡，以及对自然环境的严重破坏，滋生或激化了很多地区和全球性问题。而其奉行的"零和

---

①李少军：《论干涉主义》，载《欧洲研究》，1994年第6期，第28页。
②如1999年发动的科索沃战争、2001年发动的阿富汗战争、2003年发动的伊拉克战争，以及2011年发动的利比亚战争等。
③张健：《冷战后西方新干涉主义的演变及其后果》，湘潭大学硕士学位论文，2012年，第33页。

博弈"和"二元对立"观使得以其为中心的全球治理体系由于主体参与程度不足、治理理念分歧、多元主体冲突，以及治理效用赤字、治理制度失灵与机制滞后等问题而出现合法性和有效性危机，难以有效解决全球性难题。不仅如此，其更利用主导身份将全球治理制度变成对其他国家，特别是对发展中国家进行制约的手段，如在全球金融、贸易、投资以及知识产权等领域的规则限制等。这些对中拉的经济发展和社会稳定也都构成严重危害或隐患。

二、同质性：具有相近的身份定位和世界观

同质性又称相似性。在国际社会中，共同体的构建"要求某些价值和体制方面的一致观念"，在其他条件相同的情况下，同质性可以通过减少冲突和提升自我与他者相互视为同一群体成员的能力来促进这种一致观念的形成。[①]

中国和拉美国家虽然政治体制不同，但具有的共同命运以及在国际体系中所处的相似地位，使双方在国家身份认知、国际体系观念以及中拉关系认知等方面具有较高的一致性和相似性。国际形势的变化以及中拉对各自发展经历、经验进行的持续总结和反思，使得双方的一致观念不断增多，对于这种一致性和相似性的认知也越来越明确。

（一）具有相近的身份定位和相互认知

中华人民共和国成立后，第三世界国家外交始终是中国外交的重要组成部分。中国认为拉美国家属于第三世界国家，是中国应当争取和团结以建立反殖、反帝、反霸国际统一战线和国际新秩序的重要力量。

---

① [美]亚历山大·温特：《国际政治的社会理论》，秦亚青译，上海：上海人民出版社，2014年10月，第1版，第345页。

冷战期间，"第三世界主义"成为拉美国家在国际斗争中使用的工具之
一，也成为巴西、阿根廷等国家的主流思想。①巴西、阿根廷和墨西哥等
国还发展出各自的第三世界理论，如阿根廷的"第三立场"学说、巴西
的"负责任的实用主义"、墨西哥的"第三世界主义"等。②拉美国家奉
行的"第三世界主义"强调独立于美苏两个超级大国之外的独立立场，
强调第三世界国家的团结和民族自决原则，反对帝国主义、殖民主义和
种族主义。至20世纪70年代，墨西哥、巴西、智利、秘鲁等拉美主要国
家开始认同中国的第三世界国家身份。③虽然中拉关于第三世界的理论的
内涵并非完全一致，但都认同自身是受美苏霸权威胁和西方资本主义国
家剥削的第三世界国家，在强调第三世界国家团结自强、要求建立国际
新秩序等方面的理念是一致的。相近的身份定位和相互认知的一致是推
动中拉建交的主要因素之一。冷战结束后，世界格局进一步向多极化发
展，中国和拉美都成为重要的一极，并且都是发展中国家的重要力量。
为了应对国际形势剧烈变化带来的机遇和挑战，中拉相互战略定位大幅
提升，视对方为实现发展的战略伙伴和重要机遇，并促成双方关系特别
是经贸关系在21世纪前十年实现跨越式发展。

　　随着中国经济的持续崛起、中拉贸易结构长时间以中国进口拉美初
级产品为主，以及西方国家的极力渲染，拉美出现了一些对中国发展中
国家身份的质疑言论，但并未形成主流。拉美国家仍普遍认同中国是发

---

①Daniel Barragán, Third-Worldism in Twentieth Century Latin America: An Intellectual History from
the Global South, December 14, 2022, https://jhiblog.org/2022/12/14/third-worldism-in-twentieth-
century-latin-america-an-intellectual-history-from-the-global-south/; German Alburquerque, Third
World and Third Worldism in Brazil: Towards its Constitution as Hegemonic Sensibility in the Brazilian
Cultural Field - 1958-1990, in *Estudos Ibero-Americanos*, PUCRS, v. 37, n. 2, p. 176-195, jul./dez.
2011; German Alburquerque, The Third-worldism in the Argentinian Intellectual Field: A Hegemonic
Sensibility (1961-1987), in *Revista Tempo*, vol. 19 n. 35, Jul. – Dez. 2013: 211-228.
②孙若彦：《独立以来拉美外交思想史》，北京：人民出版社，2015年12月第1版，第158—183页。
③贺双荣主编：《中国与拉丁美洲和加勒比国家关系史》，中国社会科学出版社，2016年8月，第1
版，第151—171页。

展中国家，是其多元化外交的重要合作伙伴。在中拉论坛部长级会议历次宣言，以及中国与巴西、阿根廷、智利等国就双边关系发表的联合声明中，均相互定位为发展中国家和新兴国家，或将双方合作定位为南南合作。也有一些拉美国家曾一度放弃发展中国家身份（如20世纪90年代的墨西哥），或加入被称为"富国俱乐部"的经济合作与发展组织（墨西哥1994年、智利2010年、哥伦比亚2020年、哥斯达黎加2021年），但总体而言拉美国家仍确认自身发展中国家的身份。拉美国家和地区组织总是从发展中国家和地区的立场出发阐述对国际问题的立场，拉美学者也多从发展中国家视角分析和研究该地区在国际体系和国际事务中的作用及影响。中国也依然视拉美国家为"新兴经济体和发展中国家的重要组成部分"[1]。相似的身份定位和相互认知使中拉在国家发展和全球事务中一些关键问题上具有共同的利益和理念，奠定了双方互动与合作的政治基础。[2]

（二）奉行相近的国际关系准则和价值观念

一是在国际关系和国际秩序方面。中国和拉美国家都有长期遭受侵略和干涉的深刻历史记忆，都面临发展的重要任务，因此在国际事务中都努力维护国际和平安全，强调尊重国际法和《联合国宪章》各项原则，主张建立新型国际关系和国际秩序，维护发展中国家共同利益。

中国一直致力于推动构建更加公正合理的国际秩序。中华人民共和国成立后，便相继提出"和平共处五项原则""求同存异"方针等国际关系新理念和新主张[3]。其中和平共处五项原则反映了国际社会特别是

---

[1]《中国对拉美和加勒比政策文件》，载《人民日报》，2016年11月25日，第10版。
[2] 贺双荣：《全球治理：拉美的作用及中拉互动的政治基础》，载《西南科技大学学报（哲学社会科学版）》，2017年第5期，第4页。
[3] 殷文贵、王岩：《新中国70年中国国际话语权的演进逻辑和未来展望》，载《社会主义研究》，2019年第6期，第7页。

广大发展中国家的共同愿望"①，已为世界绝大多数国家所接受，成为公认的国际关系基本准则。此外，作为世界上最大的发展中国家，加强与广大发展中国家的团结合作一直是中国外交坚定不移的战略选择②。1974年，中国便在联合国代表第三世界国家提出改变"极不平等的国际经济关系"③的主张；1988年又明确提出应建立国际政治经济新秩序④。此后，随着国力的增强和世界影响力的不断扩大，中国更加积极地参与全球治理，认为这不仅是维护自身发展和安全利益的需要，也是作为大国的责任所在⑤，并先后推动成立"上海五国"机制（后升级为"上海合作组织"）、"金砖国家"等发展中国家国际多边组织。进入21世纪后，特别是2013年以来，中国提出人类命运共同体和全人类共同价值等重大理念，全球发展倡议、全球安全倡议、全球文明倡议"三大全球倡议"，以及"一带一路"国际合作倡议等，都是维护和团结广大发展中国家、推动建立国际新秩序和更合理全球治理体系的具体实践。

由于在国际体系中处于弱势地位，拉美国家对维护国际法和制度显示出强烈的责任感，一直具有支持国际法、国际组织及和平解决争端的外交传统⑥。自独立以来，拉美国家一直致力于通过诉诸国际法和相关国际制度、规则来维护自身利益，并试图通过加强基于规则的秩序平等分

①外交部网站：《在和平共处五项原则的基础上建立国际新秩序》，2000年11月7日。网址链接：https://www.mfa.gov.cn/web/ziliao_674904/wjs_674919/2159_674923/200011/t20001107_10251031.shtml，[2022-10-21]

②外交部网站：《王毅：加强与发展中国家团结合作是中国外交的战略选择》，2018年9月29日。网址链接：https://www.mfa.gov.cn/web/wjbzhd/201809/t20180929_358093.shtml，[2022-09-30]

③邓小平：《在联大第六届特别会议上的发言》，1974年4月10日。

④邓小平：《以和平共处五项原则为准则建立国际新秩序》，《邓小平文选》第三卷，北京：人民出版社，1993年10月，第282页。

⑤庞中英、王瑞平：《全球治理：中国的战略应对》，载《国际问题研究》，2013年第4期，第58页。

⑥孙若彦：《独立以来拉美外交思想史》，北京：人民出版社，2015年12月，第1版，第110页。
Tom Long, "Latin America and the Liberal International Order: An Agenda for Research", in *International Affairs*, Volume 94, Issue 6, November 2018, p.1372.

配权利和责任，以及通过多边机制和国际法约束强权政治①。尽管拉美地区的意识形态非常多元化，但这一观念却成为该地区跨越意识形态的共识。在美洲体系和国际体系形成的过程中，拉美国家始终积极参与，"无论是自由主义者、激进分子还是反动分子都与美国就规则的制定和适用进行角逐"。当代国际法中包含的很多规范和原则也起源于拉美或首先在那里被汇编，如不干涉原则、禁止使用武力索债原则等②。拉美国家还提出过很多基于第三世界和发展中国家利益的理论和国际关系准则，如20世纪中叶提出的"依附论"便从不发达国家的角度对整个世界资本主义体系进行了批判③。此外，由于拉美国家在国际体系中身兼经济上的发展中国家和政治文化上的西方国家两种身份，因此其一直是全球治理论坛中许多重大议题的推动者和发展中国家利益的代言人④。进入21世纪以来，拉美地区已经出现两股左翼执政浪潮，包括巴西、阿根廷和委内瑞拉等在内的拉美主要国家都经历过或正在经历左翼政府执政。这些政府更加强调主权独立和自决权，更加积极地倡导建立国际政治经济新秩序，在全球治理进程中也更强调维护发展中国家的利益。

二是在价值观念方面。长期以来西方发达资本主义国家凭借其在世界格局中的霸权地位牢牢掌握着国际社会的话语权，以他们所谓的"自由""平等""人权"等概念垄断着普世价值观的解释权⑤。而中国和拉美国家都认为，民主并非外部给定的特定模式，而应与本国的实际相结

---

① J. Luis Rodriguez, Christy Thornton, "The Liberal International Order and the Global South: A View from Latin America", in *Cambridge Review of International Affairs*, 2022, p.9.

② Hugo Caminos, David W. Kennedy and George A. Zaphiriou, "The Latin American Contribution to International Law", Proceedings of the Annual Meeting (*American Society of International Law*), 1986, Vol. 80, APRIL 9–12, p.159.

③ 斯蒂芬·D.克莱斯勒：《结构冲突：第三世界对抗全球自由主义》，杭州：浙江人民出版社，2001年，第78—85页。

④ 贺双荣：《全球治理：拉美的作用及中拉互动的政治基础》，载《西南科技大学学报（哲学社会科学版）》，2017年第5期，第2页。

⑤ 李包庚等：《人类命运共同体：破解全球治理危机的中国方案》，北京：当代中国出版社，2019年12月，第70页。

合。中国始终坚持建设和完善具有中国特色的社会主义民主政治，实行全过程人民民主，认为"实现民主有多种方式，不可能千篇一律""一个国家是不是民主，应该由这个国家的人民来评判，而不应该由外部少数人指手画脚来评判。国际社会哪个国家是不是民主的，应该由国际社会共同来评判，而不应该由自以为是的少数国家来评判"①。

拉美国家在独立后虽然仿效西方国家建立了政治体制，信奉"民主""自由"等价值观念，但一直坚决捍卫"拉丁美洲的民主"（Latin-American Democracy）②。古巴民族英雄、思想家何塞·马蒂指出，拉美国家应当构建属于自己的民主模式，不能机械地复制欧洲的政治模式。他强调："在美洲，一位称职的执政者并非熟知德国人或法国人如何执政……应该知道他的国家由什么样的人组成和如何疏导民心，以便通过源于本国的方法和体制来达到那种人皆向往的境界。……一个国家的政府的形体应适合于本国的国情。"在论及"自由"时，他指出"必须依靠自己的努力，使人的自由适应各国宪法所规定的形式"③。在拉美国家，真正的民主体现在个人自由、平等、独立和人的尊严上，体现在对美好社会的追求上，以及体现在持续扩大社会基础、打破源于殖民时期的阶级和种族差别上④。在这样的认知下，拉美国家反对外部给定的统一的民主模式，而强调更加多元、包容的民主模式和价值观，也提出或实践了多种民主模式，如"参与式民主""多元文化民主"和"玻利瓦尔民主"等。21世纪初左翼执政浪潮期间更是参与式民主实践的高峰，也是对适合本地区和本国的民主模式进行的一次有益探索。

三是在发展模式方面。中国和拉美国家都认为各国应当实行符合自

①习近平：《在中央人大工作会议上的讲话》，载《人民日报》，2022年3月1日，第2版。

②Michel Gobat, The Invention of Latin America: A Transnational History of Anti-Imperialism, Democracy, and Race. in *The American Historical Review*, December 2013, Vol. 118, No. 5, pp. 1345-1375.

③[古巴]何塞·马蒂著，毛金里、徐世澄编译：《何塞·马蒂诗文选》，北京：作家出版社，2015年第7版，第32、36、83页。

④Harold E. Davis, Democracy in Latin America, in *World Affairs*, Summer 2007, Vol. 170, No. 1, pp. 45-49.

身国情的发展模式。中华人民共和国自成立以来，始终坚持走独立自主的发展道路，"坚持从我国国情出发，探索并形成符合中国实际的正确道路"。[①]中国的发展模式坚持以人民为中心，追求社会公平正义；坚持国家对经济进行有效的宏观调控；坚持走渐进式的改革开放道路。

实现政治和经济的自主性发展是拉美国家的一个核心目标。[②]自独立以来，拉美国家就一直探寻摆脱中心国家控制和自主发展的道路，并进行多次尝试。如20世纪30年代至70年代实行的进口替代工业化战略，以及21世纪以来左翼政府实行的新发展主义。拉美学者也认为，正统经济学是北方国家的思想，未能解决发展中国家面临的问题，因此不能照搬其发展理论，而应当与包括拉美国家在内的发展中国家的实际相结合。[③]因而无论是进口替代工业化战略，还是新发展主义，都更强调国家对经济的管控、社会经济利益再分配和社会公平政策。即使是20世纪90年代实行新自由主义改革时期，政府在经济和社会计划方面仍然拥有强大的影响力，并非美国的自由放任的模式。[④]因此可以说，拉美国家的现代化历程就是外围国家对中心国家的一次次反抗，是对所谓西方正统模式的批判与偏离，是拉美在争取自主性发展方面做出的本土努力。[⑤]

（三）对合作发展的共同认知

由于具有相似的身份定位和价值理念，加强相互合作成为中拉双方对外战略的重要组成部分。中国一贯从战略高度重视发展同拉美国家的

---

①《中共中央关于党的百年奋斗重大成就和历史经验的决议》，2021年11月11日。
②林红：《拉美民粹主义：一种国家发展模式》，载《马克思主义与现实》，2022年第4期，第125页。
③Cristóbal Kay, "Latin American Theories of Development and Underdevelopment", Routledge, 2011, p.1–3.
④[美]霍华德·J.威亚尔达，哈维·F.克莱恩编著，《拉丁美洲的政治与发展》，刘捷，李宇娴译，上海：上海译文出版社，2017年11月，第4页。
⑤林红：《拉美民粹主义：一种国家发展模式》，载《马克思主义与现实》，2022年第4期，第126页。

友好合作[1]。在双方尚未建立关系之时，毛泽东主席就表示中拉应共同发展，改变世界经济格局，以赢得自尊和尊重[2]。20世纪90年代，中国提出中拉应站在历史的高度，放眼未来，加强合作；认为这不仅符合双方人民的根本利益，而且对于增强发展中国家在世界经济中的总体实力，促进发展中国家在国际事务中发挥更大的作用具有重要意义[3]。进入21世纪以来，中国先后于2008年和2016年发布两份对拉政策文件，于2008年和2014年分别提出构筑中拉全面合作伙伴关系和构建携手共进的中拉命运共同体，充分表明中国从战略高度加强中拉合作的意愿。

随着中国的快速发展和国际影响力的提升，以及中拉关系的愈加紧密，拉美国家视中国为实现其多元化外交和经济合作的重要伙伴，是平衡西方霸权的一个重要力量。[4]21世纪以来，中拉政治关系进一步巩固的同时经济关系快速发展，特别是2008年国际金融危机期间，中国对拉美地区经济的稳定和拉动作用使其进一步认识到与中国合作的重要性。对于中国提出的构筑中拉全面合作伙伴关系、构建携手共进的中拉命运共同体，以及建设"一带一路"国际合作倡议等理念和机制，拉美国家都给予高度重视或积极回应。2021年12月举行的中国—拉共体论坛第三届部长级会议上，双方以"共克时艰、共创机遇，携手推动构建中拉命运共同体"为主题交换意见，表明拉美国家对于加强中拉合作、构建中拉

---

[1] 胡锦涛：《共同构筑新时期中拉全面合作伙伴关系——在秘鲁国会的演讲》，载《人民日报》，2008年11月22日，第3版。

[2] 贺双荣主编：《中国与拉丁美洲和加勒比国家关系史》，北京：中国社会科学出版社，2016年8月，第1版，第88页。

[3] 江泽民：《增进友好合作 共创美好未来——在墨西哥参议院的演讲》，1997年12月2日。

[4] Gonzalo Sebastián Paz, "China, United States and Hegemonic Challenge in Latin America: An Overview and Some Lessons from Previous Instances of Hegemonic Challenge in the Region", in *The China Quarterly*, MARCH 2012, No. 209；Julie Michelle Klinger and Tom Narins, "New Geographies of China and Latin America Relations: Introduction to the Special Issue", in *Journal of Latin American Geography*, Vol. 17, No. 2, SPECIAL ISSUE: New Geographies of China and Latin American Relations (JULY 2018), pp. 6–22；Tom Long, "Latin America and the Liberal International Order: An Agenda for Research", in *International Affairs*, Volume 94, Issue 6, November 2018, Pages 1371–1390.etc.

命运共同体的认同不断提升。

三、相互依存：政治、经济和安全利益融合加深

如果互动对一方产生的结果取决于其他各方的选择，行为体就处于相互依存的状态[①]。相互依存可以是积极的，也可以是消极的。

中国与拉美国家具有共同的命运，相互认同和同质性不断增强。在这样的背景下，中拉合作必然越发紧密，合作领域也不断拓展，政治、经济和安全等利益融合程度加深，积极相互依存程度不断提升。

（一）政治相互依存

自中华人民共和国成立至今，中拉政治相互依存经历了很大转变。在中华人民共和国刚成立之时，拉美国家奉行与美国"自动结盟"的政策，中拉双方是消极的政治相互依存关系。20世纪70年代后，中拉关系逐渐正常化，政治相互依存向积极的方向转变，但由于政治互动较少，相互依存度较低。

冷战结束以后，以经济全球化为主要内容的全球化进程加速发展，虽然整体性推进了全球经济增长以及各国相互联通、相互依存的程度，却也造成对国家主权特别是发展中国家主权的侵蚀和损害，以及发达国家与发展中国家之间经济、科技等发展的鸿沟。由于全球化是由美国等西方国家主导推动的，"游戏规则"也是发达国家主导制订的，发展中国家处于弱势地位。这不仅使得当前国际权力结构中的不平等和等级的继续存在难以克服，同时也为新的不平等和等级的出现提供了基础[②]。为

[①][美]亚历山大·温特：《国际政治的社会理论》，秦亚青译，上海：上海人民出版社，2014年10月，第1版，第334页。

[②]陈柳钦、杨晶：《经济全球化时代发展中国家主权弱势研究》，载《南都学坛》，2005年第5期，第99页。

了在全球化进程中最大程度地维护自身主权和权益，发展中国家需在积极参与全球化的同时加强国际合作，特别是加强发展中国家间的合作。中国是世界上最大的发展中国家；拉美地区则是世界上重要的发展中国家集团，共包括33个独立国家。双方加强政治合作、在涉及发展中国家利益的国际事务中相互支持，对于维护各自主权和核心利益、推动建立国际政治经济新秩序，以及促进全球化健康发展具有十分重要的意义。在这样的背景下，中拉相互战略定位大幅提升，政治合作日益密切，政治相互依存度不断提高。

一是相互认同并支持自主发展权。拉美国家越来越认同并赞赏中国坚持走具有中国特色的发展道路以及由此取得的巨大成就，特别是对中国脱贫攻坚战中取得的重要成就表示赞赏[1]，认为这对中国乃至世界的发展和稳定都是有利的。中国也始终支持拉美国家探索符合自身特点的发展模式。进入21世纪以来，拉美地区政治格局相继经历左翼政府大规模执政的"粉红浪潮"（1999—2016年前后）、右翼政府重新执政的"右翼回潮"（2016—2018年），以及再次左转而出现的新"粉红浪潮"（2018年起）。一些国家实施较激进的社会、经济政策，引起美国等西方国家的不满甚至干涉，并对中国与这些国家的合作加以指责。对此，中国作为拉美地区"至关重要的合作伙伴"[2]，坚持认为各国有权自主决定发展道路和发展模式，始终秉持不干涉原则，并在相互尊重的基础上与拉美各国政府保持友好关系。中国的立场以及中拉合作取得的巨大成就，在一定程度上使拉美国家无论左翼还是右翼政府执政都得以有机会自主探索发展模式；也有利于其抵御其他外部干扰因素，按照自己的节奏实践、总结、探索自身发展道路。

---

① 《中国—拉共体论坛第三届部长会议宣言》，载《人民日报》，2021年12月9日，第3版。
② 新华网：《中国是拉美至关重要的合作伙伴——访联合国拉加经委会执行秘书巴尔塞纳》，2019年5月24日。网址链接：http://www.xinhuanet.com/world/2019-05/24/c_1124538359.htm，[2000-10-29]

二是国际合作更加密切。首先是积极支持对方主办的国际会议和创立的多边合作机制。如拉美相关国家领导人出席了中国举办的亚太经合组织（APEC）第二十二次领导人非正式会议（2014年）、二十国集团领导人第十一次领导人峰会（2016年），以及"一带一路"国际合作高峰论坛（2017年、2019年）等；习近平主席也出席了秘鲁举办的亚太经合组织第二十四次领导人非正式会议（2016年）、阿根廷举办的二十国集团领导人第十三次领导人峰会（2018年），以及巴西主办的金砖国家领导人第十一次会晤（2019年）等。对于中国推进建立的国际机制，拉美国家也给予积极支持，如至2024年5月共有2个拉美国家成为金砖国家新开发银行成员国[①]，9个拉美国家成为亚投行成员国[②]，22个拉美国家签署了共建"一带一路"合作文件。

其次是加强多边场合下的国际事务合作。双方在联合国、二十国集团、亚太经济合作组织、金砖国家机制等多边框架内的合作和配合不断增强。如在二十国集团、世界银行、国际货币基金组织、世界贸易组织等的重要会议召开前夕，中国和巴西都会在"金砖国家"机制内举行外长、财长、贸易部长会议，提前就相关议题协调各方立场。在中国和阿根廷分别担任二十国集团轮值主席国期间，双方就议程设定和具体议题内容都进行了密集互动和协商。在2013年世界贸易组织总干事改选过程中，获得中国和巴西支持的阿泽维多（巴西籍）最终成功当选，凸显双方在国际事务中的务实合作[③]。

再次是加强全球治理合作。中拉都希望全球治理体系朝着更加公正

---

① 其中巴西为金砖国家新开发银行创始成员国，乌拉圭为意向成员国。NDB 网址链接：https://www.ndb.int/about-ndb/members/，[2024-5-20]

② 其中巴西、秘鲁、智利、乌拉圭、阿根廷、厄瓜多尔为亚投行的成员国，委内瑞拉、玻利维亚和萨尔瓦多为意向成员国。AIIB 网址链接：https://www.aiib.org/en/about-aiib/governance/members-of-bank/index.html，[2024-5-20]

③ 高波：《中国——拉美国家在全球治理中的合作机制探析》，载《当代世界》，2019年第10期，第31、32页。

的方向发展，防止发达经济体在国际贸易、气候变化、金融等领域为发展中国家设置障碍、转嫁发展成本①。为此，中拉在联合国改革、全球气候治理、国际金融治理，以及网络空间治理等问题上保持密切沟通和协调。如2015年第21届联合国气候变化大会召开前夕，中巴两国通过高层访问达成一系列重要共识，确定了相关原则和诉求，并提出了通过气候治理促进可持续发展的共同愿景和行动规划等。在中拉论坛框架下，双方将全球多边主义、卫生治理、可持续发展、气候变化、网络空间治理等议题确定为双方合作的重点领域，并确认了在关键议题上的共同立场，如：维护以联合国为核心的多边主义；确保发展中国家可获得全球公共卫生资源；强调世界贸易组织在全球贸易治理中的主导地位；加快落实联合国《2030年可持续发展议程》；确认气候变化问题应在《联合国气候变化框架公约》《京都议定书》和《巴黎协定》框架下解决，重申公平、共同但有区别的责任和各自能力原则和"国家自主决定贡献"的制度安排；推动加强网络治理对话合作，实施并最终制定网络空间准则和规则等。

（二）经济相互依存

中拉经济相互依存经历了一个从无到有，不断加深的过程。进入自发发展阶段以来，经贸合作就成为中拉关系发展的重要推动力。当前，中国已成为全球第二大经济体，拉美是重要的新兴市场，双方的经贸合作对于各自经济社会的发展具有不可替代的作用，成为当前中拉相互依存程度很高的领域。

一是经济互补性强。与拉美国家相比，中国拥有国内市场规模庞大、工业体系完整、劳动力资源丰富等优势；相较于中国，拉美国家具

---

① 高波：《中国——拉美国家在全球治理中的合作机制探析》，载《当代世界》，2019年第10期，第34页。

有能源、矿业、农业资源丰富等优势，同时就整个拉美地区而言也具有人口众多和市场潜力巨大等优势。因此，中拉经济合作具有很强的互补性及发展潜力。当前，中国已成为拉美地区第二大贸易伙伴，很多拉美国家的第一大贸易伙伴；拉美则是中国海外投资的第二大目的地。中国经济保持中高速增长并努力向中高端水平迈进，将为拉美地区提供更多市场、投资和增长机遇，有利于拉美国家实现经济增长，推进贸易伙伴、投资来源、融资渠道的多元化和多边化。而拉美国家的繁荣和稳定也有利于中国扩大对拉美出口，并保障中国的粮食、能源和资源安全。

二是市场和投资的依存度较高。在市场依存度方面，中国对能源、原材料、农产品等大宗商品需求巨大，对外依存度较高。而拉美地区是中国进口大豆、铁精矿、铜精矿、原油的重要来源地之一。2019年，中国从巴西、智利、秘鲁、委内瑞拉进口的铁精矿占中国铁精矿进口总量的23.4%，从智利、秘鲁、墨西哥进口的铜精矿占中国进口总量的67.8%，从巴西、阿根廷进口的大豆占中国进口总量的75.1%。[①]此外，就中国对外贸易增长而言，2021年前10个月中拉贸易额同比增长43.1%，是所有地区中增长最快的；2021年拉美地区占中国对外贸易的比重从2019年的6.9%增至7.5%，表明无论是在疫情期间还是疫后复苏时期，拉美地区都发挥了中国对外贸易的"稳定器"作用。[②]反之，中国市场对于拉美国家也具有不可替代性。无论是2008年国际金融危机、2014年全球初级产品价格大幅下跌，还是2020年疫情暴发，中国市场的强大需求都在较大程度上稳定了对拉美初级产品的国际需求，拉动了拉美地区的出口，帮助拉美地区规避或减弱了这些风险，保持经济的基本稳定。2020年，

---

① 谢文泽：《大变局视角下的中国—拉美经贸合作》，北京：中国社会科学出版社，2021年10月，第129、136页。

② 谢伏瞻主编：《中国社会科学院国际形势报告（2022）》，北京：社会科学文献出版社，2022年2月。

拉美地区经济衰退6.8%[1]，对美国和欧盟出口额均下降11%，而对华出口则逆势增长1%[2]，表明中国市场同样是拉美对外贸易的"稳定器"。

在投资依存度方面，进入21世纪以来，中国在拉美地区的投资快速增长。中国企业在拉美地区的已宣布投资项目数量占中国企业全球总量的比重从2005—2009年间的8%提升到2009—2014年间的11%，并购数量占比也由2.5%增长到14.9%。虽然此后数量有所下降，但2019年已宣布投资项目数量占比仍达到创纪录的18%，2020年的并购数量占比则达到20%。[3]对拉美地区而言，虽然中国的投资额仍少于欧美等传统投资方，且年度变化较大，但总体而言仍呈上升趋势。2005—2009年间，中国对拉美的已宣布投资项目数量和并购数量分别只占该地区总数量的1.7%和3.5%，至2015—2019年间这两个比率已上升至16.3%和6.4%，并购数量在2020年的占比继续上升至22.9%。[4]就协议金额而言，中国是拉美地区跨境并购的主要投资者之一。2005—2019年间，中国是该地区仅次于美国的第二大跨境并购来源国，2020年是该地区跨境并购协议总金额最大的国家[5]。这些数据都表明中拉在投资方面的相互依存度也不断提高。

三是合作增长潜力大。当前，中拉都致力于推进经济结构转型，中拉合作也处于开辟增长源、拓展合作空间，实现更高水平发展的关键时期。中国在"十四五"规划和2035年远景目标中，提出加强科技创新，推动加快数字化发展和绿色发展，实行高水平对外开放，开拓合作共赢新局面。拉美国家一直致力于转变以初级产品出口为主的发展模式。气候危机加剧、数字经济快速发展，以及2020年新冠肺炎疫情、2022年乌克兰危机等因素进一步强化其加快经济结构转型、加强科技创新和技术

---

①ECLAC, "Preliminary Overview of the Economies of Latin America and the Caribbean • 2021", Santiago, 2022, P.128.

②ECLAC, "International Trade Outlook for Latin America and the Caribbean • 2021", Santiago, 2021, P.78.

③Foreign Direct Investment in Latin America and the Caribbean, 2021, p.86,87.

④Foreign Direct Investment in Latin America and the Caribbean, 2021, p.91.

⑤Foreign Direct Investment in Latin America and the Caribbean, 2021, p.91.

自给，实现系统性转变以应对当前挑战的意愿。联合国拉丁美洲和加勒比经济委员会（以下简称"拉美经委会"）发布多项报告，强调该地区国家实现生产、包容和可持续的发展模式[①]，并提出9个在激发和转变该地区国家生产结构方面具有强大潜力的部门，包括：可再生和清洁能源、电子交通、循环经济、生物经济、医疗制造业、数字化转型、护理经济、可持续旅游业、中小微企业及社会的共享经济[②]。可以看出，中拉未来的重点发展领域有很多契合之处，新能源和新兴资源、数字技术、旅游业、生物和医疗卫生等领域合作潜力巨大。2020年末，中国对拉美地区直接投资存量中排名前五的分别为信息传输/软件和信息技术服务业、租赁和商务服务业、批发和零售业、制造业、科学研究和技术服务业[③]，此前长期位居前列的采矿业已经退出前五名之列。

（三）安全相互依存

在中拉关系中，安全合作一直是发展最为缓慢的领域之一。这一是因为中拉距离遥远，且以发展经济和政治关系为主要目标，安全因素在双方关系中并不突出。二是受到美国因素的影响。美国一直视拉美地区为其"后院"，十分警惕乃至反对其他地区和国家加强与拉美的安全联系。三是受历史传统延续和自身价值取向等因素的影响，拉美国家更倾向于同美欧等国家进行安全合作，与这些国家的安全联系也更加紧密。

[①]ECLAC, Towards Transformation of the Development Model in Latin America and the Caribbean: Production, Inclusion and Sustainability, 24-26 October, 2022; ECLAC, Plan for Self-sufficiency in Health Matters in Latin America and the Caribbean: Lines of Action and Proposals, Santiago,2021; ECLAC, The Coronavirus Disease (COVID—19) Pandemic: An Opportunity for a Systemic Approach to Disaster Risk for the Caribbean, March 2021; etc.

[②]ECLAC, Towards Transformation of the Development Model in Latin America and the Caribbean: Production, Inclusion and Sustainability, 24-26 October, 2022, p.133.

[③]张勇：《关于中拉经贸合作转型的思考》，在中国社会科学院拉丁美洲研究所"大变局下中拉经贸合作机遇与挑战暨《大变局视角下的中国—拉美经贸合作》新书发布"研讨会上的发言，2022年9月27日。

不过，随着中拉关系不断拓展和深化，利益融合度不断加深，双方除了在经济和政治方面的安全依存度不断提升外，在社会安全和非传统安全等方面的相互依存度也不断提高，对安全合作的需求越来越强。

尤其是在非传统安全领域，中拉的相互依存程度也越来越高。例如拉美对中国粮食安全、能源安全和资源安全等方面的重要性，以及中拉在全球气候治理、经济治理、金融治理等问题上的协调与合作对双方的重要性都不言而喻。新冠肺炎疫情的暴发更进一步密切了双方在卫生领域的合作。随着全球化的扩张以及各国相互依赖程度的增强，不仅病毒跨境传播的风险加剧，其对社会的"毁灭性影响"也不分国界，没有任何一个国家能以一己之力战胜病毒[1]，使世界各国形成了卫生健康共同体。然而，自疫情发生以来，受部分发达国家拒绝履行国际合作义务、世卫组织应对疫情机制有效性不足，以及全球卫生资源不平衡等因素的影响[2]，包括拉美国家在内的广大发展中国家受到疫情的严重冲击，不仅资金、物资和设备等严重匮乏，还面临严重的"疫苗鸿沟"。这使得拉美成为全球受疫情影响最严重的地区之一：虽然其人口只占世界人口的8.4%，但至2021年8月底其感染和死于新冠肺炎的人数却占到世界总数的20.1%和32%[3]。在这样的背景下，中拉积极展开抗疫和卫生合作。中国疫苗成为很多拉美国家第一批获得的疫苗，也是此后很长时间内能获得的唯一疫苗；巴西、阿根廷、秘鲁、智利等国则与中国联合生产疫苗，并开展疫苗临床试验合作[4]。双方的合作不仅为拉美地区构筑免疫屏障、恢复社会生活发挥了重要作用，也为中国疫苗的及时研发和投入应用、

---

[1] Henry Kissinger, "The Coronavirus Pandemic Will Forever Alter the World Order", The Wall Street Journal, April 3, 2020, DOI: https://www.henryakissinger.com/articles/the-coronavirus-pandemic-will-forever-alter-the-world-order/.

[2] 何丹：《人类卫生健康共同体理念与全球卫生治理体系的完善》，载《国际问题研究》，2022年第5期，第129—131页。

[3] ECLAC, Plan for Self-sufficiency in Health Matters in Latin America and the Caribbean: Lines of Action and Proposals, September 2021, p. 7.

[4] 张远南、李晓骁：《巴中疫苗合作将造福拉美民众》，载《人民日报》，2020年9月15日，第3版。

造福世界，特别是广大发展中国家做出重要贡献。此外，中拉还共同呼吁建立更加公正、有效的全球卫生治理体系，呼吁国际社会确保发展中国家公正、平等、及时、支持、可负担地获得作为全球公共产品的新冠疫苗和相关药品，反对将疫情溯源问题政治化[1]。中拉抗疫和卫生合作不仅拓展了双方在双边、地区和全球层面的合作领域，也因共同抵御危机而使双方增进了情感和相互信任。2021年3月20日，中国向哥伦比亚提供的第三批疫苗运抵哥伦比亚首都波哥大之际，中国国家主席习近平应时任哥伦比亚总统伊万·杜克·马尔克斯的邀请向哥伦比亚民众发表视频讲话。中国国家主席直接对拉美一国的民众发表视频讲话，这不仅在中哥关系中为首次，在中拉关系中也属首次，表明拉美国家对中拉抗疫合作成就的认同和赞赏。

除了卫生健康领域的合作外，中拉在抗击自然灾害方面的安全合作也取得重要进展。2022年8月，双方首次在中拉论坛框架下举办灾害管理合作部长论坛，正式启动中拉灾害管理合作机制，是中拉非传统安全合作的一个新举措。

四、自我约束：构建命运共同体的根本保障

在国际政治中，当一个国家自愿尊重其他国家的个体性和需求时，它就是自我约束的。[2]共同命运、同质性和相互依存虽然能够促使行为体进一步从事亲社会行为，却无法使其克服被与之认同的行为体吞没或产生被群体牺牲的担心，这就需要行为体间建立信任感。自我约束有助于创建相互信任，使行为体相信即使在没有外部制约的情况下他者也没有吞没自我的意图，与他者认同会使自我的需求得到尊重。因此，自我约

①中国—拉共体论坛：《中国—拉共体论坛第三届部长会议宣言》，2021年12月3日。
②[美]亚历山大·温特：《国际政治的社会理论》，秦亚青译，上海：上海人民出版社，2014年10月，第1版，第347—350页。

束是集体身份和友好关系的最根本基础，因为集体身份从根本上说是根植于对他人与自己的差异表现出来的尊重①。

在国际社会中，中国和拉美国家一直都提倡并奉行具有自我约束性质的国际关系准则。

中华文明在数千年的发展历程中不断吸收与融合周边文明、外来文明的精华，形成多元一体、兼容并蓄的总体特征，多强调仁爱原则、礼教精神、责任意识和社群取向的核心价值②，倡导天下大同、和谐共存、和而不同的世界观。这种基本的世界观与价值观造就了中国人尊重他人、自我克制的思维方式，也形成了中国人在处理国家间关系时的自我约束倾向。中华人民共和国自成立后，受中国传统价值观和世界观、马克思主义意识形态以及中国自身经历等因素的影响，始终奉行具有自我约束倾向的对外政策。③进入21世纪以来，中国取得了令世人瞩目的发展成就，日益走近国际舞台的中央，但仍然坚持发展中国家定位，坚持走和平发展道路，表明中国奉行的自我约束性外交政策具有主动性和稳定性④。

拉美国家在国际关系特别是地区关系中也始终保持克制，时常被誉为"世界上最和平的地区"。⑤虽然拉美地区的暴力犯罪问题仍然特别严重，但地区国家间的战争和武装冲突在很大程度上已经消失是不争的事实。特别是南美洲地区，自各国独立以来只发生过零星的国家间战争，并且非常克制，没有一场战争因意识形态、宗教或种族差异而展

---

① [美]亚历山大·温特：《国际政治的社会理论》，秦亚青译，上海：上海人民出版社，2014年10月，第1版，第346—347页。
② 陈来：《中华文明的价值观与世界观》，载《中华文化论坛》，2013年第3期，第5页。
③ 王毅：《中国对外战略中的自我约束倾向浅议》，载《社会主义研究》，2006年第6期，第122页。
④ 王毅：《中国对外战略中的自我约束倾向浅议》，载《社会主义研究》，2006年第6期，第121页。
⑤ Nicolás Terradas, "The Latin American Long Peace", in The Oxford Research Encyclopedia of International Studies, Oxford Univ. Press, 26 May 2021; Sabine Kurtenbach, "The Limits of Peace in Latin America", in *Peacebuilding*, 9 May 2019, p.1.

开。①2014年1月，拉共体第二届首脑峰会宣布拉美为"和平区"，由此拉美成为世界上第一个宣布为和平区的地区。宣言强调，该地区国家"永久致力于通过和平手段解决争端"，不干涉他国内政，"完全尊重各国选择政治、经济、社会和文化制度的不可剥夺的权利，将其作为确保各国和平共处的必要条件"②。在国际关系中，由于长时间处于国际体系相对边缘的位置，拉美国家出于维护自身主权独立和自主发展的需要，始终寻求通过国际法和国际制度约束、规范各国的行为，坚定支持以联合国为核心的国际体系和以国际法为基础的国际秩序，反对霸权主义和强权政治。由此可见，无论在地区还是全球层面，拉美国家都奉行具有自我约束性质的国际关系原则。

对于中拉关系而言，由于中国是构建中拉命运共同体的最先倡导者和主要推动者，因此中国的自我约束政策对于中拉加深相互信任、构建命运共同体具有根本性作用。特别是在中国国际地位不断提升，中拉关系又日益紧密的今天，一些西方国家和拉美地区内部出现对于中国发展对拉关系目的以及中拉关系性质的质疑和疑虑，中国坚持奉行和实践具有自我约束性质的对外政策是对这些质疑和疑虑的最有力回应。事实上，中国对拉美实行的具有自我约束性质的合作政策和互动模式正是中拉关系与美拉、欧拉关系根本区别之所在。

（一）和平共处

和平共处五项原则最能体现中国对外政策的自我约束性。其包含的互相尊重主权和领土完整、互不侵犯、互不干涉内政、平等互利、和平共处五项原则中包含了四个"互"和一个"共"，充分、直接地体现出了自我约束的倾向：既然是相互平等尊重、相互不侵犯和不干涉、和平

①Nicolás Terradas, "The Latin American Long Peace", in The Oxford Research Encyclopedia of International Studies, Oxford Univ. Press, 26 May 2021.

②CELAC, Proclamation of Latin America and the Caribbean as A Zone of Peace, 27 January, 2014.

共处，就意味着需要约束自己的行为和意愿，在平等协商而非随意单边胁迫的基础上处理双方分歧乃至争端，这与国际关系中一直占支配地位的强权政治是根本对立的[①]。

和平共处五项原则也充分贯彻于中国对拉关系之中。首先体现为平等与尊重。习近平主席多次指出，"国家不分大小、强弱、贫富都是国际社会的平等成员，一国的事情由本国人民做主，国际上的事情由各国商量着办"[②]。拉美地区共有33个国家，既有像巴西这样人口超过2亿的大国，也有人口只有几万人的小国。中国在与这些国家交往时，无论国家大小都平等相待，互相尊重；既注意发展与巴西、阿根廷这样的地区大国的关系，也注重加强与加勒比地区等小国的关系。在中拉签署的合作文件中也特别提出，"将适当考虑拉共体成员国中最不发达国家、内陆发展中国家、小岛屿发展中国家和中等收入国家、陷于或刚刚摆脱冲突状态的国家面临的挑战和需求"[③]。

其次体现为不干涉他国内政。在中拉关系发展的70余年中，拉美地区经历了民众主义政治和威权政治向民主政治的过渡[④]，也经历了地区左右翼执政力量的多次轮替；既出现过军政府等所谓威权政府，也有民众选举产生的民选政府；既有信奉新自由主义的右翼政府，也有支持基层主义[⑤]甚至是社会主义的左翼政府。而无论是哪种意识形态的政府执政，采取何种国家治理和发展模式，中国都认为这是拉美国家的内部事务，应由其本国政府和人民自己决定，从不加以干涉。对于拉美国家在应对

---

① 外交部网站：《中国倡导和平共处五项原则》，2000年11月7日。网址链接：https://www.mfa.gov.cn/web/ziliao_674904/wjs_674919/2159_674923/200011/t20001107_7950050.shtml，[2022−10−21]

② 习近平：《携手合作 共同发展——在金砖国家领导人第五次晤时的主旨讲话》，2013年3月27日。

③《中国—拉共体成员国重点领域合作共同行动计划（2022—2024）》，2021年12月9日。

④ 谢文泽：《大变局视角下的中国——拉美经贸合作》，北京：中国社会科学出版社，2021年10月，第48—51页。

⑤ 湛园庭：《拉美左派崛起浅析》，载《拉丁美洲研究》，2005年第3期，第40页。

地区事务时的分歧和争执，中国都保持客观公正的态度，从不鼓动拉美国家采取极端的解决方式，而是主张拉美国家通过协商加以解决。中国的做法也赢得了拉美国家的认同和信任。

与拉美国家真正实现和平共处、平等尊重和不干涉是中拉关系与传统上美国或欧洲国家对拉关系的根本区别之一。

（二）共同发展

中国认为共同发展才是持续发展的重要基础，符合各国人民的长远利益和根本利益①；一个国家在发展时不能只顾及自身利益，而是应当在发展的同时考虑和照顾其他国家利益，兼顾各方利益和关切，并使建设成果更多更公平地惠及各国人民②。共同发展的理念同样清晰地体现了中国对外政策的自我约束倾向，表明中国的发展绝不会以牺牲别国利益为代价。

在中拉关系中，中国始终努力寻求扩大双方战略利益对接，以平等相待和共同发展作为中拉全面合作伙伴关系的基础与目标③。20世纪80年代，中拉刚刚实现关系正常化不久，中国便提出和平友好、互相支持、平等互利、共同发展的"中拉关系四原则"④。此后，中拉经贸合作快速发展，拉美国家丰富的能源、矿业和农产品资源为中国的国家建设提供了重要保障。当拉美国家提出对华大量初级产品出口将加剧拉美经济的"去工业化"，导致拉美经济对中国的依赖和出口初级产品化，以及中

---

① 习近平：《共同创造亚洲和世界的美好未来——在博鳌亚洲论坛2013年年会上的主旨演讲》，2013年4月7日。
② 于军、张弦：《"一带一路"倡议与构建人类命运共同体》，北京：当代中国出版社，2019年12月，第10—13页。
③《中国对拉美和加勒比政策文件》，载《人民日报》，2016年11月25日，第10版。
④ 中国总理1985年应邀访问拉美四国（哥伦比亚、巴西、阿根廷、委内瑞拉）时提出，这是中国领导人对拉美地区的首次国事访问。

拉经贸合作只是阶段性的而非可持续的等疑虑后[1]，中国积极提出并推动建立新的合作模式，先后通过提出"1+3+6"务实合作新框架和"3×3"合作新模式等规划，以及将"一带一路"国际合作倡议延伸至拉美等举措，拓展和丰富双方合作的领域与内容，完善合作结构和模式，扩大合作利益。新冠肺炎疫情暴发后，一些拉美国家陷入债务困境。中国并没有如西方国家臆测的那样对其加以利用，而是通过债务重组谈判、允许延迟还款或暂停进一步贷款等措施缓解其债务问题。"无论是中国政府还是任何中国国有企业都没有因还贷困难而没收拉美方面的资产"，有力地批驳了所谓的中国"债务陷阱"论[2]。

此外，中拉关系还具有很强的包容性。为遏制中国在拉美的影响力，近年来美国先后提出"美洲增长倡议"和"美洲经济繁荣伙伴关系计划"等倡议计划。对此，有拉美学者认为，美国提出的"美洲增长倡议"无疑是在重拾"门罗主义"，是为了防止中国插手拉美和美洲事务而提出的警告和暗示[3]。但中国渴望以平等、互惠的原则同拉美国家建立全面伙伴关系；欢迎世界各国加入这个由中国倡导的人类命运共同体，且不要求加入国让渡主权；提倡在主权平等的前提下互通有无、相互促进[4]。中国于2016年发布的《中国对拉美和加勒比政策文件》中强调，中方愿在拉美国家提出、同意和主导的原则下同相关域外国家和国际组织

---

①Matt Ferchen, "China–Latin America Relations: Long-term Boon or Short-term Boom?", in *The Chinese Journal of International Politics*, Vol. 4, 2011, 55–86; Rhys Jenkins, Alexandre de Freitas Barbosa, "Fear for Manufacturing? China and the Future of Industry in Brazil and Latin America", in *The China Quarterly*, March 2012; Philip J. MacFarlane, "U.S. and Chinese Investment Treaties in Latin America: Convergence of Competition?", in *Houston Journal of International Law*, Vol. 37:3, 7 Oct 2015.etc.

②Margaret Myers and Rebecca Ray, What Role for China's Policy Banks in LAC?, The Dialogue, *China-Latin America Report March 2022*, p.6,7; Margaret Myers and Rebecca Ray, Shifting Gears: Chinese Finance in LAC, 2020, The Dialogue, *China-Latin America Report February 2021*, p.7.

③[巴西]马科斯·C.皮雷斯·卢卡斯·G.德纳西门托：《新门罗主义与中美拉三边关系》，载《拉丁美洲研究》，2020年第4期，第33—48页。

④[智]爱德华多·G.莱吉萨蒙·阿斯图迪略：《拉丁美洲与"一带一路"倡议》，载《江苏师范大学学报（哲学社会科学版）》，2017年第3期，第42—48页。

在拉美和加勒比国家开展三方发展合作。2021年制订的《中国—拉共体成员国重点领域合作共同行动计划（2022—2024）》中特别提出，该计划所述的合作领域不具排他性；各方可按照灵活和自愿参与原则实施该计划，不影响任何已经达成一致的双边合作项目，也不替代已经达成一致的双边或多边协定、决定或承诺。这些都切实体现了中拉合作的包容精神和互利共赢原则。

寻求互惠共赢、共同发展是中拉关系与传统美国和欧洲国家对拉关系的根本区别之二。

（三）共同安全

当前，以美国为首的西方国家在国际安全事务上信奉"非敌即友"的"零和博弈"观，构建同盟体系，谋求自身绝对安全，奉行"国强必霸"的逻辑，行事时带有唯我独尊的霸权心态。与此不同的是，中国不认同"国强必霸"的逻辑，认为不能一个国家安全而其他国家不安全，更不能牺牲别国安全谋求自身所谓绝对安全；并致力于推动树立共同、综合、合作、可持续的全球安全观，构建人类安全共同体。中国不仅提出共同安全的理念，还将其付诸实践。首先是奉行防御型国防政策和积极防御的军事战略，多次进行大规模裁军，不搞军备竞赛，在国际和国内多种场合表明不对任何国家构成威胁；其次是多次阐明"永不称霸"的意志，表明"中国无论发展到什么程度，永远不称霸，永远不搞扩张"[1]；再次是不经营势力范围，多次表明中国不干涉他国内政，不输出社会制度和发展模式，不形成小集团。"我们不'输入'外国模式，也

---

[1] 邓小平：《在联大第六届特别会议上的发言》，1974年4月10日；习近平：《携手建设更加美好的世界——在中国共产党与世界政党高层对话会上的主旨讲话》，2017年12月1日；习近平：《高举中国特色社会主义伟大旗帜 为全面建设社会主义现代化国家而团结奋斗——在中国共产党第二十次全国代表大会上的报告》，2022年10月16日，等等。

不会'输出'中国模式，不会要求别国'复制'中国的做法"。①

在中拉关系中，中国从不在拉美寻求结盟关系，而是建立"伙伴关系"，显示出与欧洲对待拉美的殖民政策和美国的霸权政策不一样的强国政策和形象。②中国多次申明，中国在拉美从不干涉拉美国家内部事务，从来没有地缘政治考虑，不寻求所谓打造势力范围，不参与所谓战略博弈，也不谋求针对谁或取代谁。③当前，随着美国政府对中国展开"全面战略竞争"，拉美国家成为其拉拢的主要对象。美国通过国家安全警告、经济合作承诺、提出替代倡议等方式，试图说服拉美国家跟随其立场，如其先后推出"清洁网络"计划和《未来互联网宣言》等针对中国的数字政策倡议，在5G等问题上向拉美国家施压；推出"美洲增长倡议""美洲经济繁荣伙伴关系计划"等方案，与中国的"一带一路"倡议展开竞争。而中国始终秉持包容理念对待中拉合作，不要求拉美国家选边站队，也不因意识形态等区别对待拉美国家。即使是美国在拉美的盟国哥伦比亚的总统伊万·杜克·马尔克斯（2018年8月—2022年8月任职）也明确表示，并不认为与中国的合作是威胁。事实胜于雄辩，这也是参与"一带一路"倡议的拉美国家不断增多的原因。

建立共同安全、结伴而不结盟的合作关系是中拉关系与传统美拉、欧拉关系的根本区别之三。

当然，需要再次强调的是，中拉关系之所以能够持续良好发展，与双方都奉行自我约束的对外政策密不可分。在中国坚持履行这些原则的同时，拉美绝大多数国家也一直奉行不干涉中国内政的外交政策，共同

---

① 习近平：《携手建设更加美好的世界——在中国共产党与世界政党高层对话会上的主旨讲话》，2017年12月1日。

② [阿]埃杜阿多·丹尼尔·奥维多：《中国与拉美国家关系的现实与发展》，载《江苏师范大学学报(哲学社会科学版)》，2016年第3期，第13页。

③ 外交部网站：《王毅与拉美三国外长谈中拉关系》，2022年5月20日。网址链接：https://www.mfa.gov.cn/web/wjbzhd/202205/t20220520_10690493.shtml，[2022-09-30]；中华人民共和国驻巴西联邦共和国大使馆：《中国驻巴西使馆严正批驳美高官涉华谬论》，2022年7月27日。网址链接：http://br.china-embassy.gov.cn/sgxx/sghd/202207/t20220727_10728468.htm，[2022-09-30]

保障了中拉关系的稳定、可持续发展。

从以上分析可以看出，中拉关系已经具备了共同命运、同质性、相互依存和自我约束四个变量因素，为形成共同体身份、构建命运共同体打下了必要的基础。同时也应看到，当前所具备的现实基础还存在一些短板和不足，需要在未来加以补齐和完善。

一是中拉关系中四变量的强弱程度差异性较大。一些变量因素先天就存在，并得到双方明确认同，如共同命运；一些则出现得较晚或认同程度较低，如同质性和安全相互依存。还有一些变量在中国与不同拉美国家或拉美不同次地区关系中的强度有所不同，如中国与巴西、阿根廷等南美洲国家的经济相互依存度更高，与墨西哥和中美洲国家的经济相互依存度较低。这表明中拉关系各领域之间的发展还不够均衡。

二是中拉双方对这些变量因素的认同度存在差异。例如对于双方相互依存程度的增强，拉美国家还有疑虑，担心对中国形成依赖；对于自我约束，拉美国家和学界虽然意识到其是中拉关系的独特之处，但对其对于中拉关系未来发展的积极、深远意义仍认知不足。这表明双方还需就相关问题进一步加深沟通和交流。

三是拉美地区内部对这些变量因素具有认知差异。拉美共有33个国家，地区政治生态十分复杂，长期存在左、右翼政府轮流执政的"钟摆现象"，近年来更呈现出政治力量多样化和碎片化的特点。虽然拉美各政治力量总体认同加强与中国的合作，但政府的更迭和政治立场的变化仍时常导致对华立场和政策的变化，影响中拉关系平稳发展。

第三节　进一步夯实构建中拉命运共同体的现实基础

当前，中拉关系已经过70余年的发展历程，经历了自发发展、自主发展和构建发展三个发展阶段，以及反应式和构建式两种关系模式。

在中华人民共和国成立初期，中拉关系可以说是一片空白。双方总体处于对立的阵营，具有不同的政治制度，在价值观念等方面也存在很大差异。随着国际形势的演变和自身谋求发展的经历，中拉日益深刻地意识到，双方不仅都具有遭受西方列强殖民和侵略的历史，而且至今仍然深受美国等西方发达国家，以及由其主导的国际政治经济秩序和全球治理体系的干涉、制约和威胁，国家主权、发展权和生存权都面临严峻挑战，具有共同的命运。在应对共同外部挑战的过程中，中拉对于发展中国家的自身定位和相互定位得到明确，对于建立更加公正、合理的国际新秩序和全球治理体系具有共同的诉求，在国际社会中奉行相似的国际关系行为准则，在国际事务和全球治理议题上具有相近的立场，因而具有总体相近的世界观和全球发展理念。随着国际格局的演进，这种共性也就是同质性仍在不断增强。由于具有共同的身份认知和世界观，双方加强合作以应对共同外部挑战和促进国家发展的意愿不断增强，合作动力多元化，合作领域多样化，逐渐构筑起综合、立体、多层次、全方位的合作架构。双方的共同利益不断增多，逐渐由经济、政治领域向安全等领域扩展，相互依存程度不断提升。更重要的是，双方在合作过程中始终秉持相互尊重、平等相待、协商共赢、共同发展的原则。这种具有自我约束性质的双边关系不仅是中拉关系区别于拉美与其他大国关系的根本特质，也是中拉关系可持续发展的根本保障。由此看来，当前中拉双方已经具备构建命运共同体所需的核心变量因素，未来可继续从以下几方面加强合作，进一步夯实构建中拉命运共同体的现实基础：

一是增强对于构建共同体身份的主观认知。根据建构主义理论，共同命运、同质性、相互认知必须在客观条件完善时才能有助于构建共同体身份。但是，具有共同命运意味着行为体面临共同的威胁，并不必然需要行为体间的互动，在共同威胁消退或者显得不十分紧迫之后，合作的意愿往往也会削弱。即使是历史命运和语言文化同宗同源的拉美国家在独立后也未能建立起美洲国家联盟，其中一个很重要的原因就是对欧洲国家征服的恐惧消散了[①]。而同质性的增强虽然能减少冲突并增加身份认同，却无法消除差异性的存在，并且行为体为了不被他者吞没甚至会更加强调差异性，进而阻碍共同体身份的形成。对相互依存而言，其可以是积极的，也可以是消极的，并有可能引发行为体对于形成依赖和脆弱性的担忧。

中拉关系在发展过程中亦存在或出现过这些问题。为了避免或消解上述情况，就需要中拉共同做出观念上的努力，将客观促进因素转化为主观认知和认同。这首先需要加强双方对于共同体理念体系的共同认知。如通过政府宣传和社会舆论等路径增强双方社会各层级对于共同命运、同质性、正向相互依存等的积极认知，以及对于合作应对共同威胁和挑战、实现共同发展的主观认同。其次需要通过学术交流和文明对话等路径增强双方在价值理念等方面的一致性。中国和拉美国家属于不同的文明体系，虽然都认同和平、发展、公平、正义、民主、自由的全人类共同价值，要求建立更加公正合理的国际体系和国际秩序，但对这些理念的具体内涵有不同的理解和诉求，需通过交流、对话，甚至辩论加以明晰并取得共识。再次需要通过加强合作机制建设增进相互认知和认同。机制设定了参与者的认同、利益和行事规范。机制内的合作过程就是参与方克服"异质性"、建立"同质性"的过程。长期的机制合作将使合作方对特定事务的认识理念、思维方式和行为方式都趋于一致，而

---

①Hugo Caminos, David W. Kennedy and George A. Zaphiriou, "The Latin American Contribution to International Law", Proceedings of the Annual Meeting (American Society of International Law), APRIL 9−12, 1986, Vol. 80, p.158.

这种一致将进一步内化并外溢到其他领域。①

二是增强积极相互依存度。除了增强对相互依存的积极认知外，中拉之间还应进一步加强积极相互依存。首先是拓展相互依存的领域。由于相互依存往往是与具体问题领域联系在一起的，并不总是能够在不同问题领域之间进行转换，在某一领域相互依存度的提高并不一定会对其他领域产生外溢效应，反而会产生关于脆弱性的担忧②。当前，中拉相互依存主要体现在经济领域，政治领域次之，其他如安全等领域的依存度总体而言还比较低，这也是导致拉美地区出现有关对中国经济的依附性和自身脆弱性增强担忧的原因之一。对此，双方除了肯定当前相互依存的积极成效，以及对双方社会经济发展产生积极影响外，还应当寻找更多利益对接点，拓展相互依存的领域，以形成更强的互补性。例如，随着中拉政治、经济领域依存程度的增长，双方在社会安全、信息安全等领域的关联程度也有所增长，应当加强相关领域，特别是涉及发展安全的领域的合作。

三是提高中拉整体的相互依存程度。相互依存向集体身份的转化会受到互动密度的影响。行为体数量的增加一般会导致关系密度的减弱，从而影响集体身份的形成。③拉美地区国家数量众多，至2023年底时仍有7个是中国的未建交国。因此，中国与不同拉美国家的相互依存度呈现不同的状态，对于构建集体身份和共同体形成不同程度的阻碍。对此，可继续加强与拉美部分关键支点国家的合作，增强相互依存度，并产生示范效应，同时通过中拉整体合作机制加强与其他国家的合作。

四是继续践行自我约束的互动模式。在前三个因素具备的基础上，

---

① 赵重阳：《塑造中拉共识：论中国对拉美的文化外交》，载《拉丁美洲研究》，2018年第6期，第77页。

② [美]亚历山大·温特：《国际政治的社会理论》，秦亚青译，上海：上海人民出版社，2014年10月，第1版，第335页。

③ [美]亚历山大·温特：《国际政治的社会理论》，秦亚青译，上海：上海人民出版社，2014年10月，第1版，第337页。

自我约束可以使行为体间建立信任，并最终促使其形成集体身份，是形成集体身份和共同体的根本保障。中拉自建立关系以来能持续快速发展，相互合作与认同不断增强，与双方都奉行具有自我约束倾向的外交政策密不可分。如果说政治和经济因素对于中拉关系发展起着重要的引领和推动作用，那么自我约束则起到了保驾护航的作用。这也是中拉关系区别于美欧等传统大国对拉关系的独特之处。未来，随着科学技术的不断进步，中拉相互依存程度的提升，双方的合作领域必然会随之拓展，利益不断融合的同时也会产生新的分歧。对此，只有继续践行自我约束的互动模式，坚持和平共处、共同发展、共同安全的合作原则和目标，才能有效化解分歧和纷争，免受其他外部因素的干扰和分化，最终形成共同体身份认同。

此外，双方仍然需要建立和完善合作机制，因为在国际关系中，自我约束除了体现在国家克制自己不去从事某种活动（战争），不进行带有侵略和干涉性质的行为，还体现于协力共事之中①。自我束缚的成败最终取决于出现自我制约的共同规范。因此，中拉应当秉持互利共赢的宗旨继续建立和完善合作机制，将自我约束贯彻于多层级、多领域的具体合作实践之中，在合作中形成共同规范。

---

①[美]亚历山大·温特：《国际政治的社会理论》，秦亚青译，上海：上海人民出版社，2014年10月，第1版，第334页。

3

第三章

构建中拉命运共同体的
现实路径

进入21世纪后，中拉关系进入"跨越式"发展阶段。在经历50多年的"累积式"发展之后，中拉关系由"累积式"发展向"跨越式"发展迈进。中拉经贸关系实现跨越式发展，双方已形成利益相互融合与相互依存的关系；拉美是国际体系中的重要力量之一，也是发展中国家的主要力量构成，是中国构建人类命运共同体的重要伙伴。[1]目前中拉关系进入推动整体合作、共建"一带一路"、构建中拉命运共同体的新阶段。本章重点分析构建中拉命运共同体的现实路径以及面临的主要挑战。关于完善中拉合作机制，主要是适应双方利益融合、政策互动等方面的客观需要；中拉高质量共建"一带一路"，是构建中拉命运共同体的国际合作平台，为拉美提供了更多的公共产品；构建中拉发展共同体，是构建中拉命运共同体最有效的途径；中拉抗疫合作是构建中拉卫生健康共同体，构建中拉命运共同体最为直接的体现；加强中拉人文交流，促进中拉民心相通，增强文化和政治认同，逐渐形成中拉命运共同体意识。

---

[1]贺双荣：《构建中拉命运共同体：必要性、可能性及挑战》，载《拉丁美洲研究》2016年第4期，第1—22页。

第一节 完善中拉合作机制，构建中拉伙伴关系网络

目前中拉"五位一体"的全面合作包括政治互信、经贸交往、人文交流、国际协作和整体与双边互动。整体合作与双边合作相互促进，整体合作项下的各种"功能性合作"与全面合作项下的各个领域具有不同的层次性、关联性、互动性和侧重性特点，主要是在整体合作框架下如何处理各领域的"功能性合作"的问题[①]。对中拉关系发展现状进行评估，中拉合作机制网络在国别和区域层面上初步形成，本节需要回答的基本问题是，如何完善中拉关系合作机制，促进构建中拉命运共同体。

一、构建中拉合作机制的理论分析

中拉合作机制建设研究涉及其背景、动因、条件、决策、过程、效果以及影响等诸多具体环节。中拉完善合作机制建设，是基于主权国家体系，以政府间主义推动双方功能领域合作的，是构建中拉命运共同体的必要阶段。当前中拉关系的"跨越式"发展正向"构建发展"的新阶段过渡，其内涵包括以规划未来中拉关系新格局、打造中拉命运共同体为战略目标，以构建新的中拉功能性领域合作框架和模式为政策路径。

首先，按照公共产品分析框架，中拉合作机制的构建是中拉关系发展的必然结果，也是未来中拉关系发展的客观需要，其内涵、形式、功能领域、效果等方面具有诸多新特征。以中拉论坛为例，其是中国在拉美方向推动多边外交的新探索，中拉论坛建设不断完善，将提升中拉关系发展的机制化水平。中国看重拉共体作为"对话和政治协调机制"在

[①]张凡：《跨区域交流与中拉整体合作——兼论中国在拉美的软实力构建》，载《拉丁美洲研究》2018年第5期，第1—27页。

促进拉美经济社会发展等方面的重要作用①，目前拉美对中拉论坛更加重视，将其视为拉美整体对域外大国进行战略对话的重要组成部分②。

其次，中拉合作机制属于公共产品供给范畴，合作机制、主权让渡与公共产品供应机制三个问题相互关联。根据两国合作的深度或一体化程度，涉及"主权让渡"问题，这与双方利益融合程度有关。以巴西、阿根廷、智利等国为例，中国经济增长影响增大，对上述国家的财政货币、国际贸易及收支均产生了深层次的系统性影响，需要加强政策相互了解，同时，也更需要政策沟通和协调。合作机制的不断深化，会涉及国家间的公共政策领域，双方合作协调需要其国内政策上的调整配合。

最后，构建中拉合作机制，不仅是中国对拉外交的实践创新，也是拉美国际关系研究的新兴领域。中拉合作机制是构建拉美国别、次区域、地区整体对华合作的制度设计，反映了主导性国家同一个地区的合作关系的多层次性，但不能将中拉合作机制简单类比为大国的地区政策。中拉合作机制创新是新兴力量对国际机制的新探索，属于当前全球和区域治理创新的重要组成部分。

二、完善中拉合作机制的重要意义

新时期中拉关系进入"构建发展"的新阶段，主要特点是从"反应

①外交部网站：《中国—拉共体成员国重点领域合作共同行动计划（2022—2024）》，2021年12月7日。网址链接：https://www.mfa.gov.cn/wjbxw_673019/202112/t20211207_10463447.shtml，[2023-04-28]

②Ministerio de Relaciones Exteriores, Comercio Internacional y Culto de Argentina, DECLARACIÓN CONJUNTA：XXIII REUNIÓN DE LOS MINISTROS Y LAS MINISTRAS DE RELACIONES EXTERIORES DE LOS PAÍSES MIEMBROS DE LA COMUNIDAD DE ESTADOS, LATINOAMERICANOS Y CARIBEÑOS (CELAC), Buenos Aires, 26 de octubre de 2022.

⑧网址链接：https://www.cancilleria.gob.ar/es/actualidad/noticias/declaracion-conjunta-xxiii-reunion-de-los-ministros-y-las-ministras-de，[2023-04-28]

式"向"主动筹划型"转变①。新时代推进中拉命运共同体建设迫切需要完善、优化和创新中拉合作机制。

第一，构建中拉合作机制为推动中拉命运共同体提供了实践平台。拉美国家普遍认可和接受中拉命运共同体理念，认为中国是拉美可信、可靠、平等的"中心"伙伴②，需要围绕中拉各功能领域合作，优化配置彼此可投入的资源结构，进一步构建和完善合作机制，确保中拉合作产生的收益总量更大、持续性更强、外溢性更广。

第二，中拉关系发展面临新的外部性，需要构建中拉合作机制实现外部溢出效应的内部化。21世纪初以来，中拉经贸关系取得跨越式发展，双方利益融合日益加深，中拉依托贸易、投融资的经贸功能领域合作，初步建成了互为机遇的发展共同体；而且新兴发展中国家的崛起以及全球性挑战的不断增加使中拉双方正在成为推动建立新型国际关系和全球治理体系变革的政治命运共同体③，这对中拉在政治和外交领域的功能合作提出更高层次的要求。

第三，完善中拉合作机制，可丰富中国构建全球发展伙伴关系网络。2014年11月，中央外事工作会议首次提出坚持不结盟原则的前提下广交朋友，形成遍布全球的伙伴关系网络④。根据"结伴不结盟"的原则，中国实现了与发展中地区合作机制的全覆盖，与建交国家建立了合作或战略伙伴关系，协调推进了与不同类型国家间的关系，扩大了同发展中国家的的利益交汇点⑤。中国在拉美的伙伴关系网不断扩大，截至2023年4月已同地区10国建立了战略伙伴关系，9国建立了全面战略合

①吴白乙主编：《面向新时代的中拉关系》，北京：中国社会科学出版社，2020年6月1日，第8—25页。

②谢文泽：《百年未有之大变局中的中拉关系》，载《人民论坛》2020年第2期，第109—111页。

③贺双荣：《构建中拉命运共同体：必要性、可能性及挑战》，载《拉丁美洲研究》2016年第4期，第1—22页。

④中国政府网：《外交部部长出席2014年国际形势与中国外交研讨会》，2014年12月24日。网址链接：http://www.gov.cn/xinwen/2014-12/24/content_2795863.htm，[2023-04-28]

⑤杨洁勉：《习近平外交思想理论体系探析》，载《国际问题研究》2021年第2期，第1—19页。

作伙伴关系；多米尼加、萨尔瓦多、尼加拉瓜、洪都拉斯先后同中国建交，中国在拉美的建交国增至26国。

第四，完善中拉双边合作机制，有助于释放功能性领域的潜在合作收益并产生外部溢出效应。中国同拉美和加勒比国家的高层协调与合作委员会（简称高委会）、战略对话、双边委员会、政治磋商等对话合作机制更加完善，双方在涉及国家主权、领土完整、稳定发展等核心利益和重大关切的问题上继续相互理解、相互支持，积极维护共同利益。[1]近年来中拉合作机制实现了诸多创新突破，但未来的发展基础和方向需要进一步巩固和深化。就合作机制创新而言，中国同巴西、墨西哥、阿根廷建立了战略对话机制。完善中拉双边合作机制，充分释放中拉功能性领域的合作收益，将为构建中拉命运共同体创造更多有利的条件。

第五，中拉可采取合作、协调、协作等多种政策互动类型。中拉积极参与全球和地区治理，既丰富了构建中拉命运共同体的内容，也创造了更为有利的国际环境。中拉在联合国、世贸组织、二十国集团、金砖国家等多边框架下，围绕全球治理中不同功能领域的议题，可采取协商、协调、协作等灵活的合作方式。中拉论坛建设、中国参与拉美次区域合作机制以及中拉双方共同参与亚拉跨区域合作机制，都将在多边意义上增强拉美的人类命运共同体意识。此外，拉美还是中国主办的诸多国际活动的支持者、参与者，如中国国际进口博览会、世界互联网大会、生态文明国际论坛、新冠疫苗合作国际论坛等。

三、构建中拉合作机制的若干问题

现阶段构建中拉合作机制网络最为突出的特点是合作议题迅速增多，合作领域不断深化、拓宽，双方合作诉求更趋强烈，利益融合日益牢固。

---

[1]祝青桥：《共建携手共进的中拉命运共同体》，载《外交》2016年第122期，第107—112页。

无论从中拉国别关系，还是从中拉整体关系看，合作机制建设都实现了新突破。就未来深化中拉合作而言，目前迫切需要完善和优化中拉合作机制，如升级同拉美现有的自贸协定，同南方共同市场探讨贸易安排，参与拉美域内跨境互联互通建设，等等，这都对中拉政治关系及多国政策协调提出了更高的要求。就构建中拉合作机制而言，主要涉及以下四个基本问题。

第一，构建中拉合作机制的内在动力。中拉之间需要明确共同利益、共同政策目标及采取共同行动的路线图，这属于集体行动问题。从国别层面看，中国同巴西、墨西哥、阿根廷等国都建立了不同领域和层级的双边合作机制，但国别内部不同行为体的影响具有差异性，政府、政党、地方、企业、民间机构等扮演着不同的多元化角色；从区域层面看，以中拉论坛及其下设的分论坛为代表的中拉整体合作机制不断推进，建立了农业、基础设施、科技等多个分论坛，并开始推出具体合作项目，中拉整体合作需要聚焦不同功能领域的共同利益，进一步完善平台的政策沟通和协调功能。

第二，中拉合作机制的政治层级问题。中拉在巩固政治互信的基础上，未来合作机制需要提升政治层级。中拉论坛是部长级机制，中拉论坛下设的分论坛均为部级论坛。提升中拉合作机制政治层级，有利于中拉各自内部的政策协调、增配资源以及推动合作项目的具体落实等。特别是中拉领导人集体会晤机制的建立，将会增强中拉关系的全球及地区影响力。

第三，中拉合作机制中的议题设置。回顾中拉合作中的议题设置演变，呈现出由双边政治、经贸务实合作领域，逐步向地区和全球议题拓展的趋势，不仅反映出双方的利益关切以及中拉关系的不断深化，也折射出中拉关系发展的阶段性、区域性及全球性特征。议题设置主要是契合双方共同或趋同利益，涉及合作的功能领域及其溢出效应。以议题设置加强对合作功能领域的引导，释放正面外溢效应。例如，中拉金融、能源等功能领域的合作，增强了拉美国家的经济安全能力，同时也对深化能源、金融领域内的合作产生了良性溢出效应。中拉的发展合作、卫生健康以及人文交流等功能领域合作都能产生较好的溢出效应，将助力提升中拉政治、经贸关系。

第四，中拉合作的不对称问题。就是有关合作的"不对等"问题，或称为不对称合作问题。如果合作双方存在"不对等"或"不对称"问题，便会产生一种权力[1]。在国际关系中存在大量的非对称的双边关系现象，是指相关两国之间有明显且相对稳定的实力差距，双方在彼此的认知和互动中存在根本差异[2]。随着中国经济实力及国际影响力不断上升，针对中拉合作的不对称问题，也是拉美发展对华关系的主要疑虑或担忧之一。

四、中拉合作机制创新方向

中国同绝大多数建交的拉美国家建立了涉及政治、经贸、科教等诸多领域的磋商或对话机制。双边合作机制化建设不仅是适应双边关系快速发展的客观需要，而且是进一步深化合作关系的制度性安排。21世纪以来，中拉政治、外交、贸易、投融资、人文等各领域交往的频率、强度均保持了高速增长，且影响范围有不断扩大外溢趋势。

以常规性的合作机制为例，如中拉高层互访、政治或外交磋商机制、经贸混委会等制度性安排。这些机制在21世纪之前已经建立，也是国际惯例性的合作机制。譬如，2022年8月，中国—阿根廷经贸混委会举行第21次会议，经贸混委会作为两国经贸合作重要机制平台，为促进双边经贸关系发展发挥重要作用；又如，2023年2月，中国与墨西哥两国举行了政府间两

---

[1] 孙杰：《合作与不对称合作：理解国际经济与国际关系》，北京：中国社会科学出版社，2016年4月，第1版，第122—126页。

[2] [美]布兰特利·沃马克：《非对称与国际关系》，李晓燕、薛晓芃译，上海：上海人民出版社，2020年5月，第1版，第5—8页。

国常设委员会政治分委会暨第六次战略对话会议，双方就两国关系、地区
形势和国际热点议题进行磋商。中国与拉美地区或次区域组织关系的机制
化建设也取得了新进展。目前中国是加勒比开发银行、美洲开发银行的正
式成员，并已成为美洲国家组织、拉丁美洲议会、联合国拉丁美洲和加勒
比经济委员会、拉丁美洲一体化协会观察员。

对中拉合作机制的功能领域分类，可简要划分为政治、安全、经
贸和人文四大功能领域。首先，以政治功能领域合作机制为例，中拉政
治合作机制的功能领域细分为政府间关系、立法机构、政党交往以及地
方交流合作等方面。中拉政治功能领域的合作机制，既是推动中拉关系
发展的基本前提和核心内容，也是深化中拉经贸务实合作的政治保障。
目前中拉经贸务实合作转型升级加快，对中拉政治功能领域的合作及互
动提出了更高的要求。譬如，伴随着中国在拉美的重大基础设施项目不
断增多，需要展现中国对拉美国别关系的政治协调能力。就跨境项目而
言，需要中国外交和政治的推动力，更加需要展现中国特色大国外交在
拉美的外交资源积累、经营和运筹能力。

以经贸功能领域中的中拉金融合作为例，既有以双边重大合作项目为
基础的融资合作机制，也有专门设立的融资合作机制，如中拉合作基金、
优惠性质贷款、基础设施专项贷款、中拉产能合作投资基金以及中国—加
勒比相关融资安排[1]。从外溢效应看，中拉金融合作对经贸合作具有最强
的外溢推动作用。中拉融资合作从针对具体贸易、基建项目的投融资合
作，不断向更深层次的财政、金融合作发展，譬如，设立合作基金、开展
本币互换合作、人民币国际化以及国际和地区多边金融框架下合作等。

目前，中拉金融合作主要由中方提供融资支持。2019年4月，中拉
开发性金融合作机制成立，由中国国家开发银行以及阿根廷、墨西哥、

---

[1]国务院新闻办公室网站：《中国对拉美和加勒比政策文件》，2016年11月24日。网址链接：http://
www.scio.gov.cn/tt/zdgz/Document/1524857/1524857.htm。

秘鲁、厄瓜多尔等国有银行或金融机构组成。国开行是在拉美地区业务规模最大的中资银行，累计为拉美14个国家编制多双边合作规划18项，对拉美18个国家和地区逾200个项目提供融资超过1000亿美元，设立总额225亿美元的中国—拉美、中国—加勒比基础设施专项贷款，参与设立首期100亿美元中拉产能合作投资基金①。国开行积极推进与拉美主要金融机构的同业合作，通过牵头银团贷款、开展联合融资、转贷授信等银行间合作方式，累计为拉美多个国家的保障住房、社区安全、粮食医药、城市基础设施等领域提供162亿美元资金支持。②

中拉金融合作机制还涉及一些拉美国家的债务重组和谈判议题，如中国对玻利维亚的债务减免、厄瓜多尔对华债务重组谈判以及中国对阿根廷主权债务重组谈判的立场。就上述债务问题，不仅依赖双边渠道的合作机制，还涉及联合国、世界银行、国际货币基金组织（简称"IMF"）、二十国集团等多边框架下有关主权债务的议题。值得警惕的是，近年来美国在拉美大肆炒作中国"主权债务陷阱"，抹黑中拉金融合作，以此蓄意破坏中拉关系。

中拉在基础设施建设领域的合作是中拉合作中最为突出的功能领域之一，区域性公共产品特点突出，具有很强的国别和区域外溢效应。就合作机制而言，中拉基础设施合作论坛是中拉论坛框架下首个基础设施领域合作的专业论坛。自2015年起，论坛每年举办一届。2005—2020年，中国在拉美在建和投入使用的基础设施超过100个，为当地创造了超过60万个就业岗位③。

---

①新华社：《国开行牵头成立中拉间首个多边金融合作机制》，2019年4月22日。网址链接：http://www.gov.cn/xinwen/2019-04/22/content_5385158.htm，[2023-04-28]

②央视网：《中国与拉美国家间首个多边金融合作机制在京成立》，2019年4月22日。网址链接：https://m.news.cctv.com/2019/04/22/ARTIZaOB4yrP6HW88Oi4XMEx190422.shtml，[2024-05-27]

③外交部网站：《2022年9月8日外交部发言人毛宁主持例行记者会》，2022年9月8日。网址链接：https://www.fmprc.gov.cn/fyrbt_673021/jzhsl_673025/202209/t20220908_10764065.shtml，[2023-04-28]

五、以中拉论坛为案例的合作机制创新

　　拉共体是推动拉美地区一体化，加强政治对话和政策协调的政府间机制，就全球、地区性议题进行广泛讨论。自拉共体诞生时起，中拉整体合作便被提上了议程。特别是中拉论坛首届部长级会议的召开标志着双方整体合作正式进入机制化阶段，开辟了中拉友好合作的新纪元①。中拉在外交战略调整的过程中产生了加强全面务实合作共识，双方在多边层面的合作利益和战略需求不断增长，整体合作日益上升为彼此政策新的关切和重点。中拉整体合作的定位是中拉全面合作的一个组成部分、一个层次，可简洁概括为"1+33"且同时"1+1"的对话与合作模式，这是目前拉美区域合作和一体化条件下最为现实可行的安排，明确了中拉整体合作的基本含义及路径方向，但需要进一步加强整体与双边的协调以及功能性合作的总体设计。②中国同广大发展中国家整体合作机制实现全覆盖。中拉论坛的建立具有里程碑意义，是中国与拉美和加勒比地区33个国家全面合作的新起点、新平台。③中拉论坛自2013年成立以来，已在2015年、2018年和2021年召开了三届部长级会议，对中国特色大国外交而言具有重要意义，中国同广大发展中国家团结合作，整体合作机制实现全覆盖④。

　　第一，中国将拉共体视为战略性合作平台，致力于推动中拉论坛的制度化、机制化建设，同时依托结构性不对称的双边关系，深化中拉在

①周志伟、岳云霞：《中拉整体合作：发展逻辑、现实动力与未来方向》，载《拉美黄皮书：拉丁美洲和加勒比发展报告（2014—2015）》，北京：社会科学文献出版社，2015年5月，第1—29页。
②张凡：《跨区域交流与中拉整体合作——兼论中国在拉美的软实力构建》，载《拉丁美洲研究》2018年第5期，第1—27页。就对中拉全面合作、整体合作界定，"1+33"中的"33"为拉美和加勒比地区33个主权国家，"1+1"为中国和拉共体（通常以拉共体现任、前任、候任轮值主席国和加勒比共同体轮值主席国为代表，即"四驾马车"）。
③吴白乙：《中拉论坛：中国特色大国外交新的风景线》，载《求是》2015年第3期，第53—55页。
④中国政府网：《中共中央关于党的百年奋斗重大成就和历史经验的决议》，2021年11月16日。网址链接：http://www.gov.cn/zhengce/2021-11/16/content_5651269.htm，[2023-04-28]

政治、经济、外交、人文等功能领域的关系①。同欧盟与拉共体关系比较而言，中拉论坛显示了中国的政策遵循兼顾了拉美的特殊性和合作议题的方向性，坚持了灵活性、不附加条件、多重性的政策原则。②中拉论坛构建的整体合作新平台主要体现合作对象的整体性、互利性、平等性、目标一致性、内容全面性及合作方式的灵活性。考虑到中拉国别关系存在的不对称性，中拉论坛的重要意义在于吸纳所有拉美国家对华合作并在议程设置中确定拉美成员国的角色；中拉论坛代表了南南合作的自主性，体现了多边地区主义、自愿参与、低制度化、主导性国家等特征。③

第二，探讨在中拉论坛框架下举行中拉论坛领导人峰会的可能性。2015年中拉论坛第一届部长级会议通过了《中拉论坛机制设置和运行规则》，旨在为论坛建章立制，将明确部长级会议、中国—拉共体"四驾马车"定期对话、中拉国家协调员会议等协调合作机制，为落实双方政治共识和合作规划提供制度保障④。近年来中拉合作机制不断创新，主要体现在中拉论坛上及其下设的相关分论坛机制建设上，以及中拉在跨区域和国际多边层面的密切互动和政策协调。中拉论坛部长级会议及其下设的基础设施、农业、科技等分论坛，为中拉发展政策对接提供了政策对话平台。2014—2021年，在中拉论坛框架下，中拉双方已成功举办三届部长级会议。例如，在全球新冠疫情期间，中拉双方举行了特别外

---

① Adrián Bonilla Soria, Lorena Herrera-Vinelli, *CELAC como vehículo estratégico de relacionamiento de China hacia América Latina (2011-2018)*，Revista CIDOB d'Afers Internacionals n.º 124, abril de 2020, pp.173-198.

② Mariano Mosquera, Daniel Morales Ruvalcaba, *La estrategia institucional de China hacia América Latina. Análisis comparado entre los foros Celac-China y Celac-Unión Europea*, Revista OASIS, Nº28, Julio-Diciembre de 2018, pp. 123-149.

③ Devika Misra , The China- CELAC Forum: Missed Opportunities for India? *World Affairs*, Winter 2019, Vol. 23, No. 4, pp.58-71. 作者此处对"低制度化"（thin institutionalisation）的分析主要指参与的自愿性、灵活性，不存在强制性、义务性的参与压力。

④ 习近平：《共同谱写中拉全面合作伙伴关系新篇章——在中国—拉共体论坛首届部长级会议开幕式上的致辞》，2015年1月8日。网址链接：http://www.xinhuanet.com//politics/2015-01/08/c_1113929589.htm，[2023-04-28]

长视频会及18个专业领域46场分论坛活动，极大丰富了中拉整体合作内涵。①事实上，整体合作包括各分论坛的运作都在正常推进，其功能、使命以及与其他功能领域的关系不断明确并理顺，中拉整体合作必将大有可为②。中国对拉美的制度性战略主要依托中拉论坛渠道，对拉美一体化进程实施结构性影响，尤其在制度实践及规则方面产生塑造力，集中体现在中国给拉美带来的积极的建构性影响③。根据新功能主义，约瑟夫·奈（Joseph Nye）外部行为体的积极参与作为一体化机制的一部分具有催化作用④。2023年1月，拉共体第七届峰会共同宣言强调中国是拉共体的重要战略合作伙伴，高度评价了将在《中国—拉共体成员国重点领域合作共同行动计划（2022—2024）》框架下举行一系列专门会议、部长级会议以及2024年的中拉峰会。⑤中拉领导人峰会将是中拉合作机制创新的最高政治形式，探讨在中拉论坛框架下举行中拉论坛领导人峰会的可能性。

第三，坚持中拉整体和双边合作互促互进策略。中拉整体合作在政策实践中可考虑根据功能领域或议题本身的性质特征，选择不同的合作路径，包括经贸合作在内的诸多功能领域合作都可以在双轨甚至多轨的渠道上运行。鉴于拉共体各成员国的差异性，中拉整体合作机制要采取

---

① 外交部网站：《2021年12月2日外交部发言人汪文斌主持例行记者会》，2021年12月2日。网址链接：https://www.fmprc.gov.cn/fyrbt_673021/jzhsl_673025/202112/t20211202_10461357.shtml，[2023-04-28]

② 张凡：《跨区域交流与中拉整体合作——兼论中国在拉美的软实力构建》，载《拉丁美洲研究》2018年第5期，第1—27页。

③ Mariano Mosquera, Daniel Morales Ruvalcaba, *La estrategia institucional de China hacia América Latina. Análisis comparado entre los foros Celac-China y Celac-Unión Europea*, Revista OASIS, Nº28, Julio-Diciembre de 2018, pp. 123-149.

④ [美] 詹姆斯·多尔蒂、小罗伯特·普法尔茨格拉夫：《争论中的国际关系理论》，阎学通、陈寒溪等译，北京：世界知识出版社，2013年10月，第2版，第546—548页。说明：事实上需要看到域外大国关系及战略竞争对拉美一体化的影响，特别是美国对拉美一体化发展的干涉甚至破坏影响。

⑤ 阿根廷外交部网站，*DECLARACIÓN DE BUENOS AIRES: VII CUMBRE DE JEFAS Y JEFES DE ESTADO Y DE GOBIERNO DE LA COMUNIDAD DE ESTADOS LATINOAMERICANOS Y CARIBEÑOS (CELAC)*，Buenos Aires, 24 de enero de 2023, P.25.

多边和双边互相促进、互为补充的双轮驱动策略。在中拉论坛及相关领域分论坛框架内，中拉共同商定重点合作的功能领域和具体合作项目，使中拉整体合作与中拉之间的双边合作实现优势互补。事实上，中拉论坛作为合作机制创新，是中拉关系发展的制度性设计，已成为中国对拉美的政策宣示平台，对促进中拉政策对话与合作、弥补双边关系的不足起到了关键性作用，使中拉关系的发展更加趋向多元化[1]。中拉整体合作将同拉美一体化进程及中拉关系演变出现交集，但整体合作作为中拉全面合作的有机组成部分和未来发展方向，其路径与全面合作的立体模式有别，其成效取决于拉美国家是否协调、统一步伐。

第四，中拉整体合作以多功能领域、多层次合作机制架构作为保障。中拉论坛作为中国和拉共体成员国政府间合作机制，涵盖政治、经贸、人文、社会、科技等广泛领域。[2]中拉双方需要把握共同发展目标，加强论坛机制建设，规划好整体合作设计，确保中拉论坛的可持续发展。未来中拉关系将呈现立体化发展的"金字塔"构造图景，以政治、外交、经贸、安全、人文等领域的多层次合作机制架构作为基本保障。[3]将"整体合作"作为政策目标，通过中拉论坛构建相关的合作机制、制度和规范，培育中拉共商共进的意识和文化，而经贸合作可以为上述目标提供物质基础。[4]具体而言，中拉合作不断向全球治理领域延伸，这将具有更大的全球性影响；中拉之间不存在结构性冲突或政治、安全困

---

[1] Javier Vadell, *China y el poder blando relacional: el caso del fórum China-CELAC*, en *China y el Nuevo Mapa del Poder Mundial: Una perspectiva desde América Latina*, Gabriel Esteban Merino [et al.]; coordinación general de Gabriel Esteban Merino, Lourdes María Regueiro, Bello, Wagner Tadeu Iglecias; Buenos Aires, Consejo Latinoamericano de Ciencias Sociales, Julio de 2022, pp.167-193.

[2] 习近平：《共同谱写中拉全面合作伙伴关系新篇章——在中国—拉共体论坛首届部长级会议开幕式上的致辞》，2015年1月8日。网址链接：http://www.xinhuanet.com/politics/2015-01/08/c_1113929589.htm，[2023-04-28]

[3] 吴白乙主编：《转型中的机遇：中拉合作前景的多视角分析》，北京：经济管理出版社，2013年4月1日，第87—102页。

[4] 张凡：《跨区域交流与中拉整体合作——兼论中国在拉美的软实力构建》，载《拉丁美洲研究》2018年第5期，第1—27页。

境，有助于中拉合作机制不断深化且向更多领域拓展；在全球力量对比、国际格局和体系复杂调整背景下，中拉双方利益、观念和身份亦将持续向更多交集方向演化；拉美基于其地域空间、自然禀赋和文化包容、开放性及发展多样性等诸多特征，将继续为中拉合作提供战略性资源支撑；在全球各种力量多重合作或博弈中，中拉在涉及新兴经济体和发展中国家利益等议题上的共同诉求、利益进一步增多，拉美国家对中国在维护发展中国家的权益方面有更多期待，也增加了中国外交在拉美地区日益平衡、广泛的地缘政治资源[1]。

因此，中拉整体合作机制不断创新，特别需要拉美充分利用外部条件在追求自主与发展的诉求过程中加以探索。就经贸、金融、能源、社会治理、安全和外交等功能领域而言，现阶段推进中拉整体合作需要系统评估拉美国家对华的合作态度、状态、成因和潜力。当前中拉关系置身于全球体系转型的关键期，需要关注可能产生的新的合作分歧、权力转移带来的制度、规范、地区性合作网络与超国家行为体等变化对中拉整体合作的影响。就中拉整体合作而言，拉美区域主义同时具有稳定性和振荡性[2]，将给中拉合作带来复杂的利弊影响。

六、构建中拉合作机制需要关注的几个问题

第一，遵循以联合国为核心的国际体系。中国维护联合国的权威和地位，维护联合国在国际事务中的核心作用[3]。中共二十大报告强调，中国坚定维护以联合国为核心的国际体系、以国际法为基础的国际秩序、

---

[1] 张凡：《中拉关系及中国对拉战略研究的一种进路：进展与问题》，载《拉丁美洲研究》2020年第1期，第15—35页。

[2] 李德鹏、思特格奇：《拉美区域主义的特点及影响因素》，载《拉丁美洲研究》2022年第4期，第47—74页。

[3] 习近平：《共同构建人类命运共同体》，载《求是》2021年第1期。

以联合国宪章宗旨和原则为基础的国际关系基本准则；中国积极参与全球治理体系改革和建设，践行共商共建共享的全球治理观，坚持真正的多边主义，推进国际关系民主化，推动全球治理朝着更加公正合理的方向发展。[1]中国支持全球抗疫、应对气候变化、促进可持续发展，为破解全球治理赤字、解决全球性挑战提供中国方案，做出中国贡献[2]。拉美国家普遍奉行多边主义，看重并倚重联合国体系的核心作用，并借以维护其国家利益。中拉合作机制建设，需要强调遵循以联合国为核心的国际体系，遵循现代国际关系的基本准则、原则、规范、规则、惯例等，这契合拉美国家的外交政策及国家利益诉求；同时也要避免形成"以我为主"的生硬印象，强调双方坚持共商共建共享原则。

第二，坚持以构建发展伙伴关系为导向。现阶段拉美地区是世界之变、时代之变及历史之变的重要组成部分，全球新一轮地缘政治博弈加速向拉美深度延伸。外交方面，中国推进中国特色大国外交，推动构建人类命运共同体，坚定维护国际公平正义，倡导践行真正的多边主义，反对一切霸权主义和强权政治；中国完善外交总体布局，积极建设覆盖全球的伙伴关系网络，积极参与全球治理体系改革和建设，推动构建新型国际关系；经贸合作方面，中国构建面向全球的高标准自由贸易区网络，共建"一带一路"成为深受欢迎的国际公共产品和国际合作平台。[3]在拉美方向上，均包含了上述中国外交政策及主张的要素，也为中拉关系的未来发展明确了方向。推进和完善全方位、多层次、立体化的外交

[1]中国政府网：《习近平：高举中国特色社会主义伟大旗帜 为全面建设社会主义现代化国家而团结奋斗——在中国共产党第二十次全国代表大会上的报告》，2022年10月25日。网址链接：http://www.gov.cn/xinwen/2022-10/25/content_5721685.htm，[2023-04-27]

[2]外交部网站：《新时代外交工作新闻发布会文字实录》，2022年9月29日。网址链接：https://www.fmprc.gov.cn/wjbxw_new/202209/t20220929_10774499.shtml，[2023-04-27]

[3]中国政府网：《习近平：高举中国特色社会主义伟大旗帜 为全面建设社会主义现代化国家而团结奋斗——在中国共产党第二十次全国代表大会上的报告》，2022年10月25日。网址链接：http://www.gov.cn/xinwen/2022-10/25/content_5721685.htm，[2023-04-27]

布局，扩大全球伙伴关系，积极发展全球伙伴关系。[①]拉美作为全球新兴市场国家、发展中国家相对密集的地区，是中国完善全球外交布局和构建发展伙伴关系的战略性区块。

第三，确保合作机制中议题设置、成本及收益分享的透明化。构建中拉合作机制难以回避议题创新以及合作成本、收益分配问题。在议题创新上，需要主动回应拉美国家的诉求。从中拉论坛的分论坛设计来看，已体现了议题设置上的创新性内容，但未来需要加强具体项目和执行机构相配套的措施。同时需要考虑到中拉合作机制的成本分担机制设计，以及合作收益的分享机制的清晰化、透明化，这将有利于增强拉美国家参加合作机制的预期。目前中拉合作机制建设总体上尚不够深入，多停留在政策沟通、分歧协商等层面上。就现有的中拉合作机制而言，多属于政策对话或协调性质，在具体合作的功能领域里，要强调以实际效果为合作导向的原则。

第四，妥善应对中拉合作机制面临的第三方问题。中拉整体及次区域层面上的合作机制的构建，不仅会碰到美欧在拉美现有的地区合作机制、利益格局问题，而且还可能引发拉美国家的不同反应，如巴西、墨西哥、阿根廷等地区大国对中拉关系有着不同的态度或看法。构建中拉合作机制在政策宣示上需要强调不针对第三方，是在尊重现有国际体系的前提下而建设、推进和完善的，不是对现有西半球或拉美地区体系的替代，而是对西半球体系治理有益的补充和完善，这将有助于拉美的稳定、繁荣和发展。因此，构建中拉合作机制网络需要从国际格局和拉美地区背景下加以统筹考虑和设计。同时也可考虑总结借鉴美欧构建对拉合作机制的经验教训。中拉合作机制可对比美拉合作机制的生成、演变，如以美洲国家组织为代表，美洲体系的构建、演变及发展过程具有

---

① 外交部网站：《新时代外交工作新闻发布会文字实录》，2022年9月29日。网址链接：https://www.fmprc.gov.cn/wjbxw_new/202209/t20220929_10774499.shtml，[2023-04-27]

较好的历史启示意义。又如以欧拉合作为例，建立了欧拉领导人峰会机制等，且围绕不同功能领域，形成了多渠道、系列性、网络化的合作机制，也具有一定的借鉴参考意义。

针对以功能领域为载体的中拉合作机制建设，有三对主要矛盾需要解决[1]。一是合作机制的逐步完善与预期成果之间存在差距的矛盾。构建中拉合作机制需要以实际成效为导向，给中拉双方带来具体合作成果。二是中国持续的战略投入与拉美国家承接合作的能力之间的矛盾。从战略长远引导、培育拉美对华合作意愿和努力方向来看，特别是在明确合作功能领域优先顺序的前提下，中国需要不断优化对拉合作资源投入，确保合作收益在溢出效应上产生更大的规模经济和范围经济。三是双方对完善合作机制的迫切需要与相互认知存在短板的矛盾。建构主义理论强调的"认同"概念，在中拉关系话语体系中实际上隐含着彼此相互了解或认知、接受或承认、趋同或"内部化"的递进关系。因此，双方不仅要从战略高度对中拉关系未来的发展理念、发展方向和合作路径进行构建和规划，还需要强化人类命运共同体意识，构建和塑造同中拉关系发展历史趋势相契合的价值观和认知理念。

中共十八大以来，中拉关系进入建立全面合作伙伴关系的新时代、构建中拉命运共同体的历史新阶段。加强中拉全面合作伙伴关系，以功能领域合作为引导，需要进一步完善中拉合作机制，注重功能领域和合作机制的公共产品属性，为中拉命运共同体建设探索具体实施路径。特别是中拉整体合作的机制创新面临着新的历史条件和机遇，同时相伴随的困难也更加突出。通过借鉴功能主义的分析视角分析跨区域合作机制的方法也存在不少缺陷。新旧功能主义分析主要是以欧盟为案例的区域内合作和以一体化为历史经验的研究，而在主权国家体系下，就跨区

---

[1] 赵重阳、谌园庭：《进入"构建发展"阶段的中拉关系》，载《拉丁美洲研究》2017年第5期，第16—30页。

域合作而言，忽视了大国战略竞争对跨区域合作的影响。就合作能力而言，拉美对华合作受到资源投入、政治协调等诸多方面的约束。另外，中拉功能领域合作外溢效应尚缺乏深入的定性、定量研究。

第二节　高质量共建"一带一路"，构建发展合作新平台

推动高质量共建"一带一路"，是构建人类命运共同体的重要载体、路径及具体行动。"一带一路"是构建人类命运共同体的生动实践[①]，推动共建"一带一路"高质量发展，形成深受欢迎的国际公共产品和国际合作平台[②]。"一带一路"使中拉关系再次迎来加速发展期，服务中拉的共同发展，强化中拉之间的利益纽带，进一步提升中拉"命运共同体"意识[③]。2021年12月，中拉论坛第三届部长级会议强调，推动"一带一路"倡议在拉美实质性落地[④]。截至2024年4月，22个拉美国家同中国签署了"一带一路"合作谅解备忘录，此外还同古巴、牙买加、苏里南等国签署了共建"一带一路"合作规划。[⑤]本节重点分析"一带一路"倡议"五通"中的"三通"，即以贸易畅通、资金融通及设施联通搭建中拉国际合作平台，为构建中拉命运共同体拓展更多务实合作路径。

---

① 王毅：《"一带一路"不是"马歇尔计划"，而是共建人类命运共同体的生动实践》，2018年8月23日。网址链接：http://www.gov.cn/guowuyuan/2018-08/23/content_5316039.htm，[2023-04-18]
② 杨洁篪：《推动构建人类命运共同体》，载《人民日报》2021年11月26日，第6版。
③ 中国现代国际关系研究院拉美研究所课题组：《"一带一路"视角下提升中拉合作的战略思考》，载《拉丁美洲研究》2018年第3期，第1—19页。
④ 外交部网站：《王毅主持中国—拉共体论坛第三届部长会议并发表主旨讲话》，2021年12月2日。网址链接：https://www.mfa.gov.cn/wjdt_674879/wjbxw_674885/202112/t2021120，[2023-03-18]
⑤ 笔者根据外交部网站、驻拉美国家使馆、新华社等网站信息整理。

一、中拉共建"一带一路"的政策沟通路径

早在16世纪，中拉贸易的使者就横渡万顷碧波，开辟了通往拉美的"海上丝绸之路"。[①]2017年"一带一路"延伸至拉美地区，既有历史依据，也有现实政策基础。中国领导人明确表示，将以"一带一路"倡议引领中拉关系发展的战略安排[②]。2017年5月，习近平主席会见到访参加首届"一带一路"国际高峰合作论坛的阿根廷总统毛里西奥·马克里时强调，拉美是21世纪海上丝绸之路的自然延伸。中方愿同拉美加强合作，包括在"一带一路"建设框架内实现中拉发展战略对接，促进共同发展，打造中拉命运共同体。[③]这是中国首次明确将拉美纳入"一带一路"建设框架。2017年11月，习近平主席与巴拿马总统胡安·卡洛斯·巴雷拉·罗德里洛斯会谈时指出，中方把拉美看作"一带一路"建设不可或缺的重要参与方，巴拿马完全可以成为21世纪海上丝绸之路向拉美自然延伸的重要承接地[④]，由此确立了拉美在"一带一路"倡议中的重要地位。2018年1月，中拉论坛第二届部长级会议通过了关于"一带一路"倡议的特别声明，认为该倡议可以成为深化中国与拉美和加勒比国家经济、贸易、投资、文化、旅游等领域合作的重要途径[⑤]。中国领导人多次表示，中国将拉美纳入"一带一路"倡议的政策决心，为构建中拉发展共同体提供了国际合作平台。

拉美是"21世纪海上丝绸之路"的自然延伸，中拉共建"一带一

① 吴邦国：《加强友好合作 实现共同发展——在巴西国会的演讲》，2006年8月31日。网址链接：http://www.gov.cn/ldhd/2006-09/02/content_376023.htm，[2023-03-20]
② 中国现代国际关系研究院拉美研究所课题组：《"一带一路"视角下提升中拉合作的战略思考》，载《拉丁美洲研究》2018年第3期，第1—19页。
③ 中国政府网：《习近平同阿根廷总统马克里举行会谈》，2017年5月17日。网址链接：http://www.gov.cn/xinwen/2017-05/17/content_5194790.htm；[2023-03-25]
④ 中国政府网：《习近平同巴拿马总统巴雷拉举行会谈》，2017年11月17日。网址链接：http://www.gov.cn/xinwen/2017-11/17/content_5240616.htm，[2023-04-08]
⑤ 外交部网站：《中国—拉共体论坛第三届部长会议宣言》，2021年12月7日。网址链接：https://www.mfa.gov.cn/web/wjb_673085/zzjg_673183/ldmzs_673663/xwlb_673665/202112/t20211207_10463450.shtml；[2023-04-16]

路"成为推动拉美互联互通、区域一体化进程以及中拉合作共赢的新纽带。目前加快"一带一路"与拉美对接已成为中拉间的普遍政策共识。作为"21世纪海上丝绸之路"延伸地区,拉美将与中国同步发展,共同应对经济全球化新旧动能转换及中拉合作结构、能力不对称所带来的挑战。中拉高质量"一带一路"合作是构建中拉命运共同体的主要路径和政策对接机制。当前中拉"一带一路"合作具备协调各方供需均衡的潜能,并具备推进实施的制度性基础,这些内部条件为中拉深化合作提供了有利条件[①]。中国倡导的"一带一路"倡议面向整个拉美地区,是新时期中拉经贸务实合作转型升级、加强互联互通建设的国际发展合作平台,契合拉美域内短期及长远发展诉求。

第一,中国推进"一带一路"倡议向拉美延伸已有良好基础和诸多有利条件。经过多年的积累,中国不断完善对拉美政策举措和外交布局,加强资源有效投入,中拉政治、经贸、人文等各领域交流合作水平显著提升。不少拉美国家将"一带一路"倡议看作深化对华务实合作的便利通道。目前拉美主要国家仍处于新一轮市场化改革和发展转型阶段,实施开放型经济政策,寻求深化区域一体化,更有竞争力地参与国际合作,"一带一路"倡议的内涵同拉美国家的政策取向高度契合。譬如,拉美国家参与中国提出的"数字丝绸之路"将不仅有利于加强同全球的数字化互联互通,分享全球数字经济增长、网络空间治理等方面收益,而且也有利于消弭长期存在的数字鸿沟,特别是对打破美国的经济制裁方面有积极作用[②]。

---

①岳云霞:《中拉共建"一带一路"合作:内涵、条件与前景》,载《西南科技大学学报(哲学社会科学版)》2021年第6期,第1—8页。

②Sunamis Fabelo Concepción, Ruvislei González Sáez, *La Ruta Digital dentro de la Iniciativa de la Franja y la Ruta. La relevancia de Cuba en el Gran Caribe*, en China y el Nuevo Mapa del Poder Mundial: Una perspectiva desde América Latina, Gabriel Esteban Merino [et al.]; coordinación general de Gabriel Esteban Merino,Lourdes María Regueiro,Bello,Wagner Tadeu Iglecias;Buenos Aires,Consejo Latinoamericano de Ciencias Sociales, Julio de 2022, pp.249−275.

第二，拉美国家有积极意愿参与"一带一路"建设。自"一带一路"倡议提出以来，在"一带一路"国际合作高峰论坛成功举办，"一带一路"建设取得长足发展的相关效应带动下，拉美国家高度关注"一带一路"倡议进展，谋求参与的积极性显著增强。2019年，拉美和加勒比25国近百名代表出席第二届"一带一路"国际合作高峰论坛。近年来，拉美对"一带一路"倡议的关注和认识正在逐步加深，在"一带一路"国际合作高峰论坛效应的影响下，很多拉美国家对参与"一带一路"建设表现出积极意愿。截至2024年4月，中国已同拉美22国签署共建"一带一路"合作文件。古巴正式加入"一带一路"能源合作伙伴关系。以"一带一路"倡议相关理念、思路加强塑造和引领新时期中拉务实合作，积极推动构建中拉命运共同体。推进"一带一路"倡议向拉美延伸，吸引更多的拉美国家参与"一带一路"建设，从打造中拉命运共同体的长远目标出发，围绕"五通"这一主线，推动中拉高质量共建"一带一路"取得实质性进展。

第三，明确中拉共建"一带一路"的战略定位和目标。拉美是21世纪海上丝绸之路的自然延伸，是中国推进"一带一路"国际合作不可或缺的重要参与方。①"一带一路"建设也是新时代中拉开展经贸合作，打造中拉命运共同体的重要载体。因此，紧扣当前拉美国家发展的新动向、新诉求，以共商共建共享理念为牵引，打造体现开放、包容、公平、正义、互利互惠的拉美版"一带一路"合作方案。目标是在"一带一路"框架下，促进中拉深化互信互鉴，对接发展战略，扩大利益融合，让拉美国家切实感受到参与"一带一路"建设，有助于其推进内外政策议程，以此实施更广维度、更深层次、更高水平运行的中拉关系，助力推动构建新型国际关系、推动构建人类命运共同体。

---

① 新华社：《习近平同阿根廷总统马克里举行会谈 两国元首一致同意推动中阿全面战略伙伴关系得到更大发展》，2017年5月17日。网址链接：http://www.xinhuanet.com/politics/2017-05/17/c_1120990249.htm，[2023-04-28]

第四，完善共建"一带一路"政策沟通协调机制。中国愿同拉美国家加强治国理政经验交流，增强宏观政策规划和协调，推动中国发展规划同拉美和加勒比国家发展战略衔接[①]。中拉加强发展战略对接，2018—2019年，中国同8国签署产能与投资合作协议，开展产业园区建设，支持拉美国家建成自主多元的工业体系。[②]考虑在中拉国别、整体以及多边、全球等多个层面上加强设计，充分调动拉美的积极性，推动中拉就开展"一带一路"合作，共同维护"一带一路"建设等方面形成共识和行动力。利用同巴西、墨西哥、阿根廷、智利等国政府间常设委员会、高委会、经贸混委会等机制，发挥其政策宣示、沟通、协调作用，规划并推进互联互通建设、产业合作、国际产能和装备合作、贸易投资合作、人文交流等相关举措。继续推进中拉农业、科技、基础设施合作论坛以及企业家峰会，地方合作论坛等中拉整体合作机制建设，引领拉美国家在相关领域的政策上同中国深化对接。

二、促进中拉贸易畅通的政策路径

21世纪以来，中拉贸易规模持续扩大，为中拉贸易政策沟通和贸易合作基础创新奠定了坚实的物质基础，也是推动中拉关系发展和功能性领域合作的核心动力之一。2018—2020年，中拉贸易额连续三年超过3000亿美元。2021年中拉进出口总额约为4515.91亿美元，较2020年增长41.1%。[③]中国继续保持拉美第二大贸易伙伴国地位，是巴西、智利、秘

---

① 习近平：《同舟共济、扬帆远航，共创中拉关系美好未来——在秘鲁国会的演讲》，2016年11月21日。网址链接：http://www.xinhuanet.com/world/2016-11/22/c_1119962937.htm。

② 蔡伟：《以全球发展倡议为指引 推动中拉关系开启新征程——写在中拉论坛第三届部长会议召开之际》，2021年12月5日。网址链接：http://www.news.cn/world/2021-12/04/c_1211474064.htm，[2023-04-06]

③ 中国政府网：《2021年：中拉贸易创新高 市场互补促共赢》，2022年1月24日。网址链接：http://www.xinhuanet.com/world/2017-05/24/c_1121030198.htm，[2023-04-25]

鲁、乌拉圭等该地区多国第一大贸易伙伴国。

第一，奉行多边主义，共同维护开放型世界经济。中拉加强多边领域协调配合，维护开放型世界经济。中拉共同反对各种形式的保护主义，反对排他性贸易标准、规则、体系，支持以世界贸易组织为核心的多边贸易体系，加强在二十国集团、金砖国家、亚太经合组织等的协调配合，维护产业链供应链稳定，推动开放、包容、普惠、平衡、共赢的新型经济全球化。中方在多边贸易体系中就反对贸易保护主义等议题同拉美国家加强沟通协调，鼓励太平洋联盟有关国家参与亚太贸易议程。

第二，积极商签并升级自贸协定。中拉积极商签升级自贸协定，完善开放合作制度保障。中智（利）自贸升级协定已生效实施，中秘（鲁）、中哥（斯达黎加）自贸协定运行良好。截至2023年4月，拉美17国承认中国完全市场经济地位①。1997年11月，中国—南方共同市场建立对话机制，截至2018年10月，双方举行了第六次对话；2004年6月，双方决定正式启动中国—南方共同市场对话联络小组，并初步就中国—南方共同市场自由贸易谈判交换看法，决定各自开始进行可行性研究②。2012年6月，中国与南方共同市场国家领导人举行视频会议时提出对建立中国同南方共同市场自贸区进行可行性研究③。目前中国积极推动同乌拉圭、厄瓜多尔、巴拿马、尼加拉瓜的自贸谈判。2022年2月，中国同厄瓜多尔启动自贸协定谈判，并于2023年2月结束自贸协定谈判④。2022年7月，中国同尼加拉瓜签署了《自由贸易协定早期收获安排》，并宣布启

---

①蔡伟：《共创机遇、共谋发展，推动新时代中拉关系行稳致远》，载《外交》季刊，2021年第142期，第141—147页。

②外交部网站：《中国同南方共同市场的关系》，2022年9月。网址链接：https://www.mfa.gov.cn/web/wjb_673085/zzjg_673183/ldmzs_673663/dqzz_673667/nfgtsc_673711/gx_673715/，[2023-04-03]

③中国政府网：《温家宝出席中国与南共市国家领导人视频会议》，2012年6月26日。网址链接：http://www.gov.cn/govweb/ldhd/2012-06/26/content_2170112.htm，[2023-04-07]

④中国商务部网站：《中国与厄瓜多尔结束自贸协定谈判》，2023年2月17日。网址链接：http://www.mofcom.gov.cn/article/xwfb/xwrcxw/202302/20230203391567.shtml，[2023-04-10]

动中尼全面自由贸易协定谈判。2021年9月，中国同乌拉圭启动自贸协定联合科研①。2023年1月，巴西总统卢拉访问乌拉圭时强调，南方共同市场可作为一个整体与中国签订自由贸易协定②。中国需要继续加强同巴西、阿根廷等国探讨贸易便利化合作，逐步积累条件同南方共同市场（简称"南共市"）开启自贸谈判进程。

第三，中拉积极参与跨区域自贸协定谈判。拉美国家特别是太平洋沿岸国家参与《全面与进步跨太平洋伙伴关系协定》（CPTPP）、亚太自由贸易区（FTAAP）、《区域全面经济伙伴关系协定》（RCEP）是融入亚太经济圈的可行路径。③智利、墨西哥、秘鲁欢迎中国加入CPTPP，哥伦比亚、厄瓜多尔、哥斯达黎加等国也有意加入CPTPP。目前，哥伦比亚、哥斯达黎加等国谋求加入APEC；拉美太平洋联盟希望吸纳厄瓜多尔、巴拿马等国加入从而实现增员扩容；南方共同市场启动同日、韩自贸谈判进程；巴西、阿根廷等国高度密切关注RCEP协议成员国批准生效进展。贸易安排方面，同墨西哥、秘鲁、智利等国继续开展亚太自贸区（FTAAP）谈判，支持哥伦比亚、巴拿马等拉美国家加入APEC，加强同拉美太平洋联盟对话，继续推动同南方共同市场开展对话。可见，中拉在共建"一带一路"框架下加强自贸网络建设，有助于拉美经济可持续增长，并推动同亚洲经济一体化的深度发展④。

---

① 中国商务部网站：《商务部新闻发言人就结束中国—乌拉圭自贸协定联合科研答记者问》，2022年7月14日。网址链接：http://gjs.mofcom.gov.cn/article/fta/md/202207/20220703333536.shtml，[2023-04-28]

② 凤凰网：《卢拉向乌拉圭提议：南方共同市场可作为整体与中国签订自贸协定》，2023年1月28日。网址链接：https://news.ifeng.com/c/8MwUqQoqfTUg，[2023-04-28]

③ 笔者根据近年来拉美主流媒体报道综述，墨西哥、秘鲁和智利参加了《全面与进步跨太平洋伙伴关系协定》（CPTPP），上述三国同时也参与了亚太自由贸易区（FTAAP），哥伦比亚、巴拿马、哥斯达黎加、厄瓜多尔等拉美太平洋沿岸国家有意参与有关亚拉跨区域贸易安排谈判，南方共同市场也同日本、韩国、澳大利亚等国就开展自贸谈判启动对话或可行性研究。

④ Ronald C. Brown, *China Moving the Belt and Road Initiave into Latin American Countries: Chinese Free Trade Agreements and Labor Implications,* Houston Journal of International Law Vol. No.1, 2019, pp.85-136.

三、中拉基础设施的互联互通路径选择

拉美加速推进以交通、能源、通信为重点领域的互联互通，这与"一带一路"的设施联通有较高的契合度，中拉双方以互联互通为优先领域，构建多元化、多层次的"一带一路"对接与合作机制；同时也要让拉美认识到，"一带一路"也将助力拉美域内及同亚太经济圈的互联互通。中拉可重点围绕基建等领域，推动一批有代表性、见效快的互联互通合作项目，尤其是配合南美洲、中美洲地区基础设施一体化规划，与拉美合作开展港口、电力、公路、铁路项目建设[1]。中拉双边合作及中拉论坛框架下的多边合作，特别是"一带一路"倡议向拉美延伸将推动南美基础设施一体化建设，增强域内互联互通领域公共产品的供给能力[2]。

例如，铁路不仅是"一带一路"倡议的重要内容，也是南美洲基础设施一体化倡议的重点，中国与南美国家可开展"四横两纵"（即四条东西向的两洋铁路，两条南北向的铁路）铁路路网规划和建设合作[3]。又如，南美"两洋铁路"重点项目，该项目建成后将促进拉美一体化，降低沿线内陆地区与沿海地区经济发展的不平衡，改善物流条件、降低运输成本，促进南美与亚洲相关国家贸易增长。从长远看，拉美"两洋铁路"建设对中拉命运共同体的构建意义重大，中国应当结合当地的诉求和期望，制定分阶段目标，此举将便利中国与拉美地区的互联互通，提高贸易和投资合作水平，助力中拉贸易和投资两个十年目标的实现。[4]

① 中国现代国际关系研究院拉美研究所课题组：《"一带一路"视角下提升中拉合作的战略思考》，载《拉丁美洲研究》2018年第3期，第1—19页。

② Jaime Antonio Preciado Coronado, *Geopolítica de la planeación del desarrollo: el Consejo Suramericano de Infraestructura y Planeamiento (COSIPLAN-UNASUR) en el Foro CELAC-China*, Estudos Internacionais Revista de Relações Internacionais da PUC Minas, Vol.8, No.3, December 2020, pp.91–109.

③ 谢文泽：《中国—拉共体共建"一带一路"探析》，载《太平洋学报》2018年第2期，第80—90页。

④ 王飞、林紫琪：《论中国参与"两洋铁路"建设的线路规划、意义与困境》，载《西南科技大学学报（哲学社会科学版）》2018年第2期，第1—9页。

　　南美洲区域基础设施一体化倡议（IIRSA）是作为2000年8月31日至9月1日在巴西利亚举行的首届南美洲首脑峰会的成果而提出的，目的是增强南美经济的竞争力。[①]南美"两洋经济走廊"的政策意识形成于20世纪90年代初，主要在玻利维亚、巴拉圭、巴西、阿根廷、乌拉圭、秘鲁等国之间酝酿，其中以推动"两洋铁路"建设为标志性项目。多年来南美洲地区将基础设施一体化作为优先领域，将港口、公路、铁路、电站作为优先发展项目。2016年南美洲国家联盟"南美洲基础设施和计划委员会"批准的基础设施一体化倡议项目有581个，投资总额约1914亿美元。[②]历经30多年的政策沟通、项目规划论证，南美国家已积累形成了相对较为完善的两洋经济走廊建设规划蓝图[③]。

　　2023年1月，拉共体第七届峰会联合声明强调了拉美域内互联互通建设的重要性。现阶段拉美仍加速推进以交通、能源、通信为重点领域的互联互通，中国—拉共体论坛是推进中拉整体合作的重要平台，中拉双方可以通过该平台，以互联互通为优先领域，构建多元化、多层次的"一带一路"对接与合作机制[④]。例如，中国—巴西基础设施建设合作在港口、电力及交通设施领域已取得进展，但巴西高投融资成本、制度不完善、经济波动以及营商环境存在风险等问题都限制了合作的进一步扩大。[⑤]

　　此外，中国企业需要主动适应拉美基建市场化趋势，提升属地化运营能力，巩固工程总承包（EPC）等传统合作模式，适应以公私合营（PPP）为

---

①[西]埃斯特瓦多道尔等：《区域性公共产品：从理论到实践》，张建新等译，上海：上海人民出版社，2010年4月，第118页。

②中国现代国际关系研究院拉美研究所课题组：《"一带一路"视角下提升中拉合作的战略思考》，载《拉丁美洲研究》2018年第3期，第1—19页。

③CEPAL, Red Interoceánica en América del Sur: corredores bioceánicos y el rol de los estados articuladores, Boletín 392, número 2 / 2022, pp.15-19.

④谢文泽：《中国—拉共体共建"一带一路"探析》，载《太平洋学报》2018年第2期，第80—90页。

⑤王飞：《中国—巴西基础设施建设合作：机遇、挑战与路径选择》，载《国际问题研究》2020年1期，第54—66页。

代表的合作新模式。由于PPP模式既能降低政府债务负担、缓解财政支出压力，又能满足政府通过政策创新加大基建投资力度的愿望，截至2019年底，拉美共有20多国采用PPP模式，其中19国有专门立法、17国设有专门推广或监管机构①。拉美国家推行领域正由传统的公路、机场、电力、港口、垃圾处理等基建领域逐渐向医疗、教育、文化等公共服务领域拓展。②

四、中拉资金融通的合作路径选择

多数拉美国家政府面临财政赤字、债务滚动压力，实施基建工程项目、推动产业升级换代普遍存在巨大的融资缺口。

多年来，中拉金融合作是中拉关系中最为突出的功能领域，成为中拉经贸合作的动力引擎之一。拉美国家看重中国的融资实力，在金融稳定、基建开发、产能合作等方面寻求中国的支持，积极参与中国对拉一揽子融资安排的相关融资合作。

第一，聚焦功能性领域的融资合作。由于欧美国家及其主导的国际金融或开发机构向拉美投资总体呈现收缩态势，拉美更加看重中国的融资优势，在稳定金融、基建项目、产业升级等方面谋求中方的资金支持。未来一段时间，中国应积极推动同拉美利用"一带一路"框架下的融资机制以及开展中国对拉美的一揽子融资安排。特别是中国企业应加强产融配合协调，发挥中国融资优势，以及对推进重大项目的支持作用；尤其探索在农业、能矿、物流等领域的产融合作新模式，着眼长远，保障中拉战略性合作项目。

第二，完善中拉融资合作机制。"一带一路"倡议实施以来，中拉

---

①Catiana Garcia-Kilroy,Heinz P. Rudolph：Financiamiento Privado de la Infraestructura Pública Mediante APP en América Latina y el Caribe：Resumen Ejecutivo, Group Banco Mundial, 2018, p.12.
②孙洪波：《拉美国家推行PPP模式的经验教训及政策启示》，载《地方财政研究》2019年第12期，第45—53页。

在资金融通合作领域取得了重要成果；在"一带一路"倡议引领下，中拉资金融通合作整合了既有机制，丰富了融资渠道，从融资规则制定、合作机制创新、金融机构能力建设等方面拓展了合作的维度和空间。①例如，加强多双边财金政策沟通，深化双方货币互换、人民币清算等金融合作，健全中拉资金融通机制保障。

第三，加强融资工具创新及运用。"一带一路"倡议拓宽了中拉金融合作的渠道，充分利用融资工具创新，推进中拉务实合作走深走实。在保障资金安全的基础上，考虑本着市场化原则，适当优化融资利息和信保费用，进一步提升中国融资杠杆作用，推进中拉重大战略性合作项目；通过一系列制度或政策创新，给一些面临国际收支平衡困难的国家提供流动性支持；鼓励拉美尝试发行"熊猫债券"等融资创新，探索中拉在亚投行、金砖国家新开发银行、美洲开发银行等多边金融机构如何开展融资合作。

同时也要看到，中拉金融合作面临的一些实际困难，如拉美国家的财政、金融风险及主权风险担保问题较为突出，一些拉美国家担忧中方金融机构利率偏高等。中拉资金融通合作水平、金融合作本土化程度、投资行业集中度等尚需努力改进，亟需构建一个高质量、可持续的融资合作模式，为中拉共建"一带一路"高质量发展输送健康、充足的金融"血液"②。

拉美是"21世纪海上丝绸之路"的自然延伸，中拉在"一带一路"框架下实现中拉发展战略对接、促进双方共同发展。中国在拉美方向开拓"一带一路"建设的新空间，彰显了"一带一路"的全球内涵和整体性，有利于中国不断完善对外战略布局。以"五通"合作为主线，有利

---

① 杨志敏：《"一带一路"框架下中拉资金融通合作的历程和方向》，《西南科技大学学报（哲学社会科学版）》2021年第6期，第9—16页。

② 杨志敏：《"一带一路"框架下中拉资金融通合作的历程和方向》，《西南科技大学学报（哲学社会科学版）》2021年第6期，第9—16页。

于进一步优化中国对拉美既定政策，落实好近年来中国对拉美宣示的系列理念、主张和举措，推进对拉整体与双边合作，为深层次和高水平运筹中拉关系注入新动力。同时也要看到，中国在拉美推进"一带一路"建设面临诸多不容忽视的挑战。"一带一路"与拉美对接是一项长期的系统性工程，国内配套支持有待完善，拉美国家和地区间存在一定差异性与发展的不确定性，第三方因素的影响也需加以考虑。[①]特别是拉美现阶段处在政治生态、经济形态和外交政策调整过程中、左右翼政党激烈竞争、新兴政治力量崛起、民粹主义回潮、经济脆弱性加剧、社会矛盾凸显等成为当前拉美地区大变局的重要因素，而中拉"一带一路"合作恰恰处于"换挡加速"和"升级换代"阶段，需要探索出符合拉美政治、经济及外交变局特点的合作路径[②]。

第三节　共享发展，构建中拉发展共同体

拉美属于全球新兴发展中板块，是构建全球发展共同体的天然伙伴。进入21世纪以来，中拉经贸关系取得了跨越式的发展，中拉合作规模、合作领域不断扩大，贸易、投资及金融逐步成为推动经贸合作的引擎，随着双方利益日益融合，中拉双方初步建成发展命运共同体。[③]全球发展倡议在助力区域发展治理方面同样发挥不可或缺的作用，特别体现在推动不同相关地区在器物公共产品、制度公共产品和理念公共产品等三类公共产品实现再平衡；共建中拉发展共同体既体现了全球发展倡议

---

①中国现代国际关系研究院拉美研究所课题组：《"一带一路"视角下提升中拉合作的战略思考》，载《拉丁美洲研究》2018年第3期，第1—19页。

②周志伟：《拉美地区变局下的中拉"一带一路"合作》，载《当代世界》2020年第10期，第24—30页。

③贺双荣：《构建中拉命运共同体：必要性、可能性及挑战》，载《拉丁美洲研究》2016年第4期，第1—22页。

的全球意义，又结合了当地的发展实际体现出区域意义。[①]本节需要回答的核心问题是，构建中拉发展共同体的路径选择，以及同构建中拉命运共同体的关系。

一、构建中拉发展共同体的路径选择

拉美是探索世界发展问题的先行地区之一，长期面临工业化未竟、债务危机缠身、产业升级缓慢等诸多发展困境，一直未能成功走出"中等收入陷阱"。目前，多数拉美国家对发展前景的焦虑感、危机感上升。拉美国家敬佩中国发展取得的辉煌成就，普遍认为中国式现代化道路、中拉经贸务实合作前景，为拉美的未来发展提供了新镜鉴、新愿景。中国是世界上最大的发展中国家和新兴经济体，拉美是发展中国家和新兴市场国家最为集中的地区，中拉将是构建全球发展共同体的天然伙伴。

第一，构建中拉发展共同体，提升全球发展治理话语权。目前，拉美虽面临经济增长低迷、返贫现象突出及能源粮食安全问题凸显等新挑战，但拉美整体发展起点较高，凭借资源禀赋、人口红利、产业基础等诸多比较优势，仍属于全球新兴发展板块，可成为构建全球发展共同体的天然伙伴。习近平主席在第七十六届联合国大会上提出的"全球发展倡议"向逆全球化的世界发出了多边主义强音，有利于拉美推动落实《2030年可持续发展议程》。拉美普遍赞同人类命运共同体理念，认同中方倡导的和平共处、平等互利、合作共赢等原则包含的全人类共同价值，但国际共识尚需进一步巩固。[②]

①任琳、彭博：《全球发展倡议：全球发展公共产品供需再平衡的中国方案》，载《拉丁美洲研究》2022年第6期，第52—68页。
②笔者根据拉美学者在中国社会科学论坛："中拉发展合作与互鉴"国际研讨会上的发言整理，2022年5月24日、5月25日。网址链接：http://ilas.cssn.cn/xsnews/dwjiaoliu/202205/t20220527_5410034.shtml，[2023-03-15]

截至2023年2月，阿根廷、古巴、玻利维亚、委内瑞拉、尼加拉瓜等国支持或加入"全球发展倡议之友小组"，并参加小组相关活动[①]。构建中拉发展共同体，坚持以人民为中心，践行发展合作多边主义，反对意识形态偏见和附加政治条件，承认发展道路的多样性，可提升中拉在全球发展治理改革中的话语权。

在国际多边层面，中国依托联合国南南合作办公室、国际开发署、粮农组织、联合国儿童基金会、世界银行等国际多边框架，加强同拉美国家的发展合作和政策互动。[②]中国同拉美国家可依托上述国际多边渠道，在全球发展治理改革中提升联合设置议题的能力。"77国集团和中国"目前是世界最大的发展中国家合作组织，有130多个成员国，也是中拉加强全球发展治理合作的重要平台。拉美参与全球发展议题具有不少优势和独特的利益关切，如牙买加等加勒比国家对全球发展筹资议题上的利益诉求，在议题设置、立场关切等方面受到美欧国家的广泛关注。2017年5月，厄瓜多尔代表"77国集团和中国"在第72届联大发展筹资问题国际会议发言，强调维护和加强多边贸易体制，反对各种形式保护主义。[③]拉美国家在77国集团框架内就全球发展议题表达本地区的利益关切，近年来牙买加、厄瓜多尔等国的立场或主张，得到了中国的积极响应。2022年9月，古巴当选"77国集团和中国"轮值主席国，为中拉就发展议题互动提供了新契机。此外，"不结盟运动"也是中拉加强发展治理合作不可忽视的重要机制。"不结盟运动"创立于1961年，以亚非拉发展中国家为主，中国于1992年成为不结盟运动观察员国。不结

---

①笔者根据外交部、驻拉美国家使馆、新华社等官方网站信息整理。

②United Nations, State of South-South cooperation, Report of the Secretary-General, in Seventy-seventh session: Operational activities for development: South-South cooperation for development,17 August 2022.

③中国驻联合国代表团网站：《中国代表团庄语在第72届联大二委议题：发展筹资问题国际会议成果的后续行动和执行情况下的发言》，2017年10月5日。网址链接：http://un.china-mission.gov.cn/zgylhg/jsyfz/fzcz/201710/t20171006_8356982.htm，[2023-03-15]

盟运动已成为国际事务中不可或缺的重要力量，中国是不结盟运动的天然伙伴，秉持正确义利观，推动全球治理体系朝着更加公平合理的方向发展。①

第二，聚焦发展合作功能领域，提升拉美自主发展和公共产品供应能力。为弥补现有国际多边发展机构在区域层面上提供公共产品的不足，构建全球发展伙伴关系，需要强调灵活性、针对性、多层次且以结果和实效为导向。②截至2024年4月，22个拉美国家同中国签署了"一带一路"合作谅解备忘录，中拉经贸务实合作提质升级步伐加快，不断向具有可持续发展潜力和外部性强的功能领域聚焦，助力拉美提升自主发展能力、维护经济安全及增强产业核心竞争力。中拉加强新兴战略产业合作，具有可持续性强、外部性突出及外溢范围广等特点，可弥补拉美可持续发展短板。譬如，社会功能领域以公共卫生为代表，中拉加强疫苗合作以及未来进一步强调医疗合作的战略重要性，将有力保障拉美人民的生命健康；经济安全层面以能源领域为代表，中拉能源合作对维护巴西、阿根廷、智利等国的能源安全、绿色发展、财政及国际收支安全做出了战略性贡献；产业功能领域以数字经济为代表，中拉合作可助力拉美跨越全球数字鸿沟，对拉美产业升级、远程教育及反贫困等具有战略意义。在南美基础设施一体化倡议框架下，美洲开发银行设有互联互通项目库并协调成员国动态更新项目信息，着力推进跨洋铁路、两洋隧道、南方共同市场—智利等跨区域一体化基建项目，主要涵盖交通、能源、通信三大领域。就中拉基础设施合作而言，中拉合作将提供更多互联互通领域方面的区域性公共产品。

第三，扩大发展融资规模并优化发展资源配置，释放中拉发展资

---

① 外交部网站：《王毅在纪念不结盟运动成立60周年高级别会议发表讲话》，2021年10月12日。网址链接：https://www.mfa.gov.cn/web/wjbzhd/202110/t20211012_9552509.shtml，[2023-03-13]

② [美]英吉·考尔等编，《全球化之道：全球公共产品的提供与管理》，张春波、高静译，北京：人民出版社，第1版，2006年11月，第45页。

源互补效应。近年来，中国已跃升为拉美发展融资的主要来源国，据美国知名智库"美洲对话"报告，2005—2021年，中国政策性银行对拉累计融资1380亿美元，商业银行对拉累计融资620亿美元。① 巴西、阿根廷、智利等拉美七国已加入亚投行，乌拉圭于2021年加入金砖国家新开发银行。2021年12月，中国在中拉论坛第三届部长级会议上宣布设立了发展合作、数字经济合作两项专项贷款，支持拉美参与全球发展倡议。拉美国家虽多为受援国，但亦拥有独特的发展资源，长期秉持南南合作理念，扩展了发展资源及筹资内涵，在拉美域内甚至非洲开展农业、卫生、教育及科技等领域合作。因此，依托中国的发展融资，充分挖掘利用拉美的发展资源，中拉开展多双边发展合作有充分的资源保障。拉美国家资金短缺，中国可进一步发挥资金优势，以产业合作为依托，扩大融资合作，落实中国对拉美350亿美元一揽子融资举措和300亿美元中拉产能合作基金。②

除利用贸易、投融资合作机制外，中国可力所能及向拉美低收入国家、内陆国家适当提供经援和人道主义援助。例如，2017年9月，加勒比地区连续遭受强热带飓风"艾尔玛"和"玛利亚"袭击，多米尼克、安提瓜和巴布达、古巴等国受灾严重。加勒比共同体与联合国共同举办高级别认捐大会，中国通过多、双边渠道向上述国家提供了1830万美元紧急人道主义现汇援助和救灾物资援助，缓解灾区急需，帮助受灾国开展防灾减灾工作。中方政府还将向多米尼克、安提瓜和巴布达政府分别提供1亿元人民币无偿援助用于灾后重建，同时视情况继续提供力所能及的帮助。③

---

① 美洲对话智库网站：中拉金融合作数据库。网址链接：https://www.thedialogue.org/programs/programs/china/，[2023-03-17]

② 贺双荣：《构建中拉命运共同体：必要性、可能性及挑战》，载《拉丁美洲研究》2016年第4期，第1—22页。

③ 中国驻联合国代表团网站：《常驻联合国代表团临时代办吴海涛大使在建设应对气候挑战更强复原力共同体高级别认捐大会上的发言》，2017年11月21日。网址链接：http://un.china-mission.gov.cn/zgylhg/jsyfz/fzcz/201711/t20171122_8356985.htm，[2023-03-18]

中拉双方全面调动彼此具有相对优势的发展资源,聚焦外部溢出效应较强的功能领域,完善发展合作政策和机制;同时利用好增发的国际货币基金组织特别提款权分配份额,以及落实好二十国集团"缓债倡议"等国际共识,为遭遇困难的拉美国家提供流动性支持。[①]中国积极落实二十国集团"缓债倡议",提供缓债金额超过13亿美元,并宣布未来3年再向包括拉美国家在内的发展中国家提供30亿美元国际援助。[②]2021年,中国对外提供20亿剂疫苗,在向"新冠疫苗实施计划"捐赠1亿美元基础上,再向发展中国家无偿捐赠1亿剂疫苗[③],不少拉美国家亦能从中获益。

第四,创新发展合作平台机制,有力促进中拉发展政策对接。中拉发展合作除依托双边合作机制外,目前已利用拉共体等拉美一体化组织的平台作用,以共建"一带一路"为合作引领,可推进同南方共同市场、加共体等次区域组织的发展合作。据哥伦比亚等国学者研究,中国倡导的发展合作模式具有"去中心化"特点,合作平台像展开的扇面一样富有多边性、可拓展性[④]中拉论坛部长级会议及下设的基础设施、农业、科技等分论坛,为中拉发展政策对接提供了对话平台。拉美国家参与"一带一路"合作平台,优先推动域内互联互通,可提升拉美对中国乃至亚太经济圈的互联互通能力。中国设立了"中国—加勒比发展中心",提升了加勒比国家在中拉发展合作中的地位。巴拿马等国期望中方建立一个拉美地区层面的数字经济合作交流平台。构建中拉发展伙伴

---

①中国驻联合国代表团网站:《中国代表刘立群参赞在第76届联大二委议题18:宏观经济政策和议题19:发展筹资下的发言》,2021年10月。网址链接:http://un.china-mission.gov.cn/zgylhg/jsyfz/fzcz/202111/t20211101_10434175.htm,[2023-03-19]

②中国政府网:《习近平:中方向发展中国家提供了5亿多剂疫苗,未来3年内还将再提供30亿美元国际援助》,2021年7月16日。网址链接:http://www.gov.cn/xinwen/2021-07/16/content_5625525.htm,[2023-03-09]

③中国政府网:《习近平出席第七十六届联合国大会一般性辩论并发表重要讲话》,2021年9月22日。网址链接:http://www.gov.cn/xinwen/2021-09/22/content_5638596.htm,[2023-03-09]

④笔者根据哥伦比亚对外大学学者丽娜·卢纳在中国社会科学论坛:"中拉发展合作与互鉴"国际研讨会上的发言整理,2022年5月24—25日。网址链接:http://ilas.cssn.cn/xsnews/dwjiaoliu/202205/t20220527_5410034.shtml,[2023-03-09]

关系的内涵不限于发展援助，应是以经贸、投资、政治领域的互利合作为基础的多维一体合作关系，行为者也不限于两国政府，还应当包括地方、企业、非政府组织等。①此外，中拉地方合作也为中拉发展合作搭建了新平台。

第五，搭建互学互鉴交流平台，助力中拉发展经验共享。目前，拉美学者看重借鉴中国在消除贫困、科技创新、基础设施、能源转型、公共卫生治理等领域的发展经验。②中国在能源转型、互联互通方面属全球领先国家之一，为拉美做出了非常好的示范。中国在扶贫方面依靠政府、企业及整个社会的贡献的经验，值得拉美借鉴和学习，期待双方继续举办中拉减贫与发展论坛。中拉可依托联合国拉美经委会、中国国际扶贫中心、中国国际发展知识中心以及中拉智库论坛、中拉高级别学术论坛等渠道，围绕落实《2030年可持续发展议程》，加强发展经验交流共享。

二、对拉合作要坚持正确义利观

中共十八大以来，中国领导人在阐述对发展中国家外交和访问拉美时，多次诠释坚持正确义利观。对拉合作践行正确义利观有着重要现实意义，坚持道义为先，重视和照顾其利益需求，提供力所能及的经济援助。正确义利观在本质上是一种具有中国特色的经济外交理念，突出了以义为先、合作共赢、共同发展的合作导向。③践行正确义利观，遵循中拉共同发展的道义追求，以构建中拉发展共同体为途径，助力推动构建

---

①高波：《构建新时代中拉发展伙伴关系的核心理念与路径规划》，载《拉丁美洲研究》2022年第6期，第68—85页。

②笔者根据巴西、阿根廷、智利、厄瓜多尔等国学者在中国社会科学论坛："中拉发展合作与互鉴"国际研讨会上的发言整理，2022年5月24—25日。网址链接：http://ilas.cssn.cn/xsnews/dwjiaoliu/202205/t20220527_5410034.shtml，[2023-03-09]

③国务院新闻办公室：《新时代的中国国际发展合作白皮书》，2021年1月10日。网址链接：http://www.scio.gov.cn/zfbps/32832/Document/1696685/1696685.htm，[2023-03-10]

中拉命运共同体。

拉美是全球发展中国家最为集中的地区之一，对拉美国家坚持正确义利观，积极探索中国特色大国外交之路，对整体发展和运筹周边、非洲及拉美的关系具有重要的战略意义。习近平主席指出，对周边和发展中国家一定要坚持正确义利观，只有坚持正确义利观，才能把工作做好、做到人的心里去①。2014年7月，习近平主席在接受拉美四国媒体采访时指出，要更加积极有为地促进共同发展，坚持正确义利观，义利并举、以义为先，促进南北对话和南南合作，特别是帮助发展中国家实现自主和可持续发展。②党的二十大报告强调，秉持真实亲诚理念和正确义利观加强同发展中国家团结合作，维护发展中国家共同利益。③正确义利观强调在构建新型国际关系中崇尚道德、秉持道义、主张公道、伸张正义、义在利先、利在义后的价值观念④。坚持正确义利观，不仅是中国国际合作的理念创新，而且也是中国对发展中国家外交实践的指导原则，体现了现阶段中国在国际社会中的行为准则和价值取向。

第一，坚持正确义利观，助力推动构建发展中国家命运共同体。中国同发展中国家的合作树立正确的义利观，政治上坚持正义、秉持公道、道义为先；经济上坚持互利共赢、共同发展。中国始终站在发展中国家一边，构建与发展中国家的命运共同体⑤。中拉作为发展中国家和新兴经济体，都是实现世界和平与繁荣，促进多边主义、世界多极化和国际关系民主化的重要力量。2014年确立了平等互利、共同发展的中拉全面合作伙伴关系，中拉关系发展进入新的历史阶段，新的发展格局已经

---

①王毅：《坚持正确义利观 积极发挥负责任大国作用》，载《人民日报》2013年9月10日第7版。

②新华网：《习近平接受拉美四国媒体联合采访》，2014年7月15日。网址链接：http://www.xinhuanet.com//world/2014-07/15/c_126752272.htm，[2023-03-10]

③习近平：《高举中国特色社会主义伟大旗帜 为全面建设社会主义现代化国家而团结奋斗——在中国共产党第二十次全国代表大会上的报告》，2022年10月25日。网址链接：http://www.gov.cn/xinwen/2022-10/25/content_5721685.htm，[2023-03-10]

④杨洁勉：《习近平外交思想理论体系探析》，载《国际问题研究》2021年第2期，第1—19页。

⑤王毅：《坚持正确义利观 积极发挥负责任大国作用》，载《人民日报》2013年9月10日第7版。

初步形成。2018年12月，习近平主席第四次访问拉美时，倡议构建新时代平等、互利、创新、开放、惠民的中拉关系，赋予中拉关系丰富的时代内涵。[①]中国对拉美践行正确义利观，坚持大小国家一律平等，支持拉美国家探索符合本国国情的发展道路，增强拉美自主发展能力，推动构建中拉发展共同体。

第二，践行正确义利观，统筹平衡中拉安全与发展合作的关系。拉美国家普遍秉持多边主义，反对霸权主义，主张国际格局多极化、国际关系民主化，是维护世界和平、推动全球发展的新兴力量。1967年2月，拉美国家签订了《拉丁美洲禁止核武器条约》，并于1969年成立拉美和加勒比禁止核武器组织。2011年10月，该组织向联合国递交了《拉美和加勒比33国关于建立无核区的声明》。自1973年以来，中国同该组织建立了联系机制并参与相关活动[②]。2014年1月，拉共体第二届峰会通过了《宣布拉美和加勒比为和平区的公告》。2023年1月，拉共体第七届峰会再次重申，确认拉美为和平区和无核区，尊重联合国宪章确立的基本原则，坚持多边主义，主张和平解决争端，反对军事威胁、侵略以及单边主义胁迫政策，维护和平、稳定和公正的国际秩序[③]。

践行正确义利观在政治上要秉持公道正义，坚持平等相待，遵守国际关系基本原则，反对霸权主义和强权政治，维护国际公平正义，推进国际关系民主化。中拉携手维护世界和平、推动共同发展，构建以合作

---

①蔡伟：《共创机遇、共谋发展，推动新时代中拉关系行稳致远》，载《外交》季刊，2021年第142期，第141—147页。

②外交部网站：《中国同拉丁美洲和加勒比禁止核武器组织的关系》，2023年1月23日。网址链接：https://www.mfa.gov.cn/web/wjb_673085/zzjg_673183/ldmzs_673663/dqzz_673667/jzhwq_673865/gx_673869/，[2023-03-11]

③阿根廷外交部网站：DECLARACIÓN DE BUENOS AIRES, VII CUMBRE DE JEFAS Y JEFES DE ESTADO Y DE GOBIERNO DE LA COMUNIDAD DE ESTADOS LATINOAMERICANOS Y CARIBEÑOS (CELAC), Buenos Aires, 24 de enero de 2023；pp.1−5.https://www.cancilleria.gob.ar/es/actualidad/noticias/cumbre-celac-declaracion-de-buenos-aires，[2023-03-09]

共赢为核心的新型国际关系，让中拉命运共同体之船行稳致远①。中国提出全球发展倡议、全球安全倡议，推动全球发展共同体、安全共同体建设，为和平与发展事业注入新的动力②，为中拉加强安全和发展合作提供了新契机、新平台。特别是中拉双方需要加强司法、执法、情报等安全方面的合作，共建安全共同体，为双方政治经济和社会发展构筑安全网，为中拉合作提供安全保障③。中国在国际事务中积极发挥负责任大国作用，始终同拉美国家长期友好、同舟共济，支持拉美实现联合自强、发展振兴，坚定支持拉美在国际和地区事务中发挥更大作用。2018年11月，习近平主席强调，中国同古巴开展合作，秉持正确的义利观，能支持的，中国一定会支持④。2022年11月，习近平主席又强调，不论国际形势怎么变，中方同古方一道捍卫国际公平正义、反对霸权强权的意志不会变，继续坚定支持古巴捍卫国家主权、反对外来干涉和封锁，坚信古巴一定能够战胜一切困难，中国也会尽力提供支持和帮助⑤。

第一，加强以互利共赢为原则、以共同发展为目标的经贸务实合作。中拉合作本质上是南南合作，以相互尊重为前提，以互利共赢为原则，以开放包容为特质，以共同发展为目标，符合中拉共同利益⑥。对那些长期对华友好而自身发展任务艰巨的发展中国家，要更多考虑对方利益⑦。考虑到中拉经济体量和拉美对华合作诉求，中拉务实经贸和投融资

① 习近平：《同舟共济、扬帆远航，共创中拉关系美好未来——在秘鲁国会的演讲》，2016年11月22日。网址链接：http://www.xinhuanet.com/world/2016-11/22/c_1119962937.htm，[2023-03-11]
② 王毅：《全面推进中国特色大国外交》，载《人民日报》2022年11月8日第6版。
③ 贺双荣：《构建中拉命运共同体：必要性、可能性及挑战》，载《拉丁美洲研究》2016年第4期，第1—22页。
④ 中国政府网：《习近平同古巴国务委员会主席兼部长会议主席迪亚斯-卡内尔举行会谈》，2018年11月8日。网址链接：http://www.gov.cn/xinwen/2018-11/08/content_5338537.htm，[2023-03-11]
⑤ 《习近平同古巴共产党中央委员会第一书记、古巴国家主席举行会谈》，载《人民日报》2022年11月26日，第1版。
⑥ 《习近平同古巴共产党中央委员会第一书记、古巴国家主席举行会谈》，载《人民日报》2022年11月26日，第1版。
⑦ 王毅：《坚持正确义利观 积极发挥负责任大国作用》，载《人民日报》2013年9月10日，第7版。

合作不断向制约拉美长期发展的短板、民生领域倾斜，合作成果可产生更多惠民效果。2013年以来，中方先后设立350亿美元一揽子融资安排、300亿美元中拉产能合作基金、30亿美元中国—加勒比合作基金等对拉金融合作机制，同拉美多国签署了双边融资和货币互换协议，为中拉经贸合作提供了重要的融资支持①。又如，中国同拉美开发银行、美洲开发银行等共同成立多边开发融资合作中心，搭建多边融资合作平台，推动国际金融机构及相关发展伙伴基础设施互联互通②。2021年12月，中拉论坛第三届部长级会议强调，充分发挥中方对拉一揽子融资举措作用，重点支持有助于拉共体成员国经济社会可持续发展的战略性项目，重点照顾小岛屿发展中国家、沿海低地国家和中美洲地峡国家；适当考虑拉共体成员国中最不发达国家、内陆发展中国家、小岛屿发展中国家和中等收入国家、陷于或刚刚摆脱冲突状态的国家面临的挑战和需求③；中方支持拉方继续申请使用中拉抗疫专项贷款，新设中拉发展合作专项贷款，用于支持全球发展倡议八大领域务实合作，设立中拉数字经济合作专项贷款，推动拉美经济绿色转型④。中拉依托经贸和投融资合作的驱动力，加强教育、科技、卫生、文化等领域合作，将助力拉美提高自主发展能力。此外，中国企业在拉美履行更多社会责任，为当地增加就业、改善

---

① 祝青桥：《共建携手共进的中拉命运共同体》，载《外交》2016年第122期。说明：2012年6月，时任总理温家宝在圣地亚哥"联合国拉丁美洲和加勒比经济委员会"上提出由中方发起设立首期规模50亿美元的中拉合作基金（以下简称"中拉基金"）的倡议；2014年7月，习近平主席出访巴西，宣布全面启动中拉基金。中拉基金的首期规模为10亿美元，主要投资于能源资源、基础设施建设、农业、制造业、科技创新、信息技术等六大领域，并视情况适当向其他领域延伸。中国进出口银行网址链接：http://www.eximbank.gov.cn/aboutExim/organization/ckfjj/whkgjj/zlhzjj/，[2023-03-11]

② 国务院新闻办公室：《新时代的中国国际发展合作白皮书》，2021年1月10日。网址链接：http://www.scio.gov.cn/zfbps/32832/Document/1696685/1696685.htm，[2023-03-11]

③ 外交部网站：《中国—拉共体成员国重点领域合作共同行动计划（2022—2024），2021年12月7日。网址链接：https://www.mfa.gov.cn/wjbxw_673019/202112/t20211207_10463447.shtml，[2023-03-11]

④ 外交部网站：《王毅主持中国—拉共体论坛第三届部长会议并发表主旨讲话》，2021年12月4日。网址链接：https://www.mfa.gov.cn/wjbzhd/202112/t20211204_10462377.shtml，[2023-03-11]

民生、提高基础设施建设水平作贡献，积极回馈当地社会。

第四，践行正确义利观，加大对拉美国际发展合作投入。坚持正确义利观是中国对拉美开展国际发展合作的价值导向。正确义利观秉持义利相兼、以义为先，这既是中国传统文化的弘扬，也是中国国际主义精神的体现。2014年中方宣布5年内向拉美提供6000个政府奖学金名额、6000个赴华培训名额以及邀请1000名拉美政党领导人赴华访问交流等中拉人文交流举措①；同时中国还出台了中拉科技伙伴计划、中拉青年科学家交流计划等举措②。为加强对拉美技术转让和人力资源合作，2016年11月，中方宣布未来3年在现有基础上将各类对拉培训名额增加至1万人③。2016年11月，中国发布的第二份对拉政策文件就经济技术援助强调，在尊重拉美国家意愿基础上，根据中国自身财力和经济社会发展状况，继续向拉美提供不附加任何政治条件的经济技术援助④。根据拉美国家需求，中国在力所能及的条件下逐步增加援助规模，创新援助模式，重点用于拉美的人力资源开发、发展规划、经济政策咨询培训、基础设施建设、农业和粮食安全、减贫、气候变化以及人道主义援助等领域。2021年12月，中国在中拉论坛第三届部长级会议上宣布，中拉加强数字经济、电子商务、电动汽车、人工智能、智慧农业、智慧城市、5G等新兴领域合作；中方成立中国—加勒比发展中心，就落实全球发展倡议加强同加勒比国家交流合作；中方将在未来两年向地区国家提供5000个政府

---

① 祝青桥：《共建携手共进的中拉命运共同体》，载《外交》2016年第122期，第107—122页。

② 习近平：《共同谱写中拉全面合作伙伴关系新篇章——在中国—拉共体论坛首届部长级会议开幕式上的致辞》，2015年1月8日。网址链接：http://www.xinhuanet.com//politics/2015-01/08/c_1113929589.htm，[2023-03-08]

③ 习近平：《同舟共济、扬帆远航，共创中拉关系美好未来——在秘鲁国会的演讲》，2016年11月22日。网址链接：http://www.xinhuanet.com/world/2016-11/22/c_1119962937.htm，[2023-03-09]

④ 国务院新闻办公室：《中国对拉美和加勒比政策文件》，2016年11月24日。网址链接：http://www.scio.gov.cn/tt/zdgz/Document/1524857/1524857.htm，[2023-03-10]

奖学金名额和3000个培训名额[①]。

根据中国发布的新时代国际发展合作白皮书，2013—2018年，中国向拉美和加勒比22国提供了经济援助[②]。例如，中国向牙买加、苏里南、多米尼克等国援建医院，提升当地医疗服务水平；帮助特立尼达和多巴哥组建显微神经外科和内镜神经外科、驻多米尼克医疗队开创微创手术先例，填补了加勒比地区多项医疗技术空白。中国还组派短期医疗专家组开展专科行动，在巴哈马、安提瓜和巴布达等国家开展白内障手术"光明行"活动。中国在古巴、安提瓜和巴布达、多米尼克、格林纳达等国开展农业技术合作项目，援建了古巴太阳能电站项目，有效填补了当地电力缺口。中国在秘鲁、乌拉圭等国修建了一批中小学校，并提供计算机、实验室设备、文体用品等教学物资，改善当地的基础教学环境。

中国通过提供救灾物资、派出国际救援队、提供现汇援助等方式，向墨西哥、智利、巴哈马、萨尔瓦多等遭遇地震、飓风等严重自然灾害的国家提供紧急人道主义救援。2016年厄瓜多尔发生地震后，中国第一时间向厄瓜多尔提供紧急人道主义援助。2017年多米尼克"玛丽亚"飓风过境后，启动西部公路、中多友好医院受损屋顶修复项目，并为多米尼克重建6所中小学校。中国还帮助一些拉美国家制定规划，与其分享治理经验，并通过双多边合作机制开展能力建设。例如，帮助格林纳达制定国家发展战略规划，与古巴共同开展工业中长期发展规划建议联合编制；同萨尔瓦多、特立尼达和多巴哥等国签署了人力资源开发合作谅解备忘录，根据不同国家的实际需求，有针对性地提供能力建设支持。

---

① 外交部网站：《王毅主持中国—拉共体论坛第三届部长会议并发表主旨讲话》，2021年12月4日。网址链接：https://www.mfa.gov.cn/wjbzhd/202112/t20211204_10462377.shtml，[2023-03-04]
② 国务院新闻办公室网站：《新时代的中国国际发展合作白皮书》，2021年1月10日。网址链接：http://www.scio.gov.cn/zfbps/32832/Document/1696685/1696685.htm，[2023-03-10]

三、构建中拉发展共同体面临的主要挑战

近年来，大国战略竞争、全球新冠疫情以及拉美国家间关系变化对拉美地区的政治发展、经济增长及域内格局变化产生了更多不确定性影响。尽管中拉发展理念内涵和政策实践的趋同性提高、交集空间增多，但中拉之间的发展理念仍存在一定差异，且发展共同体属于较新的政策理念，拉美学术界和政策界的认识也不够深入，加之中拉之间政治经济体制差异，这些因素都给双方发展战略和政策对接带来了一些实际困难；同时拉美的国际发展合作格局日趋多元化，较为看重欧美的经济援助利益，而美欧国家也是利用援助工具巩固在拉美的利益和传统影响力，在发展议题上对拉美施加政策影响。总体看，中短期内中拉加强发展合作尚面临一些困难和风险因素。

第一，中拉之间的发展理念存在一定差异，谨防认知偏差影响合作互信。从纯粹的经济学意义上讲，拉美的发展理念、内涵同美西方较为接近，且兼具拉美本土实践的历史特点。拉美传统发展思想重视提升自主发展能力，目前进口替代工业化思想土壤依然存在，保护主义色彩浓厚。拉美学界深受"中心—外围""依附性"发展等理论逻辑影响，担忧中拉经济体量的不对称性日益扩大，拉美未来将会重蹈依赖的历史覆辙。拉美社会心理层面对自身发展的挫败感异常强烈，对中国发展制度、道路了解不深甚至存在一些偏见，所谓"中国威胁论"仍有一定舆论市场。

第二，中拉发展合作政策深度对接面临一些体制性、制度性困难。中拉政治经济体制差异以及拉美国家制定、执行发展战略和规划的能力，成为深层次影响中拉发展合作对接的体制性、制度性因素。例如，拉美跨境互联互通项目需要多双边政府、联邦和地方以及相关主管部门多层次协调磋商，项目进展易受政府更迭轮替、朝野争斗及双边关系变化等影响。重大基础设施互联互通合作项目，多半具有建设运营周期

长、资金投入大、涉及利益广、综合性风险高等特点。一些拉美国家受国内朝野政争影响，搞不清本国对华合作优先议程，譬如不明白参与共建"一带一路"能获得什么具体好处；同时也要看到，目前中拉"一带一路"合作尚处于起步落实阶段，具体项目还需要合作规划和可行性研究。出现这种状况的主要原因有：一是拉美传统政党加速分化、新兴中小政党崛起、党争政争更加激烈，发展对华关系政治共识不足，难以拧成一股绳；二是拉美国家政府更替频繁、政策多变，近年来政局动荡更加突出，对华经贸合作难以实现有效、可持续的政策对接；三是一些拉美国家较为看重对华合作的短期利益，对中国的政策缺乏长期跟踪研究，且有关环保、劳工、人权等的非政府组织非常活跃，恐将对中拉发展合作构成新干扰，如秘鲁、厄瓜多尔等国一些对华能矿合作项目一直存在社区摩擦。

第三，拉美国际发展合作格局日趋多元化。美欧主要大国凭借经济金融、科技教育实力以及利用对世界银行、IMF、世贸组织等国际机构的控制权、投票权，对拉美的国际发展合作具有主导性影响力。阿根廷、哥伦比亚、乌拉圭等国力求融资来源多元化，普遍视美欧、日本为融资主渠道，并借重国际金融机构和资本市场。

美国凭借政治、美元霸权、地缘经济等诸多优势，对拉美构建了贸易、金融、投资及援助等政策体系。特朗普政府时期推出了"美洲增长倡议"，巴西、阿根廷、哥伦比亚、智利、厄瓜多尔、巴拿马等8个拉美国家签署了合作谅解备忘录[①]。2021年6月，拜登政府同七国集团推出了"重建更美好世界"计划（B3W），不断拉拢拉美国家参与该计划。2021年9月，美国副国家安全顾问率领美国国际开发金融公司、美国国际开发署、商务部、财政部等人员构成的跨部门代表团访问哥伦比亚、厄

---

①郭语：《美国"美洲增长倡议"评析》，载《拉丁美洲研究》2020年第4期，第20—32页。

瓜多尔和巴拿马，向上述国家推销B3W①；2021年10月，美国国务卿布林肯访问厄瓜多尔和哥伦比亚，声称将把厄瓜多尔作为"重建更美好世界"计划的首批合作伙伴之一②。2022年6月，拜登政府在第九届美洲峰会上推出了"美洲经济繁荣伙伴关系"计划，截至2023年1月底，共有墨西哥、哥伦比亚、智利、秘鲁、巴拿马等10个拉美国家参与了该计划③。美国利用对美洲开发银行改革的主导权，并动员美官方及私人部门资源，加大对拉美公共卫生、数字经济、新能源、基础设施等领域投入。据美官方数据，2022年美对拉美无偿经援预算增至22亿美元，同比增长15.6%。美国通过国际货币基金组织、世界银行、美洲开发银行等国际金融机构，不断加大对阿根廷、厄瓜多尔及部分加勒比国家的政策影响。拜登政府大肆向拉美鼓噪中美战略竞争政治意图，美将会加剧中美拉三角竞争关系。美国不断向拉美鼓噪所谓"中国威胁论"，将给中拉发展合作带来排挤压力或干扰风险④。

欧盟在落实可持续发展目标方面，加大对拉美的资源投入力度，目前欧盟为拉美的最大官方援助伙伴。据欧盟官方数据，截至2019年底，欧盟对拉美直接投资存量7940亿欧元，主要集中在新能源、电信、数字

---

① The White House: Statement by NSC Spokesperson Emily Horne on Deputy National Security Advisor Daleep Singh's Travel to Colombia, Ecuador, and Panama, OCTOBER 01, 2021. DOI: https://www.whitehouse.gov/briefing-room/statements-releases/2021/10/01/statement-by-nsc-spokesperson-emily-horne-on-deputy-national-security-advisor-daleep-singhs-travel-to-colombia-ecuador-and-panama/, [2023-03-11]

② U.S. Department of State: Secretary of State Antony J Blinken Will Travel to Quito, Ecuador and Bogotá, Colombia OCTOBER 15, 2021. DOI: https://www.state.gov/secretary-of-state-antony-j-blinken-will-travel-to-quito-ecuador-and-bogota-colombia/.

③ The White House：Joint Declaration on The Americas Partnership for Economic Prosperity, JANUARY 27, 2023. DOI: https://www.whitehouse.gov/briefing-room/statements-releases/2023/01/27/joint-declaration-on-the-americas-partnership-for-economic-prosperity/, [2023-03-11]

④ Amy Rosenthal, Debra Moskovits, John Reid, China and the Amazon: Toward a Framework for Maximizing Benefits and Mitigating Risks of Infrastructure Development, Inter-American Dialogue, Boston University's Global Development Policy Center, May 2019, PP.23-28.

经济等领域；2021—2027年，欧盟对拉美的经援预算34亿欧元①。欧洲投资银行（EIB）设有对拉投资基金，近年来对拉美能源、交通、农业等领域投资项目46个，投入资金约90亿欧元。②西班牙出台2021—2024年外交战略规划，视拉美为仅次于欧洲的外交优先地区。③受俄乌冲突影响，短期内迫于能源、粮食安全保障诉求，目前美欧及新兴力量更为看重拉美资源的战略重要性。西班牙、德国及欧盟等将会继续运用优惠贷款、无偿援助、合作基金等多种手段，加强同拉美的经贸关系。

日本保持在拉美长期积累的发展合作优势，视拉美为维护海外资源供应安全的战略来源地，扩大对外出口的重要国际市场，倚重通过对拉产业价值链合作赢得国际竞争优势，在能矿资源、汽车制造、电子产品、减灾救灾等领域保持合作④；印度、土耳其等新兴大国亦不断拓展同拉美的发展合作⑤，中拉发展合作将面临新的竞争压力。

第四，拉美经济改革方向多受美西方影响。目前，拉美国家的政策调整压力普遍上升，内外压力正倒逼其启动新一轮结构性改革，多国寄希望于财政、金融、劳工、养老金、教育等领域改革取得进展。在这一背景下，美西方国家及国际机构不断对拉美国家改革议程施加影响，如国际货币基金组织、世界银行等国际金融机构正不断对阿根廷、厄瓜多尔等国施加政策影响；美国支持巴西、哥伦比亚等国加入经济合作与发

①欧盟对外行动署网站：LATIN AMERICA AND THE CARIBBEAN：Finding new ways to cooperate: joining forces for a sustainable recovery，2022年1月20日．DOI: https://www.eeas.europa.eu/latin-america-caribbean/finding-new-ways-cooperate-joining-forces-sustainable-recovery_en，[2023-03-10]

②欧洲投资银行网站：*The EIB in the Americas and the Caribbean*. DOI: https://www.eib.org/en/projects/regions/americas-and-caribbean/index.htm，[2023-03-11]

③西班牙外交部网站：Estrategia de Acción Exterior 2021-2024；2021年1月26日．DOI: https://www.exteriores.gob.es/es/Paginas/index.aspx，[2023-03-10]

④孙洪波：《战略跟随与外交自主性：日本对拉美政策的历史演变》，载《拉丁美洲研究》2020年第4期，第49—72页。

⑤United Nations Office for South-South Cooperation (UNOSSC), India-UN Partnership Development Fund, Year in Review Report, Oct 2022, pp.7-53.

展组织（OECD），有意将更多拉美国家纳入美西方治理体系。哥伦比亚、哥斯达黎加分别于2020年4月、2021年5月加入OECD，巴西、阿根廷、秘鲁等国也正在谋求加入，拉美国家仍将在美西方主导下寻求新的经济治理和改革模式。

此外，拉美地区格局重构面临更多不确定性。拉美国家内顾倾向进一步上升，对外关系目标更多服务于国内政策议程。地区左右翼之间的矛盾仍会延续，新一轮中左翼政府上台引发域内关系的重新调整。多国政局仍处于过渡期，特别是委内瑞拉问题将持续成为地区焦点。一些国家内部政治矛盾或将进一步激化，并向邻国或域内扩散。同时，拉美地区一体化短期内也难以焕发新活力。

拉美中等收入国家居多，有小岛屿发展中国家、内陆发展中国家。拉美国家看重中国经济实力和国际影响力，期待对华经贸合作提质升级。拉美国家将基础设施建设、再工业化、农业现代化作为优先发展领域，积极寻求同中国开展发展合作。拉美国家迫切希望借助科技创新，提高大宗产品出口附加值，提升产业竞争力。2030年可持续发展理念、议程同中国对拉美经贸合作政策的导向具有一致性。考虑到拉美内陆发展中国家、加勒比岛国，中国应量力而行，适当扩大对外援助规模，为符合援助条件的拉美国家提供更多的人力资源、发展规划、经济政策等方面的能力建设或经验交流，扩大教育科技、医疗卫生、防灾救灾、环境治理、反贫困等领域合作力度。

第四节　构建中拉卫生健康共同体

受全球新冠疫情扩散影响，中拉第一次共同经历了全球性公共卫生危机，中拉加强抗疫合作、相互支持，成为新时期中拉关系发展的新亮点。中拉卫生健康合作领域可分类为疫苗、医疗技术、基础设施、医疗科研、人才培养、监管政策、公共卫生政策等领域，这需要构建双边合作和区域合作框架或路径。中拉充分利用抗疫合作经验，完善中拉卫生健康合作机制，探讨构建中拉卫生健康共同体合作路径。

一、拉美国家对卫生健康的国际合作诉求

全球新冠疫情暴发后，拉美国家在卫生健康领域面临的突出瓶颈和挑战不断被暴露出来，主要有以下的国际合作关切和关注的未来优先发展领域。

一是拉美国家普遍关切能否获得充足的医疗物资、设备及疫苗。其普遍担忧难以获得充足的口罩、防护面罩、防护服及呼吸机等医疗物资及设备，更担忧难以获得疫苗。二是全球医疗供应链的突然中断以及拉美高度依赖外部进口，加剧了拉美国家政府及社会防疫抗疫的焦虑感和危机感，而且也导致了疫情的不断扩散。三是拉美国家面临获得疫苗的巨大压力。2020年随着全球医疗设备及防护物资供应趋向稳定，全球竞相激烈争夺新冠疫苗，欧美国家不断积累垄断疫苗，拉美国家面临获得疫苗的巨大压力。2021年1月，欧盟、美国、英国、加拿大、日本占世界人口的12.9%，却垄断了48.4%的疫苗采购[1]。拉美国家获得疫苗困难且进展缓慢，多数国家在接种执行上也很困难。截至2021年1月，只有9个拉美国家启动接种；截至2022年5月，拉美68%的人口才完成全部接种，低于欧盟5个百分点；拉美仅有10个国家的接种率达到了70%，而除古巴、多米尼加外，加勒比国家的接种率仅为15.4%[2]。

2021年3月，墨西哥担任拉共体轮值主席国期间为此倡议拉美国家

①CEPAL, Hacia la transformación del modelo de desarrollo en América Latina y el Caribe: producción, inclusión y sostenibilidad, octubre 2022, pp:170−173.

②CEPAL, Hacia la transformación del modelo de desarrollo en América Latina y el Caribe: producción, inclusión y sostenibilidad, octubre 2022, pp:170−173.

制订卫生健康自给自足行动计划，以提升拉美的疫苗、医疗产品生产能力。拉共体推出的拉美卫生事务自给自足行动计划，希望发展本地区的卫生医疗产业，利用地区整体的医疗公共产品购买力，推动拉美地区卫生医疗市场的发展。如推动拉美域内医疗产品贸易的便利化；促进本地区医疗企业发展；以地区整体参与全球公共卫生治理谈判，促进发达国家卫生医疗技术转让。该行动计划主要确立了拉美地区有关卫生健康议程以及多边合作议题，旨在提升有关卫生健康产品和服务产能；推动地区卫生健康一体化发展；加强现有卫生健康合作机制及伙伴关系；将新冠疫苗作为公共产品，短期内确立优先合作项目，确保拉美地区疫苗的可获得性。拉美多国希望加入流行病防范创新联盟（CEPI）[1]。

值得强调的是，拉美在药品贸易方面处于严重的赤字局面，拉美国家87%的药品依赖外部进口[2]。拉美国家制药行业特点：拉美的创新药物主要依赖从域外的跨国公司进口；仿制药主要在本地生产，尽管需要进口一些主要材料和成分；拉美本地制药企业不像跨国制药公司属于研发投资驱动型，普遍缺乏研发投入能力，主要本地化生产仿制药，且主要原材料和成分也高度依赖进口；知识产权方面，拉美国家在医疗创新领域的知识产权主要由跨国公司主导；哥斯达黎加、厄瓜多尔、危地马拉、洪都拉斯等国高度依赖药品进口[3]。

总之，全球新冠疫情暴露了拉美地区的卫生、经济、社会等方面

①Cepal, Países de América Latina y el Caribe inician implementación del Plan de Autosuficiencia Sanitaria aprobado por la CELAC, 22 DE OCTUBRE DE 2021. DOI: https://www.cepal.org/es/comunicados/ paises-america-latina-caribe-inician-implementacion-plan-autosuficiencia-sanitaria, [2023-02-15]

②CEPAL, Países de América Latina y el Caribe inician implementación del Plan de Autosuficiencia Sanitaria aprobado por la CELAC, 22 DE OCTUBRE DE 2021. DOI: https://www.cepal.org/es/ comunicados/paises-america-latina-caribe-inician-implementacion-plan-autosuficiencia-sanitaria, [2023-02-15]

③CEPAL, Hacia la transformación del modelo de desarrollo en América Latina y el Caribe: producción, inclusión y sostenibilidad, octubre 2022, pp:171-177.

的脆弱性。拉美国家起初难以获得医疗设备，接着难以获得疫苗，这反映出的问题不仅是发达国家和发展中国家获得疫苗的不对称性，也暴露了拉美国家长期存在的结构性问题，其根源是拉美地区卫生健康相关产业、制造业的生产能力严重不足。

二、中拉抗疫合作主要成效

拉美国家面对严峻的新冠病毒疫情，普遍面临国内的公共卫生危机以及欧美的医疗产品、疫苗保护主义压力。这不仅暴露了拉美公共卫生建设存在的短板，而且也暴露了拉美参与国际卫生治理、寻求同欧美卫生医疗合作面临的障碍，拉美国家为此积极寻求对华合作。

第一，中拉在政治、外交层面上相互支持。在中国抗疫艰难时刻，拉美多国领导人公开表示支持，多国向中国人民捐赠医疗防疫物资近170万件；中国向拉美30国捐赠急需的医疗物资设备近4000万件，举办百余场经验交流视频会议，派遣多支医疗专家组驰援。[1]2020年12月，中国和加勒比建交国举行应对新冠肺炎疫情第二次特别会议。[2]中国承诺将新冠疫苗作为全球公共产品，为实现疫苗在包括加勒比国家在内的发展中国家的可及性和可负担性做出贡献。[3]

第二，中拉加强疫苗合作。拉美国家积极主动寻求同中国开展疫苗合作，加速审批中国疫苗紧急使用并投入接种。在发达国家囤积疫苗时，中国是很多拉美国家最早和最大疫苗供应国，累计向地区21国提供

①蔡伟：《共创机遇、共谋发展，推动新时代中拉关系行稳致远》，载《外交》季刊，2021年第142期，第141—147页。
②外交部网站：《团结抗疫、共促发展——中国和加勒比建交国举行第二次应对新冠肺炎疫情副外长级特别会议》，2020年12月17日。网址链接：https://www.fmprc.gov.cn/web/wjb_673085/zzjg_673183/ldmzs_673663/xwlb_673665/t1840770.shtml.
③外交部网站：《第二次中国和加勒比建交国应对新冠肺炎疫情副外长级特别会议联合新闻稿》，2020年12月17日。网址链接：https://www.fmprc.gov.cn/web/wjb_673085/zzjg_673183/ldmzs_673663/xwlb_673665/t1840769.shtml, [2023-03-12]

了大量疫苗①。阿根廷、墨西哥、智利、巴西、秘鲁等多个拉美国家批准紧急使用中国新冠疫苗，中国向委内瑞拉、秘鲁等国派遣医疗队。中古两国续签卫生合作谅解备忘录，在抗击新冠肺炎疫情中积极开展合作②。2021年8月，中国举办新冠疫苗合作国际论坛首次会议，主张加强疫苗国际合作，推进全球疫苗公平合理分配，阿根廷、巴西、智利、哥伦比亚、多米尼加、厄瓜多尔、墨西哥等国参会，共同发表联合声明。

第三，中拉深化疫情防控科研合作。中拉举行视频会议交流抗疫经验，派出中国医疗专家组赴拉美国家提供抗疫支持。中国同巴西、墨西哥、智利、秘鲁等国联合开展新冠肺炎疫苗、药物、医疗设备等合作研发生产。中拉举办传统医学交流论坛，积极开展医疗健康产业、中医药等领域合作，中国多所中医药大学同拉美大学开展传统医药联合研究。2021年5月，中拉举办传统医学交流论坛，探讨中拉传统医药合作，通过了《中拉传统医学交流论坛特别声明》。2021年10月，中国—拉美中医药中心在智利首都圣地亚哥成立，辽宁中医药大学参与合作。

三、构建中拉卫生健康共同体的路径选择

在中国政策话语体系下，医疗卫生为医疗服务和公共卫生的统称，中国积极开展国际卫生合作。推动共建中拉卫生健康共同体，首先需要推动拉美国家认同这一理念。目前，中拉卫生健康合作尚处于初步阶段，多限于政策交流和对话。

第一，中拉卫生健康合作的政策路径。中国2008年11月发布了首份

---

①蔡伟：《共创机遇、共谋发展，推动新时代中拉关系行稳致远》，载《外交》季刊，2021年第142期，第141—147页。
②国家卫健委网站：《马晓伟主任会见古巴驻华大使卡洛斯·佩雷拉》，2021年3月5日。网址链接：http://www.nhc.gov.cn/gjhzs/s3582/202103/7532f410fb9a4dcf8720e7ad649a32a9.shtml，[2023-03-12]

对拉政策文件，其中就包括了卫生医疗合作，提出积极推动同拉美国家的医疗卫生交流合作，向有关国家派遣医疗队并提供所需药品和医疗设备物资，帮助其改善医疗设施；积极回应拉美国家紧急人道主义援助要求，支持红十字会等非政府组织同拉美的相关团体开展交流合作。根据中国2016年出台的第二份对拉政策文件，中方在疾病控制、地区或全球流行性疾病、突发公共卫生事件应急处理等方面扩大同拉美的交流与合作。①总体来看，中国提倡的对拉卫生健康合作主要聚焦在流行性疾病、突发公共卫生事件、医疗人力资源及基础设施等具有较强公共性的领域，具有典型的公共产品特征。

2021年12月，中拉论坛第三届部长级会议制定了《中国—拉共体成员国重点领域合作共同行动计划（2022—2024）》，其中就卫生医疗领域主要强调②：一是加强公共卫生领域政策对话。例如，2020年7月，中拉举办了应对新冠肺炎疫情特别外长视频会议、中拉新冠肺炎疫情专家视频交流会。二是加强新冠肺炎变异毒株研究及疫苗联合生产研发合作。中国在力所能及范围内继续向拉共体成员国提供抗疫帮助。三是深化卫生领域对话，支持中拉各层级医疗卫生机构开展合作。中拉加强在临床医疗、疾病防控、传染病防治、卫生应急、生物医药、药品研发和监管等方面优良实践经验的分享。四是加强传统医学领域交流合作，继续举办中拉传统医学交流论坛，以支持预防和控制未来可能出现的疫情。五是开展医疗卫生行政和专业人员交流培训合作。六是中方欢迎拉共体成员国申请使用中拉抗疫专项贷款，支持本国公共卫生基础设施建设。七是中方愿继续在拉共体成员国开展"光明行"活动。值得强调的

---

① 新华社网站：《中国对拉美和加勒比政策文件》，2016年11月24日。网址链接：http://www.gov.cn/xinwen/2016-11/24/content_5136911.htm，[2023-03-10]

② 外交部网站：《中国—拉共体成员国重点领域合作共同行动计划（2022—2024）》，2021年12月7日。网址链接：https://www.fmprc.gov.cn/web/wjbxw_673019/202112/t20211207_10463447.shtml，[2023-03-12]

是，中国医疗队之前已开始在拉美国家开展"光明行"活动。

第二，量力而行，适当扩大对拉卫生健康援助。医疗援助可被称为"民生工程"，具有极强的惠民效果。21世纪以来，中国对拉美的医疗援助包括提供医疗卫生物资、援建医院、派遣医疗队及人力资源培训等方面。①中国向拉美提供医疗卫生物资，重点是针对飓风、地震等开展人道主义紧急援助。中国在拉美援建的医院为数不多，只在安提瓜和巴布达、圣卢西亚、秘鲁、厄瓜多尔援建了医院，大大改善了当地的公共医疗卫生设施。派遣医疗队则是中国对拉美医疗援助的主要形式，中国已向圭亚那、格林纳达、多米尼克、厄瓜多尔、海地等国派出了多批医疗队。中国注重无偿医疗援助和国际合作的平衡兼顾，在力所能及的范围内向拉美提供防疫物资和技术援助，推动开展公共卫生安全领域合作。例如，中国同墨西哥、阿根廷、古巴等医疗科研基础及合作条件较好的国家，探讨建立联合科研实验室的可能性。中国可同拉美国家加强公共卫生和医疗基础设施合作，积极向拉推广中国的医疗数字技术，视情况对小国、弱国适当提供援助。就数字医疗技术而言，中国可向拉美国家提供技术援助，帮助它们加强重大数据系统建设。上述医疗基础设施和技术具有较强的公共产品属性，有利于拉美国家改善民生。

第三，中拉卫生健康合作的全球及区域路径。全球新冠病毒疫情暴发后，全球公共卫生治理危机凸显，中拉加强国际和区域多边卫生健康合作显得更为紧迫和重要。中拉可依托联合国、世卫组织、二十国集团、金砖国家等多边框架，以落实2030年可持续发展目标为契机，重点突出卫生健康领域合作的重要性。联合国《2030年可持续发展议程》将消除贫困作为首要目标，让资源更多向减贫、教育、卫生、基础设施建设等领域倾斜。全球发展倡议中的八大领域之一是加强抗疫和疫苗合

---

① 孙洪波：《中国对拉美援助：目标选择与政策转型》，载《外交评论》2010年第10期，第64—75页。

作。新冠肺炎疫苗实施计划（COVAX）是由全球疫苗免疫联盟、世界卫生组织和流行病预防创新联盟共同提出的计划。2020年10月，中国同全球疫苗免疫联盟签署协议，正式加入"新冠肺炎疫苗实施计划"。2021年2月，中国向实施计划提供1000万剂疫苗，主要用于急需的发展中国家。2021年3月，巴西、墨西哥等国发起《全球公平获得新冠疫苗政治宣言》，并率先成为联署国①。中国与拉美国家积极互动呼应，反对欧美疫苗保护主义，倡导全球疫苗增产及在其他发展中国家的可及性。2021年5月，中国国药疫苗和科兴疫苗获得世卫组织"紧急使用授权"，2021年7月，中国国药疫苗和科兴新冠疫苗进入"新冠肺炎疫苗实施计划"疫苗库，为中拉疫苗合作创造了有利条件。

第四，构建中拉卫生健康合作的市场路径。鉴于拉美高度依赖药品、医疗设备进口，美欧跨国公司对拉美的卫生、医疗市场具有主导性影响。中拉利用政府与社会资本合作模式，充分发挥市场和企业力量，推动相关公共产品及服务供给，助力构建中拉卫生健康共同体。例如，中国企业可参与拉美的公共卫生、医疗等基础设施建设。中国援助秘鲁建设了洛阿伊萨医院，中国电建参与了秘鲁10多所医院项目建设；援助厄瓜多尔建设了塞博、乔内等多家医院。又如，中拉探索卫生健康合作领域的投融资来源，中国支持拉美申请利用中国对拉美的融资安排、基础设施专项贷款、中拉抗疫专项贷款等融资渠道，为拉美的医疗基础设施、药品及医疗物资进口提供融资支持。此外，鼓励中拉医疗机构及企业通过开展联合研发、授权生产和技术转让等方式进一步加强疫苗产能合作，采取具体措施提升拉美国家疫苗产能。

---

①United Nations, "Political Declaration on Equitable Global Access to COVID—19 Vaccines", March 23, 2021.

四、构建中拉卫生健康共同体面临的主要挑战

目前中拉卫生健康合作尚处于起步阶段，需要加强相关合作机制建设。拉美国家的卫生健康监管标准、欧美跨国医药企业在拉美的主导性影响力，以及美欧同中国在拉美激烈的医疗外交竞争，使中拉卫生健康合作面临一些困难，甚至还面临一些外部干扰破坏。

第一，拉美力求卫生医疗国际合作多元化。拉美国家虽将中国视为疫苗合作的重要战略伙伴，但更倾向于合作格局的多元化，保持一定的政策自主性、独立性。就墨西哥而言，墨政府希望借助"流行病防范创新联盟"、泛美卫生组织、拉共体的支持，加强同私人部门、科研机构以及拉美国家政府合作，推出疫苗本地化生产的线路图。"流行病防范创新联盟"，由盖茨基金会联合惠康信托基金会、挪威和印度相关政府机构、世界经济论坛组织于2017年在达沃斯成立，主要资助并协调疫苗研发及疫苗平台技术，以缓解重大公共卫生危机，应对可能大规模流行的新型传染性疾病。2020年，流行病防范创新联盟与全球疫苗免疫联盟（GAVI）、世界卫生组织共同提出并牵头进行新冠肺炎疫苗实施计划项目。

第二，拉美卫生医疗领域商业竞争激烈。欧美疫苗跨国公司利用多双边政治、外交影响力，依托COVAX机制纷纷打入拉美市场。短期内拉美疫苗供需缺口较大，随着全球疫苗增产及供应增加，中国在拉美疫苗市场面临激烈竞争压力。巴西、智利、秘鲁等国的一些媒体罔顾事实，有意炒作中国疫苗有效性，给中拉疫苗合作带来了一些负面影响。

第三，美欧加大同拉美的卫生医疗合作力度。在公共卫生治理领域，泛美卫生组织是世界卫生组织在西半球的分支机构，而美国则对其有着主导性影响力。1902年，美洲国家创建国际卫生局，它是泛美卫生组织的前身，是世界上第一个成立的国际公共卫生组织，此后被纳入世界卫生组织，其预算主要来自美洲国家组织、世界卫生组织及美洲成员

国的捐资^①。泛美卫生组织总部设在华盛顿，在27个美洲国家设有办事处，设有3个专业化中心。泛美卫生组织围绕2030年可持续发展目标，在医疗卫生领域设立了若干具体目标^②，如确立重点合作国别，主要加强同卫生医疗发展水平较低的国家合作；增加医疗援助，向成员国提供技术合作及援助，增强应对突发和灾害事件的能力；加强同拉美国家政府卫生部、社会组织、国际机构、教育培训、社会安全等机构建立广泛的合作关系等。2020—2021年，泛美卫生组织在病毒检测、疫苗供应、医疗人员培训、疫情数据分析等方面，支持拉美国家抗疫，通过其"循环与战略供应基金"（Revolving and Strategic Supply Funds）向拉美提供了1亿剂疫苗以及价值2.92亿美元的防疫医疗物资。^③泛美卫生组织看重同拉美地区组织探讨卫生医疗合作议题，如南方共同市场、亚马孙合作条约组织、安第斯共同体、加勒比共同体、中美洲一体化组织。^④

就美拉卫生医疗合作而言，美国尽管对泛美卫生组织具有主导性影响，但更为看重美拉双边医疗合作及医护人员培训。2022年6月，美国出台"美洲健康与复原力行动计划（Action Plan on Health and Resilience in the Americas），美洲卫生队（Americas Health Corps）未来5年为拉美及加勒比地区培训50万名专业医护人员。拜登政府提出的全球卫生工作者倡议（Global Health Worker Initiative）^⑤，主要关于通过美国疾病控制与预防中心流行病培训项目以及美国国际援助署的培训项目实施。美国将支持和强化泛

① 美国西北大学：《美洲国家组织——美国西北大学研究报告》，北京编译社译，北京：世界知识出版社，1965年6月，第2版，第74—77页。

② 泛美卫生组织网址链接：https://www.paho.org/en/who-we-are/history-paho，[2023-03-07]

③ Pan American Health Organization, PAHO launches 120th Anniversary campaign, 17 Feb 2022, https://www.paho.org/en/news/17-2-2022-paho-launches-120th-anniversary-campaign. DOI: [2023-03-06]

④ Pan American Health Organization (PAHO), Strategic Plan of the Pan American Health Organization 2020-2025: Equity at the Heart of Health, Washington, D.C., 2020.

⑤ 美国白宫网站：Background Press Call by Senior Administration Officials Previewing the 9th Summit of Americas: Health Systems and Health Security, JUNE 7, 2022. DOI: https://www.whitehouse.gov/briefing-room/press-briefings/2022/06/07/background-press-call-by-senior-administration-officials-previewing-the-9th-summit-of-americas-health-systems-and-health-security/, [2023-03-06]

美卫生组织，利用泛美组织的培训平台，加强同拉美的卫生医疗合作。

2021年8月，泛美卫生组织宣布建立拉美地区新冠疫苗合作平台，以扩大本地区疫苗产量。2022年5月，美国举办第二届全球抗疫峰会。美国同泛美卫生组织、加勒比公共卫生署等机构合作，加强新冠病毒变异跟踪研究。美国政府、泛美卫生组织以及拉美国家共同出资1亿美元①。

2011年7月，加勒比共同体第32届政府首脑会议宣布成立加勒比公共卫生署（CARPHA）。2022年7月，泛美卫生组织向加勒比公共卫生署提供援助资金75万美元，用于支持改善加勒比地区公共卫生安全项目建设。该协议是双方2022—2023年工作计划下的附属协议，计划还包括支持获得安全和可负担得起的药品、实施健康食品环境政策和增强对于传染和非传染性疾病的监控。

日本同美国合作对拉美女性发展给予援助，主要集中在教育、医疗等领域。由于一些拉美国家从"受援国"中"毕业"，日本注重同这些国家开展三方合作。2016年，为应对塞卡疫情，日本通过世卫组织、联合国人口基金会及儿童基金会、国际红十字会向拉美提供人道主义紧急援助100万美元②。

欧盟依托COVAX机制向拉美提供疫苗，截至2021年10月，欧盟及其成员国向12个拉美及加勒比国家出口了4000万剂疫苗，并援助了600万剂疫苗③。2022年6月，欧盟同拉美国家联合宣布成立疫苗、药品和医疗技术转让合作关系，强调拉美的本地化生产。该倡议旨在提高拉美的医疗

---

①美国白宫网站：Background Press Call by Senior Administration Officials Previewing the 9th Summit of Americas: Health Systems and Health Security, JUNE 7, 2022. DOI: https://www.whitehouse.gov/briefing-room/press-briefings/2022/06/07/background-press-call-by-senior-administration-officials-previewing-the-9th-summit-of-americas-health-systems-and-health-security/, [2023-03-07]

②日本外务省网站：Emergency Grant Aid in Response to Zika Virus Infection, February 26. 2016. DOI: https://www.mofa.go.jp/press/release/press4e_001056.html.[2023-03-05]

③欧盟对外行动署网站：https://www.eeas.europa.eu/latin-america-caribbean/covid-19-pandemic-opportunity-build-bac k-better_en, [2023-03-10]

产品产能，以平等、有效及可负担的方式获得高质量的医疗产品；增强拉美地区应对疫情和公共卫生事件的能力。

全球新冠疫情暴发后，拉美在全球公共卫生治理中扮演重要角色，其对医疗物资、疫苗供应的利益关切以及参与国际合作的诉求急剧上升。从供需关系看，拉美国家对华卫生健康合作诉求较多；同时面对美欧在新冠病毒溯源上对中国的"政治化""污名化"，中国需要拉美国家的支持。目前中拉卫生健康合作尚处于起步阶段，医疗产业链合作相对薄弱，政府间的医疗合作紧密程度需要进一步加强。中拉抗疫合作的政策对话以及疫苗合作等方面取得的成效及积累的经验，为中拉深化相关领域合作奠定了坚实的基础，未来中拉卫生健康合作更加机制化、系统化，构建中拉卫生健康共同体也将开拓更多合作路径。中拉卫生健康合作也面临一些困难和挑战，如来自拉美的政治、外交、社会等方面的多种风险，以及美欧对中拉卫生医疗合作的市场竞争及干扰破坏。

第五节　创新人文交流机制，促进中拉民心相通

新时代中拉人文交流的总目标是弘扬全人类共同价值，推动构建中拉命运共同体，在人文交流的方向、领域、机制及平台等方面均需要加大创新力度。人文交流不仅具有助力政治、经贸、外交合作的工具性作用，而且其本身就是更高境界、更深层次的交往和互动，可以视为新时期推进中拉整体合作的一个重要突破口，其目标是通过宣介中国新近推出的命运共同体等理念[①]，加强中拉民心沟通和政治上的认同及理解，夯实中拉关系的社会基础，推动中拉关系向更高层次发展。本节主要分析

---

①张凡：《跨区域交流与中拉整体合作——兼论中国在拉美的软实力构建》，载《拉丁美洲研究》2018年第5期，第1—27页。

在构建中拉命运共同体的历史进程中，中拉人文交流对中拉相互认知、民心相通方面的作用以及主要实现路径、机制等方面内容。

一、公共产品视角下的中拉人文交流理论探讨

党的二十大报告提出，增强中华文明传播力、影响力，加快构建中国话语和中国叙事体系，讲好中国故事、传播好中国声音；加强国际传播能力建设，全面提升国际传播效能；弘扬和平、发展、公平、正义、民主、自由的全人类共同价值[①]。党的二十大报告为中外人文交流提出了总的目标和任务要求，也为中拉人文交流指明了方向。

第一，人文交流体现深层次的价值观及全球治理理念。从全球公共产品视角看待中外人文交流，涉及全球治理的价值理念问题，治理规则的背后是治理理念[②]。人文交流在国际关系中有不可替代的作用，全人类共同价值便构成了中外人文交流的思想基础。中国特色大国外交是为了推动建设新型国际关系，构建人类命运共同体，需要弘扬全人类共同价值，引领人类进步潮流[③]。坚持弘扬平等、互鉴、对话、包容的文明观，以文明交流超越文明隔阂，以文明互鉴超越文明冲突，以文明共存超越文明优越，推动构建人类命运共同体。[④]

第二，文化外交为人文交流提供政治保障。文化外交是围绕国家对外关系的工作格局与部署，为达到特定目的，以文化表现形式为载体或手段，在特定时期，针对特定对象开展的国际公关活动，实施主体为官

---

①中国政府网：《习近平：高举中国特色社会主义伟大旗帜 为全面建设社会主义现代化国家而团结奋斗——在中国共产党第二十次全国代表大会上的报告》，2022年10月25日。网址链接：http://www.gov.cn/xinwen/2022-10/25/content_5721685.htm，[2023-03-10]

②光明网：《中国社科院世经政所召开"全球公共产品视角下的中外人文交流"研讨会》，2020年9月30日。网址链接：https://m.gmw.cn/baijia/2020-09/30/34239553.html，[2023-03-10]

③新华社：《中共中央关于党的百年奋斗重大成就和历史经验的决议》，2021年11月16日。

④外交部网站：《习近平同意大利总统马塔雷拉分别向"意大利之源——古罗马文明展"开幕式致贺信》。网址链接：https://www.fmprc.gov.cn/zyxw/202207/t20220710_10718095.shtml，[2023-03-12]

方或受其支持与鼓励的机构、团体及个人①。事实上，文化外交通过交换思想、价值观、传统以及文化等方面的活动，增强不同国家间社会文化合作或提升彼此国家利益。②国际人文交流虽存在多样化的民间渠道，但也需要文化外交的推动，如国家间签署人文交流合作文件或搭建平台，促进国际文化交流。

第三，人文交流助力社会资本积累。社会资本是指社会网络、互惠性规范和由此产生的信任。社会资本概念也存在于国际社会范畴之中，以共享国际规范、信任为特征的国际社会资源③。国际社会资本以国际社会关系网络为基础，蕴含着互惠机制和合作规范。中拉人文交流的重要功能可以增加中拉关系中的社会资本积累，如向拉美展现可信、可爱、可敬的中国形象，弘扬全人类共同价值，尊重世界文明多样性，加强中拉人文交流互鉴，均可增加中国在拉美的社会资本。

第四，全人类共同价值在拉美有着充分体现。从拉美的视角看待和平、发展、公平、正义、民主、自由的全人类共同价值，具有鲜明的发展中国家特点。拉美的民主观强调国家主权和人权保护，对外看重经济发展利益，反对殖民主义和霸权主义，重视地区一体化。拉美国家普遍秉持多边主义，主张国际格局多极化、国际关系民主化，拒绝使用武力解决国家间分歧，是维护世界和平的重要力量。拉美长期以来看重意识形态的重要性，崇尚个人主义、自由、民主等价值观。

二、中拉人文交流机制进展及路径创新

21世纪以来，伴随着中拉关系的"跨越式"发展，中国积极布局对

---

① 笔者根据《辞海》网络版对"文化外交"概念的线上查询。网址链接：https://www.cihai.com.cn/baike/detail/72/5581044?q=%E6%96%87%E5%8C%96%E5%A4%96%E4%BA%A4，[2023-04-20]
② 王亚宁：《中国文化外交可持续发展的基础》，载《理论界》2015年第11期，第35—40页。
③ 郝建：《国际社会资本：提升中国国际影响力的规范逻辑》，载《贵州社会科学》2012年第12期，第145—148页。

拉人文交流。中国对拉人文交流立足于国际广播、教育合作、文化交流等层面。在国际广播层面，中国以电台、电视台、互联网和报纸杂志为主要新闻媒介；在教育与文化交流层面，通过开办孔子学院或课堂、吸引留学生和开展文化交流活动同拉进行双向对话交流，增进相互了解，培植信任①。

第一，以传媒合作为案例的中拉人文交流路径。中拉媒体合作是中拉合作发展的重要组成部分，也是推动构建中拉命运共同体的重要力量。加强中拉媒体合作，主要集中在深化新闻报道合作和推动新媒体领域交流等方面。例如，2004年10月，《今日中国》杂志社在墨西哥城成立了拉美分社，2009年在利马成立秘鲁代表处，2015年《今日中国》巴西葡文版创刊。2010年12月，中央电视台拉美中心站在巴西圣保罗成立，逐步发展为央视在拉美的节目播出平台②。2018年11月，中拉媒体论坛在阿根廷首都布宜诺斯艾利斯举行，发布了《2018年中拉媒体论坛公报》③。2019年7月，中央广播电视总台欧洲拉美地区语言节目中心成立。2021年12月，中央广播电视总台与拉美地区媒体共同发布《中拉媒体行动》倡议，推动中拉媒体间全面深化合作④。

第二，以孔子学院为案例的中拉人文交流路径。语言国际推广是一种典型的国家公共产品，成为推动人类多元文化和谐发展的重要手段，具有全球公共产品的属性⑤。就公共产品使用的非排他性和非竞争性而

①宋晓丽、韩召颖：《中国对拉美公共外交的演进、活动与效果》，载《拉丁美洲研究》2017年第3期，第123—139页。
②中央电视台：《中国中央电视台拉美中心记者站揭牌》，2010年12月22日。网址链接：http://news.cntv.cn/china/20101222/105775.shtml?ptag=vsogou，[2023-03-11]
③新华网：《中拉媒体论坛在阿根廷举行》，2018年11月20日。网址链接：http://www.xinhuanet.com/world/2018-11/20/c_1123740096.htm，[2023-03-12]
④网址链接：http://tv.cctv.cn/2021/12/03/VIDE9tLgGPCoH8mZVY2LDg3E211203.shtml.
⑤王海兰：《全球公共产品视角下的语言国际推广分析》，载《制度经济学研究》2015年第2期，第189—202页。

言，称孔子学院提供的此类文化产品为"准公共产品"更为恰当①。孔子学院是中华文化"走出去"的重要载体之一。孔子学院依托拉美国家的大学联合办学，在拉美建立语言推广网络。截至2022年11月，拉美孔子学院共48家，其中，巴西12家、墨西哥6家、秘鲁4家、阿根廷3家、智利3家、哥伦比亚3家②。从公共产品角度看，孔子学院依托拉方的教育基础设施，双方合作办学，主要进行汉语教学及中国文化推广活动。

第三，华人华侨在中拉人文交流中的桥梁作用。拉美的华人华侨在推动中拉人文交流中发挥着特殊的桥梁作用，助力中华文化在拉美的传播。1979—2013年，中国内地移民总数为934.3万，其中有75万移民到了拉美国家③。截至2015年，拉美国家和加勒比地区的华侨、华人和华裔总共约有340万人，华侨华人总数约121万人（不包括华裔和混血的中国人），其中，巴西25万人、巴拿马17万人、秘鲁10万人、阿根廷10万人、墨西哥和厄瓜多尔各有7万人④。拉美华人华侨数量庞大且国别分布广泛，依托利用华人华侨力量，为中拉人文交流增添更多社会动力。例如，在阿根廷华人华侨有20万左右，阿根廷华人企业家协会、阿根廷出口商会等40多家华人侨团成为传播中华文化的主力军和重要支撑力量。

第四，完善中拉论坛框架下的人文交流机制。自中拉论坛创建以来，中拉已将人文交流作为重点推进领域之一，详细规划了文化、体育、教育、媒体、旅游、智库及民间交往等领域，设立了中拉智库交流论坛、中拉青年政治家论坛及中拉民间友好论坛等具体领域的整体交流机制。

在中拉论坛框架下，2018—2021年中拉人文交流精彩纷呈，广度深度

①詹宏毅：《全球公共产品视角下孔子学院汉语教学的供给需求模型》，载《中国人民大学教育学刊》2020年第4期，第54—62页。
②孔子学院官方网站：http://www.ci.cn/#/site/GlobalConfucius/，[2023-03-11]
③杨发金：《拉美华侨华人的历史变迁与现状初探》，载《华侨华人历史研究》2015年第4期，第37—46页。
④杨发金：《拉美华侨华人的历史变迁与现状初探》，载《华侨华人历史研究》2015年第4期，第37—46页。

不断提升①。"未来之桥"中拉青年领导人千人培训计划、中拉青年科学家交流计划、中拉科技伙伴计划、中拉新闻交流中心等合作交流项目稳步推进。中拉太极拳网络大赛成功举办，第四届中拉文明对话论坛以线上线下结合方式在京召开；"秘鲁安第斯文明探源"主题展现身首都博物馆，拉美多国艺术团体"云"参加第21届"相约北京"国际艺术节；哥斯达黎加立法设立"中国文化日"，巴拿马将中国春节定为全国性节日；"文化周""电影节"走近中拉普通百姓，特色产品、电影电视、音乐舞蹈、旅游留学等丰富双方民众生活，中拉人文交流的社会效能不断显现。

2021年12月，第三届中拉论坛部长级会议对未来三年中拉在文化、艺术、教育、高校、智库、青年及新闻媒体等领域的合作做出了细致规划。根据《中国—拉共体成员国重点领域合作共同行动计划》（2022—2024），将视情况举办中拉大学校长论坛，适时举办中拉媒体论坛，探讨设立中拉媒体合作传播机制等新的拓展方向②。

新时代中拉人文交流的目标是增进相互理解和认知，促进民心相通，旨在弘扬全人类共同价值，助力推动构建中拉命运共同体。中拉人文交流合作路径日益增多、合作渠道不断拓宽，创新领域和拓展方向更加明确。目前迫切需要解决中拉人文交流领域的具体目标定位、路径选择及政策执行路线图等问题，构建中拉整体、多边及双边层面上的人文交流统筹协调机制，重点完善多渠道、多平台中拉人文交流合作执行机制建设，提升中国对拉国际传播能力和国际话语权，充分发挥人文交流在构建中拉命运共同体中的重要支撑作用。

---

① 蔡伟：《以全球发展倡议为指引 推动中拉关系开启新征程——写在中拉论坛第三届部长会议召开之际》，2023年4月18日。新华网网址链接：http://www.news.cn/world/2021-12/04/c_1211474064. htm，[2023-03-18]

② 外交部网站：《中国—拉共体成员国重点领域合作共同行动计划（2022—2024）》。网址链接：https://www.mfa.gov.cn/web/wjb_673085/zzjg_673183/ldmzs_673663/xwlb_673665/202112/t20211207_10463447.shtml，[2023-04-27]

第四章

全球治理与中拉命运
共同体构建

人类命运共同体理念顺应了百年未有之大变局的时代潮流，回应了全球治理的时代需要，在当前的全球治理改革与合作中发挥引领作用，为国际社会破解全球治理赤字难题提供"中国方案"。在人类命运共同体理念旗帜的指引下，中国的全球治理观基于和平、发展、公平、正义、民主、自由的全人类共同价值，秉持共商共建共享的基本原则，以全球治理规则民主化、国家间协同共治为方向，依托"一带一路"这一全球公共产品载体，致力于维护世界和平、促进共同发展。

携手构筑中拉命运共同体是构建人类命运共同体的题中应有之义，是平等、互利、创新、开放、惠民的新时代中拉关系的发展方向，加强中拉全球治理合作是构建中拉命运共同体的重要命题。拉美各国是发展中国家的主要力量构成，是中国构建人类命运共同体的重要伙伴。中拉在身份认同、外交理念、发展诉求、国际地位等方面享有共同的利益和理念，为双方同舟共济完善全球治理、携手构建中拉命运共同体奠定了坚实的政治基础。进入21世纪以来，中拉在经贸、环境、能源、卫生、网络等多个全球治理领域开展了形式多样、富有成效的合作，中拉全球治理合作的双多边机制建设不断完善。

第一节　全球治理背景下的中拉命运共同体构建

一、全球治理与人类命运共同体的相互构建

在全球治理赤字积重难返、治理体系改革迫在眉睫的背景下，人类命运共同体为经贸、安全、发展、环境、网络等多个领域的全球治理完善提供了理念指引和方案建议。同时，全球治理合作是通往人类命运共同体的重要路径，是打造人类命运共同体的现实支撑，构建人类命运共同体离不开参与全球治理体系改革和建设的实践。

自20世纪中叶以来，随着经济全球化和社会信息化蓬勃发展，国际社会各成员国之间的互动与联系日益密切。伴随全球市场的形成和发展，国家间相互依存度不断加深至前所未有的水平，"地球村"逐步从想象转化为现实。在促进经贸发展、人员往来、文化融合的同时，全球化催生或加剧了金融风险、债务危机、气候变化、贫富差距、恐怖主义等单一民族国家难以应对的全球性挑战。为了解决上述种种难题，全球治理应运而生，并逐渐形成了基于第二次世界大战后的权力结构，以联合国、世界贸易组织、国际货币基金组织、世界银行等多边机制为核心，以民族国家为主体，跨国公司、非政府组织等非国家行为体共同参与的全球治理体系。

当前，世界正在经历百年未有之大变局，全球治理也走到了新的十字路口。一方面，进入21世纪，尤其是2008年金融危机以来，新兴国家的群体性崛起逐步改变国际力量对比，"东升西降"态势日趋明朗，现行全球治理体系和世界权力格局之间的关系错配日益凸显。以中国为首的新兴国家、发展中国家参与全球治理的意愿和能力逐步提升，积极寻求扩大自身的制度性话语权。与此同时，美欧等西方发达国家则在逆全球化思潮影响下，阻碍甚至退出国际多边机制，严重影响全球公共产品的供给，进一步加剧全球治理赤字。另一方面，随着科技的进步和时代

的发展，全球治理规则现代化的重要性日益上升，成为当下全球治理体系改革的核心内容。治理主体不仅需要就部分概念的内涵和外延达成共识，以避免不必要的摩擦，同时对于数字货币、人工智能等新生的概念和议题，需加快制定有效的全球治理规范和规则体系，尽可能填补治理盲区。此外，在大国博弈加剧的全球背景下，新冠肺炎疫情叠加逆全球化浪潮的负面冲击，全球产业链断裂及重组削弱全球治理的纽带，全球治理体制与民族国家之间的矛盾进一步加剧，甚至可能出现"半球化"的排他性全球治理体系。①总之，当前西方国家主导的全球治理体系无法解决国际社会面临的全球性问题和挑战，全球治理赤字积重难返，全球治理改革迫在眉睫。

在此背景下，人类命运共同体理念顺应了百年未有之大变局的时代潮流，回应了全球治理的时代需要，在当前的全球治理改革与合作中发挥引领作用，为国际社会破解全球治理赤字难题提供"中国方案"。针对经贸、安全、发展、环境、网络等不同领域的治理现状，人类命运共同体理念贡献了相应的治理新方案，为推进世界各国合作发展、共同繁荣指明了方向。

2008年金融危机以来，全球经济发展面临日益严峻的风险挑战，疫情更是突显了全球经济治理的集体行动困境。对此，人类命运共同体理念倡导平等、开放、合作、共享的全球经济治理观，主张以平等为基础，增加新兴市场国家和发展中国家代表性和发言权，确保各国在国际经济合作中权利平等、机会平等、规则平等；强调以开放为导向，坚持理念、政策、机制开放，适应形势变化，广纳良言，鼓励各方积极参与和融入，防止治理机制封闭化和规则碎片化；坚持以合作为动力，各国要加强沟通和协调，照顾彼此利益关切，共商规则、共建机制、共迎挑

---

① 俞正樑、秦亚青等：《全球治理体系变革和建设的研究重点与路径建议》，载《国际观察》2021年第3期，第4页。

战；明确以共享为目标，提倡所有人参与，所有人受益，不搞一家独大或赢者通吃，寻求利益共享，实现共赢共荣。

当前，各类传统安全问题和非传统安全问题盘根错节，严重威胁世界的和平与发展。对此，人类命运共同体理念引入新全球安全观并提出全球安全倡议，即坚持共同、综合、合作、可持续的安全观，共同维护世界和平和安全；坚持尊重各国主权、领土完整，不干涉别国内政，尊重各国人民自主选择的发展道路和社会制度；坚持遵守联合国宪章宗旨和原则，摒弃冷战思维，反对单边主义，不搞集团政治和阵营对抗；坚持重视各国合理安全关切，秉持安全不可分割原则，构建均衡、有效、可持续的安全架构，反对把本国安全建立在他国不安全的基础之上；坚持通过对话协商以和平方式解决国家间的分歧和争端，支持一切有利于和平解决危机的努力，不能搞双重标准，反对滥用单边制裁和"长臂管辖"；坚持统筹维护传统领域和非传统领域安全，共同应对地区争端和恐怖主义、气候变化、网络安全、生物安全等全球性问题。①

在疫情的严重冲击下，全球经济复苏脆弱乏力，发展鸿沟加剧，国际社会尤其是发展中国家迫切需要解决发展难题。对此，人类命运共同体理念强调推动构建团结、平等、均衡、普惠的高质量全球发展伙伴关系，共创普惠平衡、协调包容、合作共赢、共同繁荣的全球发展新时代，推动实现更加强劲、绿色、健康的全球发展；强调加大发展资源投入，重点推进减贫、粮食安全、抗疫和疫苗、发展筹资、气候变化和绿色发展、工业化、数字经济、互联互通等领域合作，加快落实联合国《2030年可持续发展议程》，构建全球发展命运共同体；提出全球发展倡议，即坚持发展优先、坚持以人民为中心、坚持普惠包容、坚持创新驱动、坚持人与自然和谐共生、坚持行动导向。②

---

① 习近平：《携手迎接挑战，合作开创未来——在博鳌亚洲论坛2022年年会开幕式上的主旨演讲》，载《人民日报》2022年4月22日。

② 《习近平出席第七十六届联合国大会一般性辩论并发表重要讲话》，载《人民日报》2021年9月22日。

在科技发展带动人类社会进步的同时，环境污染、气候变暖、生态恶化等问题日益凸显，完善全球环境治理迫在眉睫。对此，人类命运共同体理念坚持以人为本、人与自然和谐共存，通过维护多边共识、加速绿色转型、落实务实行动，倡导构建人与自然生命共同体。主张加强团结、共克时艰，维护以联合国为核心的国际体系，遵循《联合国气候变化框架公约》及其《巴黎协定》的目标和原则；坚持走生态优先、绿色低碳发展道路，以科技创新为驱动，推进能源资源、产业结构、消费结构转型升级，加快形成绿色发展方式和生活方式，构建经济与环境协同共进的地球家园；强调制定切实可行的目标和愿景，并根据国情尽己所能，推动应对气候变化举措落地。设立新的环境保护目标应该兼顾雄心和务实，使全球环境治理体系更加公平合理。

伴随信息技术的快速发展和广泛渗透，数字鸿沟、网络犯罪、网络霸权等问题对国家安全以及社会民生的影响日益显著，治理网络空间的全球行动紧迫性持续上升。对此，人类命运共同体理念致力于营造和平、安全、开放、合作的网络空间，建立多边、民主、透明的国际互联网治理体系，通过尊重网络主权、维护和平安全、促进开放合作、构建良好秩序，推动国际社会构建网络空间命运共同体。主张尊重各国自主选择网络发展道路、网络管理模式、互联网公共政策和平等参与国际网络空间治理的权利；呼吁共同努力保障网络安全，坚决打击各类网络犯罪活动，促进网络空间有序发展；加快全球网络基础设施建设，搭建网络交流共享平台，推进开放合作、促进共同发展；完善网络空间治理体系，加强网络伦理、网络文明建设，构建良好网络秩序。

与此同时，全球治理合作是打造人类命运共同体的重要路径和现实支撑，构建人类命运共同体离不开参与全球治理体系改革和建设的实践。党的二十大报告指出，世界之变、时代之变、历史之变正以前所未有的方式展开。和平、发展、合作、共赢的历史潮流不可阻挡，人心所向、大势所趋决定了人类前途终归光明。但同时，恃强凌弱、巧取豪夺、零和博弈等霸权、霸道、霸凌行径危害深重，和平赤字、发展赤字、安全赤字、治理赤字加重，人类社会面临前所未有的挑战。[①]构建人类命运共同体正是中国对时代挑战的有力回应，而全球治理为推动人类命运共同体理念落地提供了广阔的实践平台。

首先，全球治理是反映人类命运共同性、塑造人类命运共同未来的重要舞台。随着全球治理问题不断升级，在危及全人类生存与发展的共同现实挑战面前，没有哪个国家能够独自应对，也没有哪个国家能够退回到自我封闭的孤岛。只有通过加大全球治理合作的力度、切实解决全球治理失灵的问题，人类才能共享和平与发展，携手开创更加美好的共同未来。

其次，全球治理是反映全人类共同价值追求、弘扬人类命运共同体价值理念的重要路径。在全球治理体系改革和建设的过程中，践行共商共建共享的全球治理观，坚持真正的多边主义，推动全球治理朝着更加公正合理的方向发展，能够反映和平、发展、公平、正义、民主、自由的全人类共同价值，也是弘扬人类命运共同体价值理念的重要途径。

最后，全球治理是践行人类命运共同体责任观的重要载体。当前，百年变局、世纪疫情、战争冲突等各类全球性风险挑战叠加发酵，世界又一次站在历史的十字路口，涉及全球治理改革和建设的抉择关系到世界各国的利益与安危。中国坚持以公平正义为理念引领全球治理体系改革和建设，推动构建人类命运共同体，展现了新时代中国作为负责任大国的担当与作为，是中国共产党践行维护世界和平、促进人类进步事业使命的必经之路。

如果说人类命运共同体是全球治理的"中国方案"，那么中国通过参与全球治理、推动全球治理体系向更加公平、公正、有效的方向发

---

① 习近平：《高举中国特色社会主义伟大旗帜　为全面建设社会主义现代化国家而团结奋斗——在中国共产党第二十次全国代表大会上的报告》。网址链接：https://www.gov.cn/xinwen/2022−10/25/content_5721685.htm。

展，则是彰显人类命运共同体的"全球方案"属性，实现人类命运共同体从"中国方案"向"全球方案"的转换的关键一步。只有在人类命运共同体的理念指引下，找到可持续的、均衡发展的全球化新模式，实现更加公平公正有效的全球治理，才能最终打造出中国人民与世界各国人民携手维护世界和平、共同追求繁荣发展的和谐世界新局面。

二、中国的全球治理观与全球治理实践

中国作为最大的发展中国家、世界第二大经济体及新兴国家的重要代表，积极参与全球治理，引领推动全球治理体系变革，展现出全球负责任大国的担当，在实践过程中逐步形成了共商共建共享的全球治理观。在20世纪国际政治经济秩序建立的初期，鉴于美西方资本主义阵营对社会主义国家的孤立与遏制，中国对国际机构的治理事务基本采取拒绝或排斥态度，直至改革开放后才逐渐转变为谨慎参与、全面参与。[1]21世纪以来，尤其是随着中国特色社会主义进入新时代，中国的全球治理实践进一步深化，在多个领域呈现出积极引领、主动创新的特点。

在人类命运共同体理念旗帜的指引下，中国的全球治理观基于和平、发展、公平、正义、民主、自由的全人类共同价值，秉持共商共建共享的基本原则，以全球治理规则民主化、国家间协同共治为方向，依托"一带一路"这一全球公共产品载体，致力于维护世界和平、促进共同发展，为完善全球治理提出了中国方案，贡献了中国智慧。

人类命运共同体是中国在百年未有之大变局下对未来世界的展望，是中国的国际社会理念。[2]2013年3月，习近平主席在莫斯科国际关系学院的演讲中首次向世界传递对人类命运共同体概念的理解。此后，"人

---

①刘贞晔：《中国参与全球治理的实践与创新》，载《中国社会科学报》，2022年1月13日，第03版。
②王玉主：《中国的国际社会理念及其激励性建构——人类命运共同体与"一带一路"建设》，载《当代亚太》2019年第5期，第4页。

类命运共同体"频繁进入中国领导人的政治话语，其内涵得以不断丰富和拓展，多次被载入联合国相关决议，并被纳入《中国共产党章程》和《中华人民共和国宪法修正案》，成为中国推动构建新型国际关系的指导思想。作为新时代中国外交的总目标，坚持以维护世界和平、促进共同发展为宗旨推动构建人类命运共同体，是中国参与全球治理、引领全球治理变革的重要理念旗帜。

西方国家在其主导的全球治理过程中，不遗余力地推广所谓的"普世价值"，事实上则是打着自由民主的幌子遵循丛林法则，对外采取双重标准，以"治理"之名行"统治"之实，导致全球化进程中出现众多等级化现象、不平衡发展和掠夺性行为。和平、发展、公平、正义、民主、自由的全人类共同价值正是对全球治理体系实践中的"普世价值"的历史性反思，旨在消解"普世价值"对全球治理体系价值形态的"'畸形'统一"，从而在真正代表各方共同利益的价值基础上引领全球治理体系变革。①

作为中国参与全球治理的基本原则，共商共建共享有助于凝聚国际合作共识，激发全球治理体系变革的新动能。②在全球治理进程中，充分听取各国建议与诉求，鼓励各方积极参与和融入，能够防止全球治理机制封闭化和规则碎片化；加强国际社会动员，联合各方共同建设，能够切实提高全球治理体系的包容性和有效性；摒弃"赢者通吃"思维，险责共担损益共摊，能够实现公正合理、多元平衡的全球善治。在共商共建共享的前提下，全球治理将从起点、过程到结果释放活力，最终通向多赢共赢的全球治理结果。

在具体实践中，全球治理规则民主化、国家间协同共治是促进全球治理的重要前提，是建设相互尊重、公平正义、合作共赢的新型国际

①张骥：《人类命运共同体与全球治理体系的变革》，载《社会主义研究》2021年第6期，第144页。
②吴志成：《积极参与全球治理的中国视角》，载《国外社会科学》2021年第5期，第27页。

关系的内在要求。为了实现治理规则民主化和国家间协同共治，需要聚焦发展中国家的国际机制代表性问题，在支持联合国发挥积极作用的同时，提高发展中国家的制度性话语权，改革全球治理体制中不公正不合理的安排，以更好地反映国际力量变化。同时，也需要正确处理平等与公平的关系问题，让发展中国家在符合自身实际能力的前提下，承担相应的全球治理责任。

共建"一带一路"是构建人类命运共同体的重要实践平台[1]，是中国参与引领全球治理的实现路径。作为新时代中国特色大国外交的重大创举，共建"一带一路"搭建了广泛参与全球治理的国际合作平台，为全球治理体系改革提供了中国方案。为了完善全球治理，高质量共建"一带一路"，坚持继承创新、主动作为，强调求同存异、兼容并蓄，促进现有国际秩序、国际规则增量改革，以亚洲基础设施投资银行、丝路基金等新机制新倡议，为现有全球治理机制提供有益补充和完善。

三、中拉全球治理合作的目标及意义

作为国际社会的重要成员，拉丁美洲和加勒比国家是发展中国家的主要力量构成，是中国构建人类命运共同体的重要伙伴。2014年7月17日，习近平主席在巴西利亚出席中国—拉美和加勒比国家领导人首次会晤时提出"构建中拉携手共进的命运共同体"。[2]在构建中拉命运共同体的方向指引下，中拉双方政治互信不断提升、务实合作日益紧密、人文交流深入人心，推动中拉全面合作伙伴关系迈向更高水平。

携手构建中拉命运共同体是构建人类命运共同体的题中应有之义，

---

[1] 习近平：《论坚持推动构建人类命运共同体——在中央外事工作委员会第一次会议上的讲话》，北京：中央文献出版社，2018年。

[2] 习近平：《努力构建携手共进的命运共同体——在中国—拉美和加勒比国家领导人会晤上的讲话》，载《人民日报》2014年7月19日。

是平等、互利、创新、开放、惠民的新时代中拉关系的发展方向，而加强中拉全球治理合作则是构建中拉命运共同体的重要命题。捍卫独立自主、维护和平发展、实现公平正义是中拉双方开展全球治理合作的主要目标。

习近平主席强调，中拉同属发展中国家，是平等互利、共同发展的全面合作伙伴，独立自主、发展振兴的共同梦想把我们紧紧团结在一起。在全球治理合作实践中捍卫主权、尊重国家自主选择社会制度和发展道路的权利，是中拉双方的政治共识和重要关切，是国家和地区实现稳定繁荣发展的先决条件。中拉拥有相似的被殖民或半殖民历史经历，深知主权独立对于民族国家发展的重大意义，因而在捍卫国家主权和独立自主发展权的问题上抱有坚定的决心，独立自主长期以来一直是双方共同的外交基石。当前，霸权主义和强权政治是中拉双方面临的共同挑战，干扰别国创新发展以维护自身地位、恶意侵犯他国主权、挑动对抗的现象时有发生。为此，中拉将捍卫独立自主作为发展对外关系、完善全球治理体系建设的首要关切，在涉各自主权独立与领土完整的核心问题上相互尊重、互相支持，同时积极维护其他国家自主选择社会制度和发展道路的权利。

在全球治理合作实践中维护地区与国际安全、促进各国经济增长，是中拉实现和平发展、分享全球化成果的基本前提。当前，世界百年未有之大变局正在加速演进，全球进入新的动荡变革期，国际和平与发展事业面临严峻挑战。伴随全球化的重塑进程，国际安全形势日益复杂多变，中拉在各类传统和非传统安全议题上的相互倚重程度和需求均明显上升。与此同时，经济全球化遭遇逆风，世界经济面临衰退风险，为新兴市场和发展中国家经济增长蒙上阴影。危机之下，中拉经贸合作的韧性与意义得到进一步彰显，为拉美乃至全球的经济复苏注入活力与信心。面对共同的安全与发展挑战，中拉以全球治理体系改革与建设为契机，不断推动全球安全倡议和全球发展倡议走深走实，加快构建全球安全共同体和全球发展共同体，为各自的稳定繁荣、中拉合作的顺利推进提供可靠保障。

在全球治理合作实践中促进国际关系民主化、推动建立更加公正合理的国际政治经济秩序，是中拉在国际舞台平等发声、实现公平正义的重要保障。同为全球治理体系变革的积极推动者，中拉在捍卫发展中国家利益、推进全球治理规则民主化、推动建立更加公正合理的全球治理体系方面肩负共同的政治使命和责任。当前，全球范围内冷战思维有所抬头，以意识形态划线实施对抗性、排他性的做法正在割裂世界，阻碍全球发展和人类进步，新兴市场和发展中国家的国际规则话语权斗争之路更加曲折艰险。新形势下，中拉通过参与全球治理体系改革和建设，在二十国集团、金砖国家等机制内加大南南合作，在国际事务中协同发力、守望相助，扩大发展中国家在全球事务中的决策权与影响力，为实现权利平等、机会平等、规则平等的全球治理体系贡献方案和力量。

第二节　中拉全球治理合作的政治基础

中国同拉美和加勒比国家作为发展中国家和新兴经济体，都是实现世界和平与繁荣，促进多边主义、世界多极化和国际关系民主化的重要力量。[1]作为新兴国家与发展中国家参与全球治理的先行者，拉美不仅是全球治理的积极参与者和推动者，也是特定治理领域的行动引领者和协调者，更是全球治理的理念建设者和制度贡献者。一致的身份认同、相近的外交理念、共同的发展需求为中拉推进全球治理合作奠定了坚实的政治基础。

---

①《中国—拉共体论坛首届部长级会议北京宣言》，载《人民日报》2015年1月10日。

一、全球治理中的拉美

作为国际多边组织中的一支重要力量，拉美是新兴与发展中国家参与全球治理的先行者。拉美占据33个联合国成员席位以及2个安全理事会非常任理事国席位、10个经济及社会理事会理事国席位和8个人权理事会成员席位。①凭借自身的地缘代表性和政治经济影响力，巴西、墨西哥、阿根廷等地区大国还是二十国集团、金砖国家、基础四国（BASIC）、中等强国合作体（MIKTA）等重要多边治理机制的成员。同时，古巴、多米尼加、海地等16个地区小国是全球气候谈判集团小岛屿国家联盟（AOSIS）的重要组成部分。拉美国家长期跟踪、密切关注全球治理议程并做出了积极响应。作为世界范围内融入全球化进程较早的地区之一，拉美在国际分工体系中主要扮演初级产品供应地和工业制成品销售市场的角色，边缘的国际政治地位和对外依赖的经济发展模式决定了拉美国家对全球治理的重视。从19世纪末20世纪初推动完善国际法原则和国际争端解决机制，到20世纪中期探索区域自治寻求外围国家的自主发展道路，直至20世纪90年代以来广泛参与日益多元深入的全球治理议程，拉美不仅努力参与全球层面的讨论与行动，也积极配合开展地区层面的治理活动。

凭借突出的资源优势与外交能力，拉美在全球环境、粮食安全、能源与可持续发展等特定领域，跻身全球治理的行动引领者和协调者行列。独特的地理条件与丰富的自然资源是拉美参与全球治理并对其施加影响的重要物质基础。拉美拥有全球最大的热带雨林——被誉为"地球之肺"的亚马孙雨林，以及丰富的土地资源、生物资源和水资源，因而在全球环境治理尤其是气候变化应对中扮演着不可替代的角色。跨越南美洲8个国家的亚马孙雨林，总面积超600万平方公里，占世界雨林总面积的一半、全球森林

---

① 贺双荣：《全球治理：拉美的作用及中拉互动的政治基础》，载《西南科技大学学报（哲学社会科学版）》2017年第5期，第2页。

面积的20%，是全球最大和物种最多的热带雨林，具有重要的碳汇能力，对全球气候和生态环境的影响举足轻重。近年来，亚马孙雨林面临日益严峻的火灾与森林砍伐，造成暴雨、干旱、土地荒漠化等一系列环境问题，引发国际社会对亚马孙雨林"临界点"的关注与讨论。亚马孙雨林的治理问题不仅关系拉美经济社会的可持续发展，更涉及地区国家的主权与自主发展，是拉美参与全球环境治理的外交重点之一。

作为全球主要大宗商品供应地区，拉美的大豆、咖啡、肉类等农牧业产品在全球贸易中占有相当高的份额，这决定了其在解决全球粮食安全问题上的作用不可小觑。以大豆为例，世界十大大豆生产国中有一半来自拉美，其中巴西和阿根廷分列第二、第三位，两国和排名第一的美国共同形成对国际大豆出口市场的长期垄断。[1]进入21世纪以来，拉美地区的农产品贸易顺差持续扩大，从2000年的260亿美元增长至2019年的近1380亿美元，同期农产品出口额从450亿美元升至1930亿美元，进口额由200亿美元升至550亿美元。[2]2021年，拉美农产品出口占全球农产品出口的14%，占该地区总出口的1/4，产量和出口的扩大使拉美成为世界上最大的粮食净出口地。[3]随着世界人口的增长、城市化的推进和对食物品质要求的提升，全球农产品需求将不断扩大。不仅如此，受新冠疫情和乌克兰危机的影响，全球经济普遍衰退、农产品价格上涨、家庭收入下降、失业与贫困加剧，使得地区与全球性的粮食安全问题进一步凸显，也将为拉美带来更多的机会。

拉美除了是石油、铁矿石、煤炭等能源矿产资源的重要产地，还是生物质能、光伏、风能、水电等清洁能源的发展先锋或潜在力量，由此

---

①李光泗、韩冬：《竞争结构、市场势力与国际粮食市场定价权——基于国际大豆市场的分析》，载《国际贸易问题》2020年第9期，第37页。

②FAO: El comercio agrícola en la región de América Latina y el Caribe: estado, desafíos y oportunidades,19–21 de octubre de 2020, p.3. http://www.fao.org/3/nc776es/nc776es.pdf.

③The Outlook for Agriculture and Rural Development in the Americas: A Perspective on Latin America and the Caribbean 2021–2022 / ECLAC, FAO, IICA.–San Jose, C.R.: IICA, 2021. p.50.

成为落实推进全球能源治理与可持续发展的必要部分。自1994年以来，拉美是全球最大的矿产勘探投资接受地，拉美地区的锂、银、铜、锡、铝、镍、铁等矿产储量世界领先。[①]随着2008年以来委内瑞拉、巴西、哥伦比亚、厄瓜多尔等国油气资源勘探储量的增长，2012年拉美的石油储量排名世界第二，仅次于中东地区，全球份额超过20%。[②]在可再生能源方面，尽管近年来由于国际项目投资减少等因素出现小幅下滑，但拉美可再生能源消费量占最终能源消费量的比重总体维持在接近30%的水平，2018年达到29.5%。2014年以来，拉美可再生能源产能持续扩大，年均增幅超过5%。2019年，拉美可再生能源装机容量达到2612亿瓦特。[③]值得注意的是，以巴西甘蔗乙醇为代表的生物燃料开发与应用，也是拉美地区国家积极响应国际社会的减排行动、推动实现人类社会可持续发展的重要贡献。

整体而言，作为新兴和发展中经济体参与全球治理的先行者、全球治理行动的引领者和协调者，拉美参与全球治理具有相对丰富的经验和一定的领先性。[④]尽管如此，有学者考察了拉美国家从19世纪末至今关键节点的人口、国家实力综合指数、贸易、军事争端、外交关系等指数变化，得出拉丁美洲在近一个多世纪以来整体影响力呈现一定程度的下降的结论。19世纪末以来，拉美无论是人口、国家实力、贸易量，还是军事争端、驻外使领馆、国际机构参与数量的全球排名，相较于世界其他地区均呈现出一定的下降趋势，其背后既有第二次世界大战后亚洲和非洲的民族解放运动因素，也有拉美外交从进攻型向防御型转变的影响。[⑤]

①CEPAL: Natural resources: status and trends towards a regional development agenda in Latin America and the Caribbean, LC/L.3748, Santiago, Chile, December 2013, p.22.

②CEPAL: Natural resources: status and trends towards a regional development agenda in Latin America and the Caribbean, LC/L.3748, Santiago, Chile, December 2013, p.34.

③R. Contreras Lisperguer y R. Salgado Pavez: Informe regional sobre el ODS 7 de sostenibilidad energética en América Latina y el Caribe, Documentos de Proyectos LC/TS.2021/219, Santiago, CEPAL, 2021.

④中国社会科学院拉丁美洲研究所经济研究室：《中拉合作：探索全球经济治理变革中的发展共享》，《拉丁美洲和加勒比发展报告（2016—2017）》，北京：社会科学文献出版社，2017年6月。

⑤Luis Schenoni, Andrés Malamud: Sobre la creciente irrelevancia de América Latina, in Nueva Sociedad No 291, enero-febrero de 2021.

值得注意的是，近年来拉美在全球治理中的地位与作用总体上有所下滑。究其原因，外部依赖性的增强和经济增长的不稳定，客观上限制了拉美国家在全球经济治理议题上的话语权和影响力。以大宗商品、原材料为主的商品出口结构使得拉美的经济对外部市场有着极强的依赖性，受外部周期影响大，经济发展容易产生波动。近年来，拉美的原材料出口在其总商品出口中的比例进一步提升，而拉美的工业制成品出口在全部商品出口中的占比则出现下降（参见表1），地区的经济结构问题更加凸显，经济发展的波动性增大。在结构性因素和经济增长波动的双重限制下，拉美经济占全球的比重出现下降（参见表2）。

与此同时，拉美国家参与全球治理的主观意愿也遭到一定程度的削弱。随着大宗产品价格黄金周期的结束和全球性经济危机影响的蔓延，拉美国家普遍陷入发展困境，经济增长放缓甚至出现衰退，贫困和失业问题亮起红灯，社会不满情绪上升。因此，相较于地区经济平稳快速增长的21世纪头10年，近年来拉美国家将更多的精力放在解决自身的发展难题上，对于全球治理的关注与投入有所减少。

此外，在百年未有之大变局下，国际环境的消极影响也逐步蔓延至拉美。保守主义、右翼民粹思想在全球范围内的兴起及其在拉美的外溢，令地区政治生态发生"左退右进"的转变，个别极右翼政客上台执政后，对拉美国家的外交政策进行了深度调整，意识形态色彩和内顾倾向明显加重。随着大国博弈烈度的上升，世界地缘政治两极化进一步凸显，在一定程度上挤压了拉美国家在多边舞台上的活动空间。

二、拉美国家的全球治理观

（一）拉美国家的国家建构与世界观的形成

在独立以来200多年的发展进程中，拉美国家的国家建构与世界观的

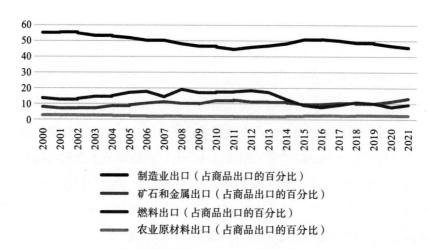

图1 21世纪以来拉美商品总出口中各项出口商品的逐年占比

数据来源：世界银行

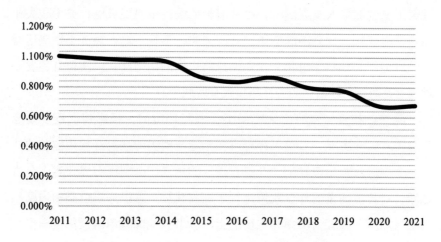

图2 2011—2021年拉美GDP在全球GDP中的逐年占比

数据来源：世界银行

形成主要受到文化、地缘政治经济、外部干涉三方面因素的影响。在宗教、语言、文化乃至政治思想上，欧洲宗主国影响和美洲印第安人及非洲后裔传统并存，但前者占主体地位，具体涉及政治文化方面，拉美在历史上呈现出较明显的精英主义、威权主义、社团主义及庇护主义，这些特点起源于伊比利亚的贵族传统、封建土地所有制与精英权力结构，同基督教政治思想及其对自上而下的规则的强调，以及拉美混乱、无政府的治理与发展状态密切相关。拉美政治文化的历史特征经过三个世纪的殖民统治，已经深刻嵌入该地区的风俗习惯和政治进程之中。[1]取得独立后，拉美各国普遍引入西方代议制民主制度，从20世纪初的尝试到军政府独裁直至20世纪80年代完成再民主化，拉美的自由主义民主政治在摇摆反复中得到了巩固和发展。与此同时，20世纪30年代以来，社会主义、社会民主主义等左翼意识形态传入拉美，并在实践过程中获得了本土化发展。

在地缘政治经济层面，无论是殖民时期作为欧洲宗主国的附庸国，还是独立后作为美国的"后院"，拉美国家始终在世界体系中处于边缘地位，摆脱依附实现自主因而成为拉美国家长期追求的目标。殖民时期的拉美经济建立在欧洲宗主国的掠夺和剥削基础上，在重商主义经济理论的影响下，拉美的贵金属、木材、糖料资源通过西班牙和葡萄牙源源不断地流向欧洲大陆，随着种植园经济的发展，拉美被卷入世界经济。尽管"二战"和战后期间，拉美经济通过进口替代工业化实现了较快增长，但20世纪70年代石油危机的爆发令拉美陷入债务危机，且事实证明20世纪90年代开启的新自由主义改革并非保障拉美国家发展的良药，内部同质性和外部脆弱性依旧是困扰拉美经济的难题。另一方面，拉美长期远离全球地缘政治的中心，仅仅作为世界体系的外围国家参与国际事务。由于地理上的接近，拉美被美国视作"后院"。独立后的相当长一段时间里，拉美同美国保持着密切的关系。随着冷战的升级和地区国家自主意识的加强，进入20世纪70年代后越来越多的拉美国家选择联合亚洲、非洲等发展中国家，共同推动不结盟运动，对美苏两极格局乃至世

---

[1][美]霍华德·J.威亚尔达、哈维·F.克莱恩编著：《拉丁美洲的政治与发展》，刘捷、李宇娴译，上海：上海译文出版社，2017年11月，第13—14页。

界历史进程产生了一定影响。在20世纪末开始的"粉红浪潮"带领下，拉美国家通过加强地区团结、加快一体化建设，致力于成为在多极化世界中发挥影响力的重要行为体。

无论是殖民地时期被欧洲宗主国把控政治经济命脉，还是独立初期英国、法国、德国等老牌资本主义国家扩大势力范围，直至"二战"以来遭遇多次美国霸权主义干涉，外部干涉始终是影响拉美国家独立自主发展的重要因素。尤其是"二战"后随着美国在拉美政治经济势力的不断上升，其对拉美的干涉也日益频繁，形式包括通过直接或间接的军事入侵、以美洲国家组织名义介入、扶植代理人上台、打着维护人权或反恐扫毒等旗号进行干涉、通过经济手段和军事援助施压干预、以多种传播媒介及交流渠道进行意识形态和文化渗透。[①]以美国为代表的西方国家通过多种手段的干涉，在拉美侵占领土、抢占资源，通过垄断资本控制多个拉美国家的经济命脉并进行剥削和掠夺，导致拉美沦为美国的经济附庸，造成拉美经济结构单一、发展滞后的现状。美国除了对地区内部经济社会发展进行限制干涉，还对拉美国家外交政策及对外关系施加影响，在相当长的一段时间里，美国通过美洲国家组织迫使拉美国家对外采取统一行动。鉴于长期受外部干涉的经历，拉美在经济发展生产建设过程中倾向于强调国家对石油、天然气、矿产等关键资源的掌控，以牢牢把握本国经济社会发展的主导权。更重要的是，在对外合作谈判及国际事务参与过程中，拉美重视维护国家主权，强调平等的地位和话语权，坚持以和平对话方式而非武力解决分歧。

（二）拉美国家参与世界秩序的看法及期待

鉴于长期遭受西方列强殖民侵略与多种形式干涉的历史，结合自

---

① 徐世澄主编：《帝国霸权与拉丁美洲——战后美国对拉美的干涉》，北京：世界知识出版社，2002年1月。

身在世界政治经济体系中的边缘地位，拉美国家逐渐形成了具有本地区特色的全球体系观和世界秩序观，并在此基础上发展出一系列指导对外政策实践的国际政治思想和外交理念，代表发展中国家和地区对西方主流国际关系理论与行为模式进行了创新发展和有益补充。总体上，对于拉美国家而言，冷战后的自由国际秩序主要基于开放的贸易机制、人权、民主治理及全球性问题的共同管理，美国及其西方盟友在这一秩序的创建、维护与推广方面发挥了关键作用。[①]无论是作为殖民地被卷入世界市场，或是独立后作为第三世界国家在美苏两极体系中寻求平衡，还是21世纪以来加快融入全球化、多极化世界，拉美始终是全球体系的参与方、世界秩序的接受者，而以美国为代表的西方发达国家凭借工业化带来的经济社会发展与先进科技水平，长期以来扮演着全球体系的领导者、世界秩序的制定者角色。作为全球体系的参与方和世界秩序的接受者，拉美各国在一定程度上受益于自由主义的国际制度合作，在部分地区及国际组织的倡导下，通过推行民主化市场化改革、积极参与全球化进程，取得了国家社会经济的快速发展。但与此同时，鉴于拉美仅仅是全球秩序的参与方和世界秩序的接受者，地区国家的内部发展和对外行动也遇到了一些结构性、制度性的阻碍。20世纪90年代以来，尽管巴西、墨西哥、阿根廷等拉美地区代表积极推行多边主义外交、参与国际制度建设与合作，但总体上难以摆脱世界权力体系中的边缘位置。处于全球政治经济体系中心的西方发达国家，不仅将自身优势转化为对拉美的政治经济霸权，在多个领域实行直接或间接的干涉，还依托联合国、世界贸易组织、国际货币基金组织、世界银行等国际机制实现自身利益的最大化。即便是在全球化出现减速、民粹思潮沉渣泛起、多边主义面

---

①Aydin Umut: "Emerging middle powers and the liberal international order", *International Affairs,* Vol 97, No.5, 2021, p.1377.

临危机的当下，以美国为首的发达国家依然是体系规则的主要受益方。①
而作为世界体系的外围，拉美各国在国家的经济建设和社会发展过程中不
但屡次遭遇外部干涉，还面临不平等、不公正的体系性制约。因此，拉美
国家提出要打破现行世界体系的枷锁，重塑当前南北关系，构建国际政治
经济新秩序。

为了建立更加公平包容的国际政治经济新秩序，拉美国家在参与国
际事务的过程中倾向于采取以下立场：一是加强南南合作，尤其是加强
新兴国家的团结合作。2008年金融危机以来，世界经济格局持续调整，
新兴国家占全球经济总量的比重不断上升，"东升西降"的态势日趋明
朗。在此背景下，拉美国家通过加强南南合作，有望提升包括自身在内
的发展中国家集团在国际体系中的地位，进而推动塑造更加平等、公平
的南北关系。二是加强地区一体化，将拉美打造为未来多极世界中的一
极。通过推动拉美国家在政治、经济、社会等多个领域的一体化进程，
加快建构地区共同身份、拓展地区共同市场，进而在对外谈判和国际参
与过程中发挥集体优势，提高拉美的国际话语权。三是加强多边主义，
积极参与从联合国、世界贸易组织等权威多边舞台到不结盟运动、金砖
国家、南方共同市场等跨区域及次区域组织的议程，注重发挥自身的多
边谈判与协调能力、扮演东西方之间的桥梁，以在一定程度上弥补国家
综合实力不足的短板、提升在全球多边外交中的作用和地位。四是加快
全球治理改革，推动世界体系和国际秩序向更加多元、公正、均衡的方
向发展。现行治理体系和当前权力格局之间的不匹配是导致全球治理失
灵、赤字现象不断的重要源头，发展中国家及新兴经济体在治理机制中
的代表性不足问题日益凸显，从体系结构和权力分配的源头解决该问题
成为拉美国家呼吁倡导全球治理体系改革的主要目标。

---

①Maria Regina Soares de Lima, Carlos R. S. Milani: Transição de poder e disputas hegemônicas entre EUA
e China: implicações para o desenho de organizações multilaterais, Cebri-KAS Policy Paper, p.14.

为推行具有拉美特色的全球体系观和世界秩序观，地区国家以宪法或外交原则的方式明确了对外政策及外交实践的方向指引。首先，鉴于经济对外依附导致的国家发展脆弱性和不稳定性，地区国家长期致力于实现独立自主的发展，维护国家主权、摆脱依附发展成为拉美国家的外交首要任务。巴西联邦共和国现行的1988年宪法第一章第四条规定，巴西在国际关系中遵循国家独立、人民自决、不干涉、国家间平等、捍卫和平等原则。[1]墨西哥宪法规定，总统在指导外交政策和缔结国际条约时，应遵守人民自决、不干预、和平解决争端等规范性原则。[2]秘鲁宪法规定，国家的首要义务是维护国家主权、确保充分实现人权、保护人民免遭安全威胁以及促进基于正义和国家全面平衡发展的全面福祉。[3]在具体的国际事务参与过程中，拉美积极践行维护国家主权的外交基石，为国家及地区争取独立自主的同时，坚持不干涉别国事务的政策和不结盟的立场。突出表现包括20世纪60—70年代积极参与并谋求在不结盟运动中的领导地位，20世纪80年代推动达成《中美洲和平协议》，冷战后积极参与国际组织并斡旋调解地区冲突，怀疑美国在人权、促进民主和毒品认证等方面挑战国家主权的价值观并提出替代方案。

其次，自20世纪70年代尤其是冷战结束以来，拉美国家日益强调外交的多元化发展，不断扩大对外交流合作，继续巩固与发达国家关系的同时，在相当程度上提高发展中国家及新兴经济体在外交工作中的地位，力争在平衡、兼顾东西方阵营的前提下，通过对国际事务的深度参与和全球市场的广泛开拓，为国内发展创造更加良好的环境。拉美外交的多元化发展既包括超越地理范围的限制，实现外交方位的"多向

①CONSTITUIÇÃO DA REPÚBLICA FEDERATIVA DO BRASIL, DOI: https://normas.leg.br/?urn=urn:l
  ex:br:federal:constituicao:1988-10-05;1988#/CON1988_05.10.1988/CON1988.asp.
②CONSTITUCIÓN POLÍTICA DE LOS ESTADOS UNIDOS MEXICANOS, DOI: https://wipolex.wipo.
  int/en/text/483548.
③CONSTITUCIÓN POLÍTICA DEL PERÚ 1993, DOI: https://wipolex.wipo.int/zh/text/202200.

性"，也表现为承认社会制度和意识形态的多样化，实现外交对象的
"多样性"，更体现在涵盖政治、经济、军事、文化、科技等的诸多
领域，实现外交内容的"多面化"。①20世纪70年代，拉美国家逐渐摒
弃"意识形态边疆"政策，开始恢复同古巴的关系，同苏联、东欧、中
国等社会主义国家建交和发展关系，并重新发展同西欧、日本的经济往
来。②20世纪90年代以后，在经济全球化快速发展的背景下，世界权力
格局转型逐步酝酿，拉美国家的外交重心随之发生转移，外交多元化的
内涵也日益丰富。在对外交往和国际事务参与过程中，拉美国家积极拓
展同亚太、非洲等地区的发展中国家及新兴经济体的关系，适时抓住新
兴国家群体性崛起的机遇，搭乘经济发展的快车，在全球大宗产品的出
口黄金期实现国家实力的快速增长。其间，拉美积极拓展同中国等亚洲
国家的经贸关系，双边贸易呈现跨越式发展。同时，拉美还联合发展中
国家及新兴经济体携手打造新的交流沟通渠道，建立了金砖国家、基础
四国、印巴南对话论坛、东亚—拉美合作论坛、中国—拉共体论坛等机
制。此外，拉美国家还积极参与中国主导的新兴机制发展，踊跃加入金
砖银行、亚投行以及"一带一路"倡议，为全球治理体系的创新发展贡
献力量。

最后，为提升地区整体的国际地位以及在全球事务中的发言权，拉
美国家始终将巩固地区团结、推进一体化视为外交重点，持续推进区域
及次区域一体化机制建设。巴西宪法明确提出，巴西联邦共和国致力于
推动拉美各国人民的经济、政治、社会及文化一体化，以期形成拉美国
家共同体。③秘鲁宪法同样指出，国家有责任根据外交政策制定、执行边

---

① 王绳祖主编：《国际关系史》（第十卷），北京：世界知识出版社，1996年，第240页。
② 贺双荣主编：《中国与拉丁美洲和加勒比国家关系史》，北京：中国社会科学出版社，2016年，
　　第143—144页。
③ 贺双荣主编：《中国与拉丁美洲和加勒比国家关系史》，北京：中国社会科学出版社，2016年，
　　第143—144页。

界政策，促进融合特别是拉美的地区一体化，推动周边区域发展并提高其凝聚力。①乌拉圭宪法规定，共和国致力于促进拉美国家的经济与社会一体化，尤其是在共同保护其产品与原材料方面，同时主张公共服务的有效补充。②在实践层面，拉美国家自20世纪五六十年代以来，积极推进地区经济社会的一体化进程，努力打造共同市场，为地区国家的协同发展提供交流平台。特别是在20世纪90年代末开启的左翼粉红浪潮中，拉美国家不仅更新了南方共同市场、中美洲一体化体系、加勒比共同体等次区域组织，还创立了拉共体、美洲玻利瓦尔联盟、南美洲国家共同体（现为"南美洲国家联盟"）等新的一体化机制，通过扩充成员、完善制度、创新体系等措施，加快拉美区域市场打造和政治协调机制建设步伐。

（三）拉美国家参与全球治理的方式及特点

作为多边治理机制的重要组成部分，拉美积极响应治理议程，承办全球性会议和竞选国际组织要职是其参与全球治理的重要途径。

承办全球性治理论坛是拉美参与全球治理、发挥自身影响力的重要途径，多边治理论坛主要涉及经济、环境、网络等领域。墨西哥和阿根廷先后于2012年6月和2018年11月主办二十国集团峰会。墨西哥、智利、秘鲁分别于2002年、2004年、2008年及2016年举办亚太经济合作组织（APEC）领导人非正式会议。1992年6月，联合国环境与发展大会在巴西里约热内卢召开，作为会议主办方的巴西第一个签署了《联合国气候变化框架公约》（UNFCCC）。时隔20年，巴西主办了2012年联合国可持续发展大会——"里约+20"峰会。阿根廷（布宜诺斯艾利斯1998年COP4、2004年COP10）、墨西哥（坎昆2010年COP16）和秘鲁（利马

①贺双荣主编：《中国与拉丁美洲和加勒比国家关系史》，北京：中国社会科学出版社，2016年，第143—144页。
②CONSTITUCIÓN DE LA REPÚBLICA ORIENTAL DEL URUGUAY, DOI: https://parlamento.gub.uy/documentosyleyes/constitucion.

2014年COP20）都是《联合国气候变化框架公约》缔约方会议（COP）的主办国。巴西分别于2007年和2015年承办了联合国框架内的互联网治理论坛（IGF）会议，墨西哥也于2016年承办了第十一届互联网治理论坛会议。此外，巴西还于2014年4月举办了"全球互联网治理大会"（NETmundial）。在承办多边治理论坛的过程中，拉美国家普遍通过影响谈判议程的设置、加大对特定议题的宣传，发挥并扩大主办国在相关治理领域的影响力。

竞选并担任国际组织要职是拉美对全球治理发挥影响力的另一重要途径。作为国际规则的主要制定者、决策者和协定的执行者，国际组织是全球治理的重要多边机制。拉美国家注重参与多边治理行动，成功当选多个国际组织领导人。巴西外交官罗伯特·阿泽维多（Roberto Azevêdo）在2013年世界贸易组织（WTO）总干事遴选中胜出，成为首位来自拉美和金砖国家的世贸组织总干事，并于2017年连任至2020年卸任，其在任内致力于推动贸易谈判议题与时俱进，在促进经济增长、提高发展中国家和最不发达国家贸易能力等方面取得重要成果。[1]墨西哥前外长、前财长安赫尔·古里亚（Angel Gurría）于2006年至2021年担任经济合作与发展组织（OECD）秘书长，其间强化了该组织在全球经济政策问题对话和辩论方面的核心作用。[2]来自巴西的若泽·格拉齐亚诺·达席尔瓦（José Graziano da Silva）于2012年至2019年担任联合国粮食及农业组织（FAO）总干事，致力于消除饥饿和各种形式的营养不良。阿根廷人西尔维娅·费尔南德斯·德古尔门迪（Silvia Fernández de Gurmendi）于2015年至2018年担任国际刑事法院院长。2016年7月墨西哥前外长帕特里夏·埃斯皮诺萨·坎特尔泰诺（Patricia Espinosa Cantellano）接替来自哥斯达黎加的克里斯蒂娜·菲格雷斯（Christiana Figueres，任期为2010年

---

① 世界贸易组织网站：https://www.wto.org/english/thewto_e/dg_e/ra_e.htm。
② 经济合作与发展组织网站：https://www.oecd.org/about/secretary-general/angel-gurria-cv-ch.htm。

至2016年）担任《联合国气候变化框架公约》执行秘书。

作为长期积极参与地区性及全球性多边治理行动的发展中国家，拉美注重发挥地区的双重身份和集体谈判优势，在对外交往和国际合作过程中不断积累经验提升能力，进而能够在特定治理议题上起到协调甚至引领的作用。

一方面，拉美在国际体系中的双重身份，即经济上的发展中国家和政治文化上的西方国家[①]，成为其在全球治理领域推进南南合作和加强南北对话的有利条件。伴随15世纪末16世纪初的地理大发现，拉美作为西班牙和葡萄牙的殖民地被卷入国际贸易的发展进程，依赖初级产品出口的经济发展模式导致拉美长期处于世界经济体系的边缘位置，遭受西方主导的国际政治经济秩序的不平等不公正对待。针对发展中国家在国际政治与经济关系中的弱势依附地位，拉美同以美欧为首的国际规则制定者展开了不懈的斗争，借助自身的多边参与经验优势放大了发展中国家集体在全球事务上的声音。同时，拉美的政治文化传统起源于西班牙和葡萄牙在美洲的殖民统治方式及其带来的深刻影响。[②]政治文化上的西方属性使拉美更加了解美国和西方国家主导的全球治理体系的规则和运行机制，从而能够在此基础上发现相关制度设计存在的问题与缺陷，进而提出有针对性的补充和修改建议。这种双重身份属性有助于拉美国家在全球治理议题上开展南南合作，成为发展中国家的领头羊，推动南北对话，充当沟通发展中国家和发达国家的桥梁。以全球气候变化谈判为例，拉美国家从自身利益出发团结各自阵营，以集体力量维护发展中国家的生存权、发展权及话语权[③]。其中，巴西在全球气候治理议题上充分

---

① 贺双荣：《全球治理：拉美的作用及中拉互动的政治基础》，载《西南科技大学学报（哲学社会科学版）》2017年第5期，第2页。

② 孙若彦：《独立以来拉美外交思想史》，北京：人民出版社，2015年12月，第12页。

③ 湛园庭：《全球气候治理中的中拉合作——基于南南合作的视角》，载《拉丁美洲研究》2015年第6期，第57页。

发挥自身优势，不仅利用七十七国集团、基础四国、金砖国家等发展中国家间的多边组织强化集体应对能力，共同承担起南南合作型气候援助的国际责任，更是努力扮演大国间的立场协调员，同美国一道提出清洁发展机制，试图缩小欧盟等发达国家和其他基础四国的分歧。

另一方面，拉美国家注重加强内部团结，擅长以共同一致发声的方式获得更大的话语权，从而提升地区作为整体在国际事务中的对话与谈判能力。拉美的地区主义最早可以追溯到19世纪初美洲独立战争时期西蒙·玻利瓦尔（Simón Bolívar）提出的大陆团结思想。经过20世纪五六十年代在拉美经委会一体化思想指导下的结构主义理论与实践探索，以及冷战结束后开放的地区主义的调整与发展，直至21世纪以来伴随粉红浪潮的地区一体化加速推进，拉美已成为组织化和地区集团化程度最高的地区之一。[1]借助集体力量，拉美在联合国多边贸易规则制定、全球经济治理机制改革、发达国家对发展中国家气候援助资金等问题上争取到了更大的谈判空间。进入21世纪，拉美原有的一体化组织经历重组调整，发展日趋成熟，南美洲国家联盟、美洲玻利瓦尔联盟、太平洋联盟等一批新的地区组织相继问世，合作机制持续完善，为拉美国家参与全球治理提供了多样化的集体对话平台与行动主体。2011年12月拉共体的建立，标志着拉美一体化进入一个全新的历史阶段。这一涵盖所有33个拉美和加勒比独立国家的新地区组织，有利于协调并表明成员国在地区及全球治理议题上的共同立场，对外发出更响亮的"拉美声音"。总体而言，拉美在全球治理领域的集体行动力和谈判能力的上升，既得益于巴西、墨西哥、阿根廷等地区大国的主动引领，也离不开其他国家的积极响应与配合。

基于地区国家的发展历程与治理经验，拉美国家发展出一系列具有

---

[1]贺双荣：《全球治理：拉美的作用及中拉互动的政治基础》，载《西南科技大学学报（哲学社会科学版）》2017年第5期，第2页。

特色的全球治理政策与主张，为全球治理的理念和制度建设做出了不可替代的贡献。

19世纪初摆脱西方殖民统治、实现民族独立后，拉美便踏上了为国家与地区谋求现代化的道路，在探索自身政治经济方向的过程中逐步发展出一系列指导思想、积累了丰富的经验教训，成为地区国家参与全球治理的重要理论源头和实践依据。围绕自主和发展两大核心关切，拉美社会各界精英进行了坚持不懈的理论创新与实践尝试。为了获得长期稳定的经济增长，拉美自20世纪五六十年代开始推行进口替代工业化，在石油危机下转向新自由主义改革。进入21世纪以来地区左翼政府创造性地实践劳工社会主义、21世纪社会主义和社群社会主义等理论，拉美从未停止对国家发展模式的试验与摸索。与此同时，为了确保国家及地区的独立自主，拉美的政治家、外交家及学者对国际关系的理论和实践进行了一定的发展、补充与完善。从初期提出卡尔沃主义、德拉戈主义、托瓦尔主义、埃斯特拉达主义等原则完善国际法，到"二战"后提出结构主义、依附论、自主理论、外围现实主义等国际关系思想，拉美围绕"发展"的主题，探索如何为发展提供可行的方案或提出有利于发展的外交政策[①]，旨在打破"中心—外围"结构的体系束缚、以务实外交政策来保障经济发展的有利环境。对发展和自主的追求深刻地影响了拉美的全球治理参与。无论是早期对核扩散问题的应对、对人权问题的关注，还是之后致力于推动建立国际政治经济新秩序以及对可持续发展、移民、反毒等议题的重视，都是地区国家将实现经济长期稳定增长和摆脱对外依附维护主权两大终极目标融入全球治理参与实践的表现。

在国家层面，以巴西为代表的拉美国家从自身经验出发，为发展、环境、安全、网络等多个全球治理领域贡献了创新理念和应对方案。在

---

①思特格奇：《拉美本土国际关系理论与主流国际关系理论的比较》，载《拉丁美洲研究》2016年
　第2期，第123页。

发展议题上，通过推行"家庭补助金计划（Bolsa Família）"、"零饥饿计划（Fome Zero）"等有条件的现金转移计划，巴西在减少极端贫困、改善社会不平等方面取得了巨大成功，进而联手世界银行、联合国开发计划署及粮农组织等机构，并借助达沃斯论坛、八国集团峰会、联合国大会等多边场合进行宣介，将自身经验推广至其他发展中国家和地区。凭借在热带农业、医疗卫生等领域的技术和经验，巴西开展了多种形式的国际发展合作，例如打造出日本、巴西、莫桑比克三国"热带草原计划"等一批示范项目，与联合国艾滋病规划署合作设立国际技术合作中心（ICTC）以推广巴西国内的卫生战略，树立起新兴国家推动南南合作的标杆。

在参与全球气候治理的过程中，巴西和印度、南非、中国组成的基础四国坚持"共同但有区别的责任"原则，要求发达国家承担更大减排责任，为发展中国家争取资金与技术支持。通过联合其他热带雨林国家及发达国家，巴西致力于将"减少森林砍伐和退化造成的温室气体排放（REDD+）"纳入联合国气候变化谈判中，并成立亚马孙基金，为雨林保护争取国际援助，推动实现亚马孙地区的可持续发展。[①]巴西还在涉及全球气候治理及能源治理的多边场合推广国内的清洁能源技术，引领国际社会的减排行动。

在国际安全领域，巴西和日本、德国、印度组成四国联盟，致力于推动联合国安理会的改革，增加其代表性和透明度，以更好地反映21世纪的地缘政治现实。通过成立巴西—阿根廷核材料衡算和控制联合机构（ABACC）并设立审查机制，巴西对区域和全球核不扩散工作做出了切实的贡献。针对发达国家就联合国军事干预行动提倡的"保护的责任（R2P）"概念，即联合国成员国有责任使用军事力量保护平民免遭由政

---

① 何露杨：《巴西参与全球治理：卢拉和博索纳罗政府的比较分析》，载《西南科技大学学报（哲学社会科学版）》2020年第5期，第12页。

府引导或激发的暴力侵害，巴西提出了"保护中的责任（RWP）"，为军事干预设立可遵循的标准和程序，为改进保护的责任提供了思路。①

此外，巴西还以互联网治理论坛为契机，宣介其网络治理核心"多利益攸关方治理模式"以及在该模式下建立的国内监管机构——巴西互联网管理委员会（CGI.br）的治理经验，并借助联合国大会一般性辩论等多边场合推广该委员会提出的互联网使用与治理十项原则。此外，在2014年4月23日巴西举办全球互联网治理大会之际，时任总统迪尔玛·罗塞夫签署了巴西的《网络民法》，通过此次大会的推广，《网络民法》包含的治理理念及原则产生了积极的国际影响。②

三、中拉全球治理合作的政治基础

2008年金融危机爆发以来，全球性问题日益涌现，在百年未有之大变局下，世纪疫情的出现进一步加速国际权力格局的转变，为不断崛起中的新兴国家推动全球治理变革，为发展中国家构建更加公平合理的国际秩序提供了重要契机。中拉在身份认同、外交理念、发展诉求、国际地位等方面享有共同的利益和理念，为双方同舟共济完善全球治理、携手构建中拉命运共同体奠定了坚实的政治基础。

（一）一致的身份认同

中国和拉美国家同属发展中国家，一致的身份认同是中拉加强全球治理合作的重要政治基础。作为全球最大的发展中国家，中华人民共和国成立以来，始终高度重视同其他发展中国家的友好合作关系，同广大

①[美]戴维·R.马拉斯、哈罗德·A.特林库纳斯：《巴西的强国抱负——一个新兴大国崛起之路的成功与挫折》，熊芳华、蔡蕾译，杭州：浙江大学出版社，2018年12月，第127—128页。
②何露杨：《互联网治理：巴西的角色与中巴合作》，载《拉丁美洲研究》2015年第6期，第70—71页。

发展中国家在争取民族独立、推动国家发展的事业中相互扶持、相互帮助，同呼吸、共命运、齐发展。习近平主席指出，广大发展中国家是我国在国际事务中的天然同盟军，要坚持正确义利观，做好同发展中国家团结合作的大文章。①中国是发展中国家一员，中国的发展机遇将同发展中国家共享。

自19世纪初实现民族独立以来，拉美一直是发展中世界的重要组成部分。尽管智利等地区国家凭借经济增长步入发达国家行列，但当前绝大多数国家仍处于发展中阶段。基于发展中国家的身份认同，"二战"结束后，拉美国家逐步调整与美国自动结盟的外交政策，转而向第三世界靠拢，通过多元化外交政策加强同亚洲、非洲等地区发展中国家的关系，并积极推动拉美地区一体化，争取摆脱在世界体系中的边缘地位。进入21世纪以来，拉美搭乘经济全球化的快车，实现了社会经济的快速发展，巴西、墨西哥、阿根廷等地区大国跻身新兴国家行列。新兴国家的标签促使拉美国家以更加积极的姿态投入到国际事务中，通过加强南南合作团结其他新兴国家及发展中国家，扩大在全球治理中的话语权和影响力，为发展中国家塑造更加公平合理的国际政治经济新秩序。

（二）相近的外交理念

基于对和平发展、多边主义以及主权与不干涉原则的坚持，中拉持有相近的外交理念，为双方推进全球治理合作创造有利条件。

中拉都是地区及世界和平的有力维护者。中国一直坚持走和平发展道路，主张通过协商和对话妥善管控分歧，解决争议。习近平主席强调，中国无论发展到什么程度，永远不称霸、不扩张、不谋求势力范围，不搞军备竞赛。中国将继续做世界和平的建设者、全球发展的贡献

---

① 《习近平：努力开创中国特色大国外交新局面》。网址链接：https://www.gov.cn/xinwen/2018−06/23/content_5300807.htm。

者、国际秩序的维护者。①从积极维护全球战略稳定，参与国际军控、裁军和防扩散进程，到坚定奉行自卫防御的核战略，再到积极参加国际维和行动，成为联合国第二大维和摊款国和联合国安理会常任理事国中派遣维和人员最多的国家，中国以实际行动为维护世界和平注入强大动力。②习近平主席在博鳌亚洲论坛2022年年会上提出基于六个坚持的全球安全倡议，充分彰显中国"以和为贵"的传统文化价值，为实现世界持久和平安全提出了系统而清晰的路径。作为相对和平的地区，拉美较少发生战争与武装冲突，其地区国家长期是保障地区及世界安全稳定的重要力量。为维护区域和平，拉美积极开展行动，不仅就国家间争端与分歧及时发声、协调立场，例如成立帮助解决委内瑞拉危机的"友好小组"、支持以对话谈判重建哥伦比亚和平，还推动地区组织签署民主议定书、建立和平区，尝试通过多种形式捍卫拉美国家及地区的安全与稳定。2014年1月，拉共体在第二次峰会上宣布建立拉美和平区，指出维护和平是拉美一体化的重要组成部分，也是拉共体原则和共同价值观念。③在国际安全议题上，拉美也普遍反对使用武力，主张和平解决矛盾冲突。地区国家不仅就全球安全热点主动发声、在伊朗核问题上努力斡旋，还积极参与联合国维和行动。其中，巴西在联合国维和行动中扮演重要角色。自1956年参与联合国紧急部队领导的维和行动至2020年3月，巴西参与了50多次联合国维和行动，累计向安哥拉、莫桑比克、东帝汶、海地、黎巴嫩等地派遣了超5.5万名维和人员，在各国向联合国派遣

---

① 《习近平：中国永远不称霸、不扩张、不谋求势力范围》。网址链接：https://www.gov.cn/ xinwen/2021−04/20/content_5600780.htm。

② 新华社：《人间正道是沧桑——习近平倡导的安全观为破解世界和平赤字贡献中国方案和智慧》。网址链接：http://www.news.cn/2022−04/01/c_1128523354.htm。

③ Proclamation of Latin America and the Caribbean as a zone of peace, http://celac.cubaminrex.cu/articulos/ proclamation−latin−america−and−caribbean−zone−peace, Jan.29, 2014. 转引自贺双荣：《全球治理：拉美的作用及中拉互动的政治基础》，载《西南科技大学学报（哲学社会科学版）》2017年第5期，第5页。

维和人员的排名中位居前列。①2004年至2017年，巴西还承担了联合国海地稳定特派团（MINUSTAH）军事指挥的责任。

中拉都是多边主义的积极倡导者。2020年9月21日，习近平主席在联合国成立75周年纪念峰会上强调，中国将始终做多边主义的践行者并重申对多边主义的坚定承诺，推动构建人类命运共同体，积极参与全球治理体系改革和建设，坚定维护以联合国为核心的国际体系，坚定维护以国际法为基础的国际秩序，坚定维护联合国在国际事务中的核心作用。②在百年变局与世纪疫情叠加的当下，习近平主席多次公开强调践行"真正的多边主义"，走团结合作之路，呼吁各国坚持开放包容，不搞封闭排他；坚持以国际法则为基础，不搞唯我独尊；坚持协商合作，不搞冲突对抗；坚持与时俱进，不搞故步自封。鉴于拉美在世界权力体系中的脆弱地位，其国际决策的自主性受到很大程度的限制，地区国家倾向于借助结盟、国际谈判的方式，利用多边论坛、机制的平台来实现关乎自身发展安全的对外政策目标。③拉美国家因而长期致力于倡导多边主义，呼吁加强联合国在全球治理中的主体地位，努力推动国际关系民主化、积极构建国际政治经济新秩序以减少现实中的权力不对称。对多边主义的倚重充分体现在地区国家尤其是大国的外交政策中。以巴西为例，历届巴西政府都视多边主义为增强国家软实力与国际影响力的重要路径，卢拉执政时期实施了"互惠多边主义"的外交战略④，多边外交成为巴西推动全球治理改革、南美地区一体化和南南合作的支柱，和实用主义

---

①巴西政府网址链接：https://www.gov.br/mre/pt-br/assuntos/paz-e-seguranca-internacionais/manutencao-e-consolidacao-da-paz/o-brasil-e-as-operacoes-de-manutencao-da-paz-da-onu；联合国网址链接：https://news.un.org/en/gallery/537202。

②《习近平在联合国成立75周年纪念峰会上的讲话（全文）》。网址链接：https://www.gov.cn/xinwen/2020-09/22/content_5545494.htm。

③Raúl Bernal-Meza: Multilateralismo e unilateralismo na política mundial: América Latina frente à Ordem Mundial em transição, in *Revista Brasileira de Política Internacional*, Vol. 48, No.1, 2005, p.1.

④Raúl Bernal-Meza: "International Thought in the Lula Era", in *Revista Brasileira de Política Internacional*, Vol. 53, Special Edition, 2010, p. 207.

共同服务于巴西追求南美地区领导权和世界大国地位的国际战略目标。多边外交使墨西哥从地区抱负中解脱出来，去追求更广范围的全球性作用，致力于提高自身在国际多边舞台的领导力和参与度。①

中拉是主权和不干涉原则的坚定捍卫者。中国长期坚持独立自主的和平外交政策，互相尊重主权、互不干涉内政是中国外交政策的基石——和平共处五项原则的重要内容，是构建相互尊重、公平正义、合作共赢的新型国际关系，构建人类命运共同体的基本前提。2022年4月21日，习近平主席在博鳌亚洲论坛开幕式上提出全球安全倡议，强调坚持尊重各国主权、领土完整，不干涉别国内政，尊重各国人民自主选择的发展道路和社会制度。②"鞋子合不合脚，自己穿了才知道。"一个国家的发展道路合不合适，只有这个国家的人民才最有发言权。③鉴于殖民地时期被剥削被掠夺的经历，捍卫主权、寻求独立自主的发展一直是拉美国家发展对外关系、参与国际事务的基础。作为最早发展不干涉思想的地区之一，拉美的政治家、国际法学家提出了卡尔沃主义、德拉戈主义、托瓦尔主义、埃斯特拉达主义等原则，为包括拉美在内的发展中国家维护主权、反对大国干涉发挥了积极作用。冷战后，拉美对不干涉原则的立场有所改变，承认当民主、人权及其他跨国问题遭到威胁时，主权在一定程度上应让位于集体行动。④尽管如此，拉美仍坚决抵制大国的霸权行径。针对发达国家以"保护的责任"之名行"新干涉主义"之实的现象，古巴、尼加拉瓜、委内瑞拉等国明确表达反对立场，巴西不仅联合其他金砖国家捍卫国家主权、独立和领土完整的国际规范，反

①冯峰：《全球气候治理中的墨西哥：角色转型与政策选择》，载《拉丁美洲研究》，2016年第2期，第69页。

②《习近平提出全球安全倡议》。网址链接：https://www.gov.cn/xinwen/2022-04/21/content_5686416.htm。

③习近平：《顺应时代前进潮流，促进世界和平发展——在莫斯科国际关系学院的演讲》，载《人民日报》2013年3月23日。

④贺双荣：《全球治理：拉美的作用及中拉互动的政治基础》，载《西南科技大学学报（哲学社会科学版）》2017年第5期，第6页。

对美欧等西方国家过度使用武力和强制手段，还提出"保护中的责任"概念，以制约个别大国不负责任的行为，合理捍卫了不干涉原则，为全球治理规则的进一步完善提供了思路。作为最早提出二百海里海洋权的拉美国家之一，阿根廷在20世纪70年代同其他拉美国家和第三世界国家践行捍卫海洋权的斗争，最终促使联合国于1982年通过了《联合国海洋权公约》。[①]此外，阿根廷坚持对马尔维纳斯群岛的主权要求，同英国就马岛主权问题开展一系列对话与谈判，积极争取本地区国家和组织的支持，并通过联合国等国际组织和机构向英国施压。

（三）共同的发展需求

在日益错综复杂的国际形势下，防范化解风险挑战、实现社会经济可持续发展，是中拉加强全球治理合作的动力之源。

党的十八大以来，中国特色社会主义进入新时代，但当前和今后一个时期，中国发展仍处于重要战略机遇期。面对国内外环境的深刻变化及其带来的一系列新挑战，习近平主席指出，中国始终做全球发展的贡献者，坚持走共同发展道路，继续奉行互利共赢的开放战略，将自身发展经验和机遇同世界各国分享，欢迎各国搭乘中国发展"顺风车"，一起来实现共同发展。为此，中国致力于推进合作共赢的开放体系建设，主动顺应经济全球化潮流，不断提升发展的内外联动性，加快中国经济实现高质量发展，还将推进"一带一路"建设，积极参与全球经济治理，为中国经济发展开辟空间，为世界经济复苏和增长增添动力。摆脱对西方发达国家的依附、实现自身经济社会可持续发展是拉美长久以来的外交目标，也是地区国家参与全球治理的主要动因。自民族独立以来，拉美国家历经几番大规模的经济危机，屡次调整国家发展战略和经

---

①赵重阳：《中等强国参与全球治理的目标与实践效果——以阿根廷为例》，载《西南科技大学学报（哲学社会科学版）》2015年第6期，第20页。

济增长模式，地区国家抵御外部风险的能力和经济增长的内生动力逐渐增强，现代化发展达到新的水平。尽管如此，拉美仍普遍面临基础设施落后、营商环境复杂、工业化水平不足、官僚主义盛行、社会问题严峻等结构性痼疾，拖累地区国家的经济发展与社会进步。2020年暴发的新冠疫情冲击加大了本已处于经济下行周期的拉美国家所面临的风险，地区遭遇120年来最严重的经济衰退，失业率、贫困率攀升，贫富差距拉大，公共债务提高、货币波动加剧及社会风险的积累增加了拉美经济的不确定性。[①]随着后疫情时代的来临，在不利的外部环境下，为国家和地区争取更多发展利益、推动经济尽快复苏，最终实现长期包容性可持续发展，是拉美国家推进全球化和全球治理的初衷。

第三节　中拉全球治理合作的现状及中拉命运共同体的构建

一、现状

进入21世纪以来，新兴国家呈现群体性崛起之势，2008年全球金融危机爆发，加速国际力量对比变化，"东升西降"态势日趋明朗，国际社会尤其是新兴国家代表的发展中国家群体对于改革全球治理体系、建立国际政治经济新秩序的呼声日益高涨。在此背景下，中拉在经贸、环境、能源、卫生、网络等多个全球治理领域展开了形式多样、富有成效的合作，中拉全球治理合作的双多边机制建设不断完善。

---

①张勇：《2020—2021年拉美经济形势：百年疫情，百年衰退》，《拉丁美洲和加勒比发展报告（2020—2021）》，北京：社会科学出版社，2021年10月，第47页。

（一）双边层面

巴西、墨西哥、阿根廷作为新兴国家和地区大国，密切关注全球治理体系变革，在全球贸易、气候变化、可持续发展、能源、安全及网络治理等领域表现活跃，是地区参与和推动全球治理议程的先锋力量，也是中国推进构建新型国际关系和人类命运共同体、推动建立更加公正合理的全球治理体系的重要伙伴。中国同拉美大国就共同关注的全球治理议题开展了富有成效的双边合作，针对全球贸易和金融治理、气候变化应对、可持续发展等治理议题进行了密切的对话沟通和立场协调，达成了重要共识，取得了积极成果，推动了全球治理的发展与完善。其中，中国和拉美首强巴西共同利益最多，双多边互动最密集，合作卓有成效，阿根廷次之，两国基于共同关切在全球治理领域进行了有效合作，鉴于墨西哥的国家定位及其和中国在贸易上的同构竞争关系，双方在全球治理议题上的战略合作较少。[①] 总体而言，中国同拉美三国的双边合作是新兴国家全球治理改革事业的重要组成部分。

进入21世纪以来，中国和拉美三国高层领导人互动日益频繁，从战略全局的高度为双方全球治理合作夯实政治基础、擘画蓝图，为中拉推进全球治理事业指明了方向。中巴两国元首及其他政府高层交往密切，实现多次互访。2014年和2015年，习近平主席和时任总理李克强相继访问巴西。习近平主席同巴西时任总统迪尔玛·罗塞夫举行会谈，双方发表了《中华人民共和国和巴西联邦共和国关于进一步深化中巴全面战略伙伴关系的联合声明》，表示中巴共同致力于完善多边贸易体制、国际金融体系及互联网多边领域治理体系，促进可持续发展，加强气候变化

---

①高波：《中国—拉美国家在全球治理中的合作机制探析》，载《当代世界》2019年第10期，第29页。

协调行动，支持联合国改革。①2017年，巴西时任总统米歇尔·特梅尔来华进行国事访问。2019年10月，巴西时任总统雅伊尔·梅西亚斯·博索纳罗来华进行国事访问。2019年11月，习近平主席赴巴西出席金砖国家领导人会晤，同博索纳罗总统举行会谈。中阿两国的高层领导人也多次互访。2014年，习近平主席对阿根廷进行国事访问，双方发布《中华人民共和国和阿根廷共和国关于建立全面战略伙伴关系的联合声明》。2016年至2018年，习近平主席和时任总统毛里西奥·马克里实现互访并多次举行双边会见。2022年，阿尔韦托·费尔南德斯总统出席北京冬奥会开幕式并访华，两国元首会晤后共同发布了《中华人民共和国和阿根廷共和国关于深化中阿全面战略伙伴关系的联合声明》，表示将继续密切开展在地区及国际事务中的沟通协作，一致认同二十国集团作为国际经济合作主要论坛的重要意义，继续在卫生、金融和贸易等共同关心的领域加强协调。②2003年，中国时任总理温家宝访问墨西哥。2005年，中国时任主席胡锦涛对墨西哥进行国事访问。2013年，习近平主席对墨西哥进行国事访问，双方签署两国联合声明，表示中墨共同致力于多边主义，愿加强在联合国、二十国集团、亚太经合组织等多边机制中的对话和磋商，协调立场，提出共同倡议，就重大全球性议题达成共识。③墨西哥时任总统恩里克·培尼亚·涅托曾多次访华。2020年4月，习近平主席同墨西哥现任总统洛佩斯通电话。

随着中拉关系的不断深化，中国和拉美三国的政府间对话交流机

---

① 外交部网站：《中国和巴西关于进一步深化中巴全面战略伙伴关系的联合声明》。网址链接：https://www.mfa.gov.cn/web/gjhdq_676201/gj_676203/nmz_680924/1206_680974/1207_680986/201407/t20140718_9367931.shtml。

② 外交部网站：《中华人民共和国和阿根廷共和国关于深化中阿全面战略伙伴关系的联合声明》。网址链接：https://www.fmprc.gov.cn/web/gjhdq_676201/gj_676203/nmz_680924/1206_680926/xgxw_680932/202202/t20220206_10639419.shtml。

③ 外交部网站：《中华人民共和国和墨西哥合众国联合声明》。网址链接：https://www.mfa.gov.cn/web/gjhdq_676201/gj_676203/bmz_679954/1206_680604/1207_680616/201306/t20130605_9365206.shtml。

制日益完善，为双方协商全球治理问题、开展全球治理合作提供了制度保障。1993年，中国与巴西建立战略伙伴关系。2004年中巴建交30周年之际，两国政府成立副总理—副总统级别的中巴高层协调与合作委员会（简称"中巴高委会"），负责制订和实施两国关系的发展规划，推动各领域的双边合作。2012年，两国关系提升为全面战略伙伴关系，并建立外长级全面战略对话。2004年，中国和阿根廷建立战略伙伴关系。2013年，两国建立政府间常设委员会机制，就经贸合作与战略协调开展对话交流。2014年，中阿宣布建立全面战略伙伴关系。2003年，中国和墨西哥建立战略伙伴关系。2013年，两国共同宣布将双边关系提升为全面战略伙伴关系。2004年8月，中墨成立政府间两国常设委员会，迄今已召开6次会议。[1]中拉外交机构及相关部委为双方全球治理合作搭建起日常交流机制，中巴外长级全面战略对话和中巴高委会及其下设的各专门委员会、中阿政府间常设委员会、中墨政府间常设委员会为双方围绕全球治理的对话沟通、立场协调以及相关合作的顺利开展提供了制度保障。

得益于中国与拉美三国政府的顶层设计和制度保障，双方在多个全球治理领域收获合作成果。在全球经济与金融治理领域，中巴贸易投资成果丰硕，为稳定全球发展及抵御疫情冲击贡献积极力量。自2009年以来，中国一直保持巴西最大的贸易伙伴国地位，自2018年以来双边贸易额连续四年突破1000亿美元。面对疫情的冲击，双边贸易展现出强大的韧性与活力，2021年双边贸易额增长37%，达1641亿美元。[2]巴西是中国在拉美最大的投资目的地。2007年至2020年间，中国对巴累计投资661亿

---

① 外交部网站：《中国同墨西哥的关系》。网址链接：https://www.mfa.gov.cn/web/gjhdq_676201/gj_676203/bmz_679954/1206_680604/sbgx_680608/。

② 中国商务新闻网：《中国巴西经贸合作新机迭现》。网址链接：https://www.comnews.cn/content/2022-06/08/content_10031.html。

美元。①2017年5月，总额高达200亿美元的中巴扩大产能合作基金正式启动，为两国深化产能合作提供更加坚实的融资机制保障。与此同时，中巴两国积极沟通协调，共同推动落实国际货币基金组织等多边金融机构改革方案，取得了切实成效。中巴、中阿还通过建立本币互换机制降低汇率风险，向打破发达国家的国际货币垄断、保障新兴经济体金融安全迈出重要一步。②2013年3月，中国人民银行与巴西中央银行签署了1900亿元人民币/600亿巴西雷亚尔的本币互换协议。2009年4月，中国人民银行与阿根廷央行首次签署了700亿元人民币/380亿阿根廷比索的双边本币互换协议。截至2022年初，中阿共五次签署或续签货币互换协议，本币互换额度也从700亿人民币扩大到1300亿人民币。此外，巴西、阿根廷积极响应并支持中国提出的全球金融治理创新方案。巴西和阿根廷是最早申请加入亚洲基础设施投资银行的拉美国家，并相继成为亚投行的准成员国。③

在全球气候变化与可持续发展问题上，中国和拉美三国通过形式多样的互补性合作，共同打造出新兴国家携手应对气候变化、促进可持续发展的标杆。政府层面，中巴气候变化协作成为两国加强政治互信、深化全面战略伙伴关系的重要路径。2015年联合国气候变化大会召开前夕，中巴通过高层访问达成重要共识，专门就气候变化问题发表政府联合声明，明确了中巴在气候变化谈判及相关治理议题上的共同目标、指导原则以及诉求与关切重点，提出了通过气候变化合作促进能源安全、环境保护及可持续发展的共同愿景和行动规划。同时，中巴高委会下设科技和创新分委会，将气候变化、可再生能源、农业科技、生物能源与

---

①CEBC: Investimentos Chineses no Brasil - Histórico, Tendências e Desafios Globais (2007-2020), p.10. DOI: https://www.cebc.org.br/2021/08/05/investimentos-chineses-no-brasil-historico-tendencias-e-desafios-globais-2007-2020/.
②高波：《中国—拉美国家在全球治理中的合作机制探析》，载《当代世界》2019年第10期，第31页。
③外交部网站：《中国同阿根廷的关系》。网址链接：https://www.fmprc.gov.cn/web/gjhdq_676201/gj_676203/nmz_680924/1206_680926/sbgx_680930/。

生物燃料、新材料与纳米技术等作为优先合作领域。巴西是我国在拉美地区共建联合实验室最多的国家，双方建立了中巴气候变化与能源技术创新研究中心、纳米技术联合研究中心、生物技术中心、空间天气联合实验室、生物质燃烧三维监控联合研究中心等。中阿、中墨两国政府及相关部委围绕环境和可持续发展、交通基础设施建设、能源领域合作等签署了多项双边合作协议或谅解备忘录。企业层面，中国企业积极参与巴西、阿根廷、墨西哥的创新科技与绿色低碳领域投资合作，助力两国的可持续发展进程。通信技术方面，中国的华为公司积极参与巴西的5G项目建设，成为巴西的智慧城市战略的重要合作伙伴。清洁能源方面，国家电网在巴西的电力业务惠及巴西15个州，投资建设运营的美丽山水电特高压送出一期和二期项目，将巴西北部亚马孙河流域的清洁水电远距离、大容量、高效率地输送到圣保罗、里约等东南部用电负荷中心。2013年，由中国能建葛洲坝集团与阿方企业组成的联营体中标基塞水电站项目，2014年两国签署了项目融资协议，该水利工程正式进入实施阶段。2014年，中国能建葛洲坝集团与阿根廷政府相关部委签约，在圣克鲁斯河承建孔拉水电站，该项目是中阿最大合作项目，也是阿根廷迄今为止最大的能源项目。2015年，中国电建所属中国水电国际公司中标墨西哥国家电力公司的水电站项目奇科森二期。除了水电，核能、风电、光伏等领域的双边合作也都开花结果，中拉绿色低碳合作助力当地解决电力短缺、实现能源转型、增进民生福祉。

此外，在全球安全和互联网治理领域，中巴基于共同利益和诉求，实现了相互支持与有力配合。在巴西重点关切的联合国安理会改革问题上，中国予以积极响应。作为中巴首脑会晤的重要讨论事项，联合国改革和巴西入常问题多次出现在两国联合公报、双方政府联合声明等文件中。2019年，时任总统博索纳罗对中国进行国事访问期间，两国发表联合声明，重申联合国在国际事务中的重要作用，支持联合国全面改革及优先增加发展中国家在安理会的代表性。中国高度重视巴西在地区和国际事务中的影响和作用，理解并支持巴西在联合国发挥更大作用的愿望。① 围绕互联网治理中的相关议题，中巴在信息社会世界峰会（WSIS）、互联网治理论坛（IGF）等联合国框架下的互联网治理机制内展开了充分的对话与沟通。2015年，中国时任总理李克强访问巴西期间，两国政府在联合声明中重申国际社会在相互尊重、平等互利的基础上合作应对网络安全威胁的重要性，强调双方支持各国管理各自互联网并保障其安全的主权。②

在地区大国为全球治理变革不断注入活力的同时，拉美的中小国家基于自身条件与优势，积极参与全球治理进程，致力于在气候变化等全球治理议题上发挥特殊作用。因此，中国也同加勒比国家以及智利、秘鲁、哥伦比亚、乌拉圭等拉美中小国家在双边层面进行了全球治理合作的有益互动与探索。

作为全球面临气候变化不利影响威胁最大的群体之一，加勒比国家出于维护国家安全和利益的考量，一直积极参与全球应对气候变化进程，致力于扩大国际支持并提高地区气候治理能力。在气候变化议题上，中国对加勒比国家的诉求和困难给予充分理解，并通过双边渠道向有关国家提供了力所能及的帮助，共同提高适应和应对气候变化的能力，维护发展中国家的利益。2013—2015年，中国与安提瓜和巴布达、巴巴多斯、多米尼克等国签署了《关于应对气候变化物资赠送的谅解备忘录》，向这些国家赠送了节能灯、节能空调、太阳能发电系统和路灯等物资。③ 中国国家发展和改革委员会还举办了气候变化专题研修班，向

---

① 外交部网站：《中华人民共和国和巴西联邦共和国联合声明》。网址链接：https://www.fmprc.gov.cn/web/gjhdq_676201/gj_676203/nmz_680924/1206_680974/1207_680986/201910/t20191025_9367936.shtml。

② 外交部网站：《中华人民共和国政府和巴西联邦共和国政府联合声明》。网址链接：https://www.fmprc.gov.cn/web/gjhdq_676201/gj_676203/nmz_680924/1206_680974/1207_680986/201505/t20150520_9367933.shtml。

③ 谌园庭：《全球气候治理中的中拉合作——基于南南合作的视角》，载《拉丁美洲研究》2015年第6期，第60页。

包括部分加勒比国家在内的欠发达国家、小岛屿国家分享绿色低碳发展经验，提供适应气候变化的必要知识和信息帮助，受到相关国家的广泛好评。此外，通过提供经济技术援助、捐赠抗疫和医疗物资等方式，中国在应对自然灾害和抗击新冠疫情等问题上向加勒比国家提供了有力的支持。

（二）多边层面

多边层面，中拉双方基于地区及全球性的治理平台开展了不同程度的磋商与合作，收获了广泛共识，取得了积极成效。

拉美的地区一体化最早始于20世纪中叶，逐步发展成为形态功能多样、机制化程度不一的区域和次区域组织，其中主要包括涵盖地区33个国家的拉共体，由15个加勒比国家组成的加勒比共同体，由13个拉美国家组成的拉丁美洲一体化协会，涵盖12个南美洲国家的南美国家联盟，由伯利兹、哥斯达黎加、多米尼加、危地马拉等8个中美洲国家组成的中美洲一体化体系，由委内瑞拉、古巴、玻利维亚、尼加拉瓜等国组建的美洲玻利瓦尔联盟（ALBA），由秘鲁、玻利维亚、厄瓜多尔等安第斯国家发起成立的安第斯共同体，由巴西、阿根廷、乌拉圭、巴拉圭四国发起成立的南方共同市场，由智利、哥伦比亚、墨西哥、秘鲁四国发起成立的太平洋联盟等。作为拉美一体化协会、安共体、太平洋联盟等拉美地区组织的观察员国，中国利用地区一体化机制同部分拉美国家就地区及全球治理议题进行了一定程度的协作。总体上，双方重点围绕加强中国同地区国家团结协作、共同应对全球性挑战进行对话交流，通过发布联合声明进一步深化共识，但实质性合作成果较少。

值得注意的是，作为唯一涵盖所有33个拉美和加勒比独立国家的地区一体化组织，拉共体自成立之初就同中国建立并发展了良好的关系，成为推进中拉全球治理整体合作的重要平台。双方先后建立了中国—拉共体"三驾马车"外长对话机制和中国—拉共体论坛，就中拉合作、拉美区域发展、国际发展议程等问题定期交换意见，达成积极共识。2015年1月，中国—拉共体论坛首届部长级会议在北京举行。会议发表《中拉论坛首届部长级会议北京宣言》《中国与拉美和加勒比国家合作规划（2015—2019）》《中拉论坛机制设置和运行规则》等三个成果文件。2018年1月，中国—拉共体论坛第二届部长级会议在智利圣地亚哥举行会议，通过了《中拉论坛第二届部长级会议圣地亚哥宣言》《中国与拉共体成员国优先领域合作共同行动计划（2019—2021）》和《中拉论坛第二届部长级会议关于"一带一路"倡议的特别声明》三个成果文件。在《中拉论坛第二届部长级会议圣地亚哥宣言》中，双方达成共识将继续致力于促进和捍卫多边主义并强调《联合国宪章》宗旨和原则。中国与拉美国家支持联合国改革，以更好地履行《联合国宪章》赋予的职责，提高联合国应对全球威胁和挑战的能力，加强联合国在全球治理体系中的作用。[①]面对新冠疫情来袭，双方还针对疫情防控召开了卫生部长和外长视频会议，通过了《中拉应对新冠肺炎疫情特别外长视频会议联合声明》。2021年12月3日，中国—拉共体论坛第三届部长级会议以视频方式成功举行，会议通过了《中国—拉共体论坛第三届部长级会议宣言》和《中国与拉共体成员国重点领域合作共同行动计划（2022—2024）》，表明中拉双方致力于推动构建中拉命运共同体、携手应对全球性挑战的明确意愿，制定出未来三年中拉在多个领域的合作路线图。

与此同时，中拉利用联合国、国际货币基金组织、世界银行、世界贸易组织、二十国集团、亚太经合组织、七十七国集团、东亚—拉美论坛、金砖国家等跨区域和全球性的多边平台，围绕经贸与金融治理、气候变化与可持续发展等若干重点议题，积极推动双方全球治理领域的对话交流与务实合作。

---

① 外交部网站：《中国—拉共体论坛第二届部长级会议圣地亚哥宣言》。网址链接：https://www.mfa.gov.cn/web/gjhdq_676201/gjhdqzz_681964/zglgtlt_685877/zywj_685889/201802/t20180202_9399860.shtml。

在经贸和金融治理议题上，中拉利用联合国、世界贸易组织、国际货币基金组织、世界银行、金砖国家、二十国集团、亚太经合组织等多边治理机制。作为较早参与全球多边贸易体制的国家和积极支持推动世贸组织改革的国家，拉美国家，尤其是巴西、阿根廷、墨西哥等地区主要经济体对于世贸组织的稳定运行及其改革的顺利推进发挥着重要作用。针对全球贸易保护主义的抬头和世贸组织部分机构的停摆，中拉双方加强了在世界贸易组织框架下的合作与对话，共同维护以规则为基础、透明、非歧视、开放、包容的多边贸易体制，以均衡和互利的方式推动全球贸易可持续发展。在多哈回合谈判中，中国和巴西站在一起，共同推动该谈判更多兼容发展中国家的利益。①借助金砖国家机制，中国和巴西联合其他成员国就国际金融治理结构改革、发达国家货币政策及其外溢效应、设立金融安全网、多哈回合谈判、联合国改革等一系列议题达成了广泛共识并付诸行动。在二十国集团、世界银行、国际货币基金组织、世界贸易组织等的重要会议召开前夕，金砖国家都会举行外长、财长、贸易部长会议，提前就相关议题协调各方立场。②在所有成员国的集体努力下，金砖国家在全球治理领域收获积极成效，不仅共同推动落实了国际货币基金组织等多边金融机构的改革方案，提高了发展中国家的权重，还通过建立金砖国家开发银行、应急储备安排协议以及本币互换机制，进一步打破发达国家的国际货币垄断、保障新兴经济体金融安全。

在气候变化和可持续发展议题上，中拉通过积极协调立场、共同配合行动等方式将联合国、七十七国集团、金砖国家等多边机制提供的治理方案落到实处。双方积极推动落实联合国《2030年可持续发展议程》，以实现绿色、可持续、韧性发展的领域作为优先合作方向，进行

①苏庆义：《拉美国家在WTO改革中的立场和作用》，载《拉丁美洲研究》2020年第3期，第63页。
②高波：《中国—拉美国家在全球治理中的合作机制探析》，载《当代世界》2019年第10期，第32页。

了应对气候变化的政策交流与务实合作，开展了环境管理、生物多样性保持和可持续利用，以及保护国内生态多样性领域的政策交流和人员培训。从20世纪90年代初起，在国际气候谈判进程中，中拉双方利用七十七国集团机制相互支持、密切合作，代表发展中国家与发达国家集团展开斗争和博弈，达成多项有利于发展中国家的协议和机制。①在联合国气候谈判议题上，中国和巴西在金砖国家、基础四国等跨区域多边平台加强立场协调与政策配合，为新兴经济体及发展中国家在气候谈判以及减排及减缓适应行动中争取更多利益，以"共同但有区别的责任"原则要求发达国家在气候治理进程中承担更多责任。

二、问题与挑战

（一）大国竞争影响导致摇摆不定

在中美博弈的大背景下，随着中国在拉影响力的上升，中美在拉战略竞争日益激烈。一方面，美国在拉美不断加大对华舆论抹黑诽谤，蓄意挑拨离间中拉关系，令部分拉美国家对发展对华关系的顾虑有所上升，而中拉"一带一路"合作成为美国对拉干涉的重点。通过推广"美洲增长倡议""清洁网络计划"等有针对性的政策工具，美国围绕基础设施、能源、通信技术等领域对华排挤、打压呈现扩大势头，致使部分拉美国家或出于对美国的忌惮而犹豫不决，或出于自身利益最大化考虑而倾向于两面下注，少数则站队美国对"一带一路"合作抱有警惕。另一方面，美国利用拉美一体化组织不断强化对拉离间渗透、排斥打压中国在拉影响力。在美国的挑唆施压下，南美洲国家联盟陷入瘫痪乃至解体，拉共体发展遭遇挫折；依托美洲国家组织调动地区盟友，加大对委

---

① 赵重阳：《全球应对气候变化进程中的加勒比国家及与中国的合作》，载《拉丁美洲研究》2016年第2期。

内瑞拉等左翼国家的干涉；通过政策对冲、舆论抹黑，挑拨中拉关系，破坏中拉合作，如公开阻挠中国对古巴的抗疫物资援助等，对一体化组织开展对华合作制造障碍。尽管如此，无论是中国—拉共体论坛框架下的中拉整体合作，还是中国和拉美次区域一体化组织的关系深化，都能同美国对地区国家的挑拨离间形成鲜明对比，进而有力回击美方对华污蔑、抹黑的不实言论，有利于我国在拉塑造国家形象、加强软实力建设，成为推进中拉"一带一路"合作、构建中拉命运共同体的加分项。

（二）认同理念分歧引发立场政策调整

近年来，在右翼保守意识形态、民族主义、逆全球化思想沉渣泛起的背景下，代表极端右翼势力的领导人在部分拉美国家上台执政，导致这些国家的身份认同和外交理念发生较大幅度的调整，加大了中拉在部分全球治理议题上的立场与政策协调难度。

对比之下，党的十八大以来，中国以更加积极主动的姿态参与全球治理体系的改革和建设，努力发挥负责任大国的作用，不断贡献中国智慧和力量。随着中国全方位外交布局的深入展开，中国特色大国外交全面推进，中国秉持共商共建共享的全球治理观，积极投身国际关系民主化进程。通过实施共建"一带一路"倡议，发起创办亚洲基础设施投资银行，设立丝路基金，举办"一带一路"国际合作高峰论坛、亚太经合组织领导人会议、二十国集团领导人峰会、金砖国家领导人会晤、亚信峰会，中国为全球治理体系变革提供替代方案和有益补充。中巴的全球治理立场与政策冲突不仅影响双边关系的健康稳定发展，还将外溢至发展中国家在国际事务中的团结合作与权益争取，从而对中拉命运共同体及人类命运共同体的构建产生负面影响。

（三）地区一体化困境影响合作进展与效果

当前，不利的国际市场环境、经济结构性痼疾叠加全球新冠疫情，使拉美经济发展陷入低迷，地区政治生态加速演变，不稳定、不确定因素显著增加，一体化合作遭遇逆风，为中拉推进"一带一路"合作、构建中拉命运共同体带来一定挑战。一方面，在全球民粹主义思潮的推波助澜下，地区右翼势力同委内瑞拉、古巴等左翼国家间的政策分歧与意识形态斗争加剧。一体化组织在左右阵营的拉锯对峙中黯然失色，出现分裂、停摆、重组、替代现象。尽管自2021年以来，地区左翼逐渐恢复实力，先后在秘鲁、智利、哥伦比亚上台执政，拉美政治格局呈现"左进右退"势头，但在拉美左右之争的延续下，地区一体化的分裂停滞还将持续一段时间，地区国家形成集体行动的难度上升，中拉发展战略的整体对接条件难以得到有效改善。另一方面，拉美国家经济多倚重于农产品、铁矿石、原油等初级产品出口，同质化程度和对外依存度较高、互补性不足，限制了域内贸易增长潜力。在疫情冲击下，拉美地区整体域内贸易以及南方共同市场、安第斯共同体、太平洋联盟等一体化组织的域内贸易占比均出现较大幅度的下降。巴西、阿根廷、委内瑞拉等地区重要经济体均遭遇发展难题，造成拉美一体化缺少"领头羊"。此外，政策分歧阻碍一体化合作进程。长期以来，南方共同市场内部就共同关税调整和集体对外自贸谈判原则难以达成妥协，对该组织的进一步开放发展形成掣肘。近年来，乌拉圭致力于推动南共市对华自贸谈判，并宣布单独就自贸谈判同中方进行接触，引发阿根廷等国强烈反应。

5

第五章

中拉命运共同体面临的
挑战

习近平主席提出构建中拉命运共同体的倡议已有近10年。其间，世界风云变幻，中美战略竞争、世纪疫情、俄乌冲突等因素相互叠加，给中拉命运共同体的构建带来诸多挑战，但习近平主席当初提出的中拉发展合作的目标已基本实现，贸易、投资、金融合作已成为中拉经贸合作的"三大引擎"：2022年，中拉双边贸易额达到4858亿美元，初步实现了《中国与拉美和加勒比国家合作规划（2015—2019）》设立的"10年内中拉贸易额达5000亿美元的目标"[①]；中国对拉美投资存量在2021年达到6937亿美元[②]，远超"力争实现10年内对拉投资存量达到2500亿美元的目标"[③]；中拉金融合作取得巨大进展，2014—2022年，中国发展金融机构提供给拉美地区的贷款达568.17亿美元[④]，中国成为拉美发展金融的重要资金来源，其中2017年和2018年中国在该地区的贷款额超过同期世界银行或美洲开发银行对该地区的贷款总额[⑤]。拉美积极参与中国的"一带一路"倡议，截至2023年6月，拉美33个国家中已有22个国家与中国签署了共建"一带一路"合作文件。中拉已建成互为发展的命运共同体。

中拉命运共同体的构建是一个长期的过程，未来中拉双方在促进利

[①] 《中国与拉美和加勒比国家合作规划（2015—2019）》，载《人民日报》2015年1月10日，第3版。

[②] 《国家统计年鉴—2022》，国家统计局网站。

[③] 《中国与拉美和加勒比国家合作规划（2015—2019）》，载《人民日报》2015年1月10日，第3版。

[④] Rebecca Ray and Margaret Myers, "Chinese Loans to Latin America and the Caribbean Database", Washington: Inter-American Dialogue, March 2023.

[⑤] "China-Latin America Finance Database 2019", DOI: https://www.bu.edu/gdp/2019/02/21/china-latin-america-finance-database-2019/.

益进一步融合，加强身份认同，弥合认知差异，应对体系压力，特别是中美战略竞争等方面，仍面临着巨大挑战。在世界动荡变革期，中国将保持对拉美战略的确定性、战略耐心以及战略定力，推动中拉命运共同体走深走实。

第一节　利益共同体的可持续性

跨国共同体的形成是指"当一组具有共同社会特征、共同关系、共同经历和积极相互依存关系的政治行动者发展出将他们定义为一个独特群体的政治意识时，跨国政治共同体就形成了"①。其中，相互依存关系是由共同利益推动的，而共同社会特征、共同关系、共同经历促进了共同体的成员的身份认同和共同体意识的形成。

利益共同体作为共同体形成的最重要条件之一，也是中拉命运共同体构建的重中之重。其中，发展利益又是中拉命运共同体的基础。其原因是推动经贸合作，促进共同发展和繁荣是中拉之间共同的利益诉求和中拉关系发展的压舱石。尽管随着经贸合作的加深，中拉之间已构建起发展的命运共同体，成为互为发展机遇的伙伴，对拉美国家来说，"加强与中国的经贸合作已是一种必需而不是一种选择"②，然而，后疫情时代，拉美国家经济、政治和社会风险增大。由于中拉之间的经济依存度较高，风险传导也大，中拉发展合作面临巨大的挑战。

---

①Bruce Cronin, *Community under Anarchy: Transnational Identity and the Evolution of Cooperation*, New York: Columbia University Press, 1999, p.1.

②Maurício Santoro, "China Es Una Necesidad, No Una Opción", Octubre 24, 2019, DOI: https://dialogochino. net/31174-opinion-china-is-a-necessity-for-bolsonaros-brazil-not-a-choice/?lang=es. [2019-11-07]

一、经济风险

自2010年经历了21世纪初大宗商品超级繁荣周期之后，拉美地区经济进入持续下行周期，至2013年以后进一步陷入低增长，甚至负增长。从2010年到2019年，该地区经济年平均增长率不超过1.9%，是世界各地区最低的，远低于非洲的4.4%，且这一表现低于20世纪80年代"失去的十年"[①]。新冠疫情进一步冲击了拉美脆弱的经济，2020年拉美国家GDP收缩6.81%（同期世界经济只收缩了3.5%），是经济上受疫情冲击最严重的地区，也是120年来该地区遭受的最严重的经济危机，人均收入降至2010年的水平，贫困水平降至2006年的水平。到2021年，该地区33.7%的人口生活在贫困线以下[②]。随着疫情的缓解，2021年经济出现短暂的报复性反弹，GDP增长率达6.75%，但此后经济再次陷入疲软。据世界银行最新的报告，2023年拉美GDP增长率只有1.5%，2024年预测为2.0%，是世界发展中地区最低的[③]。2022年拉美经委会执行秘书长何塞·萨拉扎（José Salazar）曾警告说，该地区正在滑向另一个"失去的十年"，GDP的下降幅度类似于20世纪30年代的大萧条[④]。经济的疲软加剧了拉美的经济、政治和社会风险，给中拉发展合作带来了一定挑战。

拉美经济的疲软给中拉未来的经贸合作带来了较大的经济风险。以债务风险为例，随着拉美国家债务负担的增加，委内瑞拉、厄瓜多尔、阿根廷以及许多加勒比国家面临较大偿债压力，处于债务违约的边缘。2020年伦敦俱乐部在英国提起诉讼，要求哈瓦那支付40亿美元的未偿款

①Carlos Fortín, Jorge Heine y Carlos Ominami, "Latinoamérica: No Alineamiento y la Segunda Guerra Fría", *Foreign Affairs Latinoamérica*, Vol.20, No.3, p.110.

②*Perspectivas del Comercio Internacional de América Latina y el Caribe 2020: la integración regional es clave para la recuperación tras la crisis.* Santiago: CEPAL, 2021.

③《发展的新时代》，世界银行2023年度报告。

④"Se Perfila la Certeza que Transitamos Rumbo a una Década Perdida, Dijo el Titular de la Cepal", 26 de Octubre, 2022, DOI: https://www.eldestapeweb.com/economia/asamblea/-se-perfila-la-certeza-que-transitamos-rumbo-a-una-decada-perdida-dijo-el-titular-de-la-cepal-202210269590.

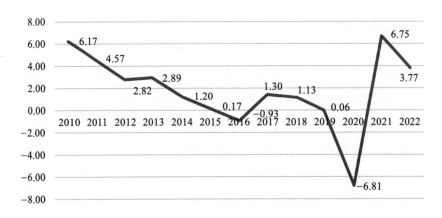

图3　2020—2022年拉美GDP年均增长率（%）

资料来源：作者根据拉美经委会数据制作

项，古巴政府陷入债务困境。为了控制风险，中国金融机构适度减少了提供给拉美国家的贷款。其中，中国开发银行对拉美地区的投资从2010年最高时的345亿美元下降到2022年的零。占中国在拉美发展融资总额最大份额的委内瑞拉，由于经济状况不断恶化，中国从2016年开始停止向委内瑞拉提供贷款。其中，中国在加勒比一些国家债务中的占比较高，面临的风险较大。2022年中国进出口银行的贷款额占苏里南GDP的17%[①]，圭亚那外债总额的近40%[②]。中国的债权人因此受到2020年苏里南爆发的财政和国际收支危机的影响。

　　国际大宗商品价格下跌、新冠疫情冲击以及世界经济的不确定性是拉美经济持续低迷的表层原因。深层原因是拉美经济的结构问题和缺乏竞争力。拉美经济的结构性问题表现为初级产品化、出口产品单一和对外部市场的依赖性。未来拉美经济能否走出困境，"将主要取决于能否在继续转变经济增长方式方面取得实质性的进展"，但由于经济竞争力

①Margaret Myers and Rebecca Ray, "At a Crossroads: China's Development Finance to Latin America and the Caribbean, 2022", March 2023, DOI: https://www.bu.edu/gdp/files/2023/03/IAD-GDPC-CLLAC-Report-2023.pdf. [2023-09-30]

②"Guyana deepens ties with Beijing", Latin News- Security & Strategic Review, September 2023, p.23.

不足、投资率低等种种因素，"拉美国家在转变经济增长方式方面依然任重道远"①。中国扩大对拉美投资、产能合作，有助于拉美国家经济及中拉经贸结构的调整。然而，拉美国家经济存在的结构性制约、制度及环境成本等问题给中拉在投资及产能方面的合作带来诸多挑战。

此外，受制于经济制约，拉美国家参与"一带一路"金融机制合作方面，行动不及承诺。比如，拉美国家积极加入亚投行（AIIB），但由于缺乏资金，认缴股本数额远低于承诺数额，这使拉美国家在亚投行中的参与度很低。拉美成员国在亚投行中的认缴股本只有1.846亿美元，只占认缴股本总额的0.19%（见下表）。巴西是拉美国家中唯一的创始成员，其将在2017年的股份从31亿美元降至500万美元。玻利维亚和委内瑞拉都申请加入了亚投行，但因未认缴股本，还未成为亚投行的正式成员。

表1 拉美国家参与亚投行的情况

成员	加入日期	总认缴股本		投票权	
		数额（百万美元）	占比	数额	占比
阿根廷	20210330	5	0.0052%	1,506	0.1334%
巴西	20211102	5	0.0052%	2,106	0.1866%
智利	20210702	10	0.0103%	1,556	0.1379%
厄瓜多尔	20191101	5	0.0052%	1,506	0.1334%
秘鲁	20220114	154.6	0.1594%	3,002	0.2660%
乌拉圭	20200428	5	0.0052%	1,506	0.1334%

资料来源：作者根据亚投行网站资料制作

"Members and Prospective Members of the Bank", https://www.aiib.org/en/about-aiib/governance/members-of-bank/index.html.[2023-09-20]

---

③苏振兴主编：《中国与拉丁美洲：未来10年的经贸合作》，北京：中国社会科学出版社，2014年，第34页。

二、政策风险

进入21世纪后拉美出现了粉红色浪潮。在大宗商品超级繁荣周期的带动下，在左翼执政周期中，拉美国家出现了长时段的经济持续增长及政治和社会的相对稳定，贫困率也大幅下降。然而，随着经济的下行，自2012年起拉美的政治钟摆向右倾斜，右翼政府相继上台执政。在民主政治中，左翼或右翼政府轮流执政的政治钟摆现象是非常正常的。但是在经济下行周期，由于结构性转型和经济政策的调整空间下降，右翼政府上台也难以扭转经济的颓势。这导致拉美国家政治波动加剧，政治钟摆加速摇摆，政府轮替加快。"自2015年以来，除委内瑞拉和尼加拉瓜外，现任政党在该地区31次总统选举中只赢得了5次。"[①]此外，由于对建制派执政不满，局外人频现。博索纳罗2018年在巴西总统选举中胜出，2021年秘鲁名不见经传的乡村教师佩德罗·卡斯蒂略当选总统，是典型的政治"局外人"现象。另外，由于国内政治对立加剧，拉美国家的政局呈现不稳定状态。在巴西，2016年罗塞夫总统被弹劾、2018年卢拉总统受政治诬陷被判入狱、2023年1月博索纳罗的支持者不承认选举结果冲击国会；在玻利维亚，莫拉莱斯总统（Juan Evo Morales Ayma，2006—2019）在压力下被迫辞职，流亡国外；在厄瓜多尔，科雷亚总统（Rafael Correa，2007—2017）任期结束后被政治清算和国际通缉，2023年5月拉索总统（Guillermo Lasso，2021）为避免弹劾提前结束任期举行大选。

拉美政治动荡和政府轮替加快导致拉美政府政策稳定性下降，这不利于中拉经贸合作。此外，拉美一些极右翼力量上台也会对中拉合作造成一定冲击。虽然拉美右翼领导人在理性推动下，上台后最终会回到中

---

① Will Freeman, "The Coming Crisis for Latin America's Left-Wing Leaders", September 27, 2023, DOI: https://www.americasquarterly.org/article/the-coming-crisis-for-latin-americas-left-wing-leaders/. [2023-09-28]

拉合作的轨道，但也给中拉合作造成了短期的不确定性，增加了中拉合作的磨合期。

三、社会风险

拉美经济疲弱导致的贫困率上升、外债激增、通胀高企等问题，进一步引发了拉美的社会危机。委内瑞拉于2014年陷入经济、政治和社会危机。尼加拉瓜于2018年4月因社保制度改革引起大规模的罢工。2019年，玻利维亚、厄瓜多尔、哥伦比亚和秘鲁等国都经历了较大的社会动荡。甚至政治经济较为稳定，被时任总统皮涅拉（Sebastián Piñera）称为拉美"绿洲"的智利在2019年10月因地铁票价上涨引起民众不满，发生持续的社会骚乱，人员和财产损失巨大，成为"不确定之国"。2022年8月初，巴拿马教师工会抗议生活成本上升，引发大规模示威活动，并很快升级为自1989年以来最大的全国性抗议活动。同年6月13日，厄瓜多尔强大的土著组织厄瓜多尔土著人联合会（Confederación de Nacionalidades Indígenas del Ecuador，Conaie）开始了一场"无限期"的抗议浪潮，抗议政府提高能源价格。由于在经济下行周期中社会压力巨大，政府的经济政策调整困难重重，反过来又会影响经济增长和发展模式转型。

此外，拉美许多国家的治安恶化，有组织犯罪活动增加。根据2023年全球有组织犯罪指数，中美洲和南美洲是世界上受有组织犯罪影响最严重的地区，分别排名第一和第三。在世界193个国家中，受有组织犯罪影响最严重的10个国家中有4个拉美国家，分别是哥伦比亚、墨西哥、巴拉圭和厄瓜多尔[1]。拉美国家社会动荡加剧，治安恶化，给中拉发展合作带来了一定的社会风险。

---

[1]"Global Organized Crime Index", DOI: https://ocindex.net/rankings?f=rankings&group=Region.[2023–09–27]

第二节　身份认同与政治安全合作困境

身份认同在共同体构建中起着重要作用。原因有两点：一是"在公众的身份认同中而不是共同利益的达成一致中去寻找安全可靠性是最为明智的，而且是最为有效和有利的可行之道"[①]；二是身份认同在国家利益的形成中起着至关重要的作用，因为"国家并没有既定的利益，而是随着其身份的形成而获得这些利益"[②]。在国际社会的无政府状态下，构建跨国共同体并非易事。相对来说，在主权国家构建利益共同体是相对容易的，但构建共同体意识是较难的，其"潜在的困难和麻烦在于共同体的身份认同感"[③]。因此，身份认同是影响中拉命运共同体构建的一个主要障碍。

一、中拉身份认同

发展中国家的身份认同是过去中拉推动南南合作、构建世界经济新秩序和全球治理合作的重要基础。但随着中拉经济的发展及其在世界经济中地位的变化，这一身份认同以及中拉关系的性质也受到质疑。与此同时，拉美国家的发展不平衡，智利、墨西哥、哥伦比亚、哥斯达黎加先后加入OECD，阿根廷、巴西和秘鲁也正在申请成为OECD成员，即成为发达国家的一员。加入OECD首先意味着这些国家的国家治理及参与全球治理的理念向西方发达国家靠齐。但中拉发展中国家身份认同的变化，并不会对中拉合作产生特别大的影响。虽然这些拉美国家加入了发达国家俱乐部，但如拉美学者所说的，它们虽然"参加了宴会，但是作为可供吞噬的

---

①[英]齐格蒙特·鲍曼：《流动的现代性》，欧阳景根译，北京：中国人民大学出版社，2017年。
②Ian Clark, *International Legitimacy and World Society*, New York: Oxford University Press, 2007, p.175.
③[英]齐格蒙特·鲍曼：《流动的现代性》，欧阳景根译，北京：中国人民大学出版社，2017年，第52页。

资源来源"，仍保持了发展中国家的身份特征[①]。而中拉在文化和政治认同上的较大差异则是影响中拉命运共同体意识形成的主要障碍。

拉美在政治和文化上是介于西方和非西方之间的混合文明，是西方、非洲和本土等"各种文化深刻地、从上到下地、持续不断地混合的结果"[②]。拉美政治学家、历史学家和知识分子一直致力于寻找拉美人的身份[③]。巴西著名的社会学家和政治家里贝罗（Darcy Ribeiro，1922—1997）指出："我们是谁？我们不是欧洲人，也不是印第安人。我们是土著人和西班牙人之间的中间物种。"然而，拉美文明的底色仍是西方的，正如里贝罗指出的，"我们是西方文明不可分割的一部分。我们是与骄傲的中心地带距离遥远和不同的郊区"。[④]法国诗人保罗·瓦尔杰里（Paul Valéry）曾说过，拉美是一个"演绎"出来的世界，它是欧洲"发明"的一部分，作为征服的结果被引入西方文化。法国政治学家阿兰·鲁基（Alain Rouquié）也将拉美称为"遥远的西方"（extremo Occidente）[⑤]，认为"拉丁美洲社会的'欧洲'特征对所有拉美国家的社会经济发展产生了明显的影响"[⑥]。在阿兰·鲁基"遥远的西方"概念上，露西·泰勒（Lucy Taylor）认为，"拉丁美洲在全球秩序中的地位不

---

① Luis Britto García, "Dilemas de América Latina y el Caribe", Oct 14, 2023, DOI: https://estrategia. la/2023/10/14/19293/.[2023−10−20]

② [墨]卡洛斯·安东尼奥·阿居雷·罗哈斯：《拉丁美洲：全球危机和多元文化》，王银福译，山东大学出版社，2006年，第7页。

③ Mauricio Tenorio Trillo, *Latin America : the allure and power of an idea*, Chicago: The University of Chicago Press, 2017, p.1.

④ Darcy Ribeiro, "La Nación Latinoamericana", Nueva Sociedad, No.62, 1982, pp5−23. https://static.nuso. org/media/articles/downloads/983_1.pdf.

⑤ Alain Rouquié, "Latin America: An Introduction to Far−Western Identity", in Mari Carmen Ramírez, Tomas Ybarra−Frausto and Héctor Olea edited, *Resisting Categories: Latin American and/or Latino?*, Yale University Press, 2012, p.178.

⑥ Alain Rouquié, "Latin America: An Introduction to Far−Western Identity", in Mari Carmen Ramírez, Tomas Ybarra−Frausto and Héctor Olea edited, *Resisting Categories: Latin American and/or Latino?*, Yale University Press, 2012, p.183−184.

是'第三世界秩序',而是西方、欧洲秩序的遥远呈现"①。

拉美文明的西方底色将使中拉在政治和文化上有不同的身份认同,从而对中拉形成共同体意识构成一定挑战。

二、身份认同对中拉政治安全合作的影响

政治及安全合作是构建命运共同体的重要内容。中国学者徐进和郭楚认为,"在国际关系中,不涉及国家兴衰谈不上命运。因此,国际关系中的'命运共同体'意味着更紧密的安全与经济关系。'命运共同体'是指以'政治合作+安全支持'为基本特征的双边或多边合作安排"②。从这个意义上说,中拉命运共同体是多维度的,除了经济合作外,还应包括政治和安全合作以及国际上的相互支持,以强化共同体意识。

虽然中拉在构建利益共同体方面取得了实质性进展,双方经济依存度增加,利益相互融合,但中拉在加强政治及安全合作方面仍面临不少挑战。具体表现在以下几个方面。

(一)拉美国家加强与中国政治合作的意愿不强

尽管中国现在是拉丁美洲最大的贸易伙伴,但一些拉美国家,特别是右翼政府执政的国家,在经济上看重中国的影响力和合作机会,但在政治上对中国仍存在意识形态偏见,在政治文化和安全问题上与美国保持一致③,与中国合作的意愿不强。巴西总统博索纳罗及其政府高官时常出现的反华言论就是这种偏见的反应。以智利为例,智利是中国在拉

---

①Amitav Acharya, Melisa Deciancio and Diana Tussie edited, *Latin America in Global International Relations*, New York: Routledge 2022, p.13.

②徐进、郭楚:《命运共同体概念辨析》,载《战略决策研究》2016年第6期,第13页。

③Inés Capdevila, "El Orden Mundial Pospandemia: ¿le Conviene a la Argentina ser Australia?", DOI: https://www.lanacion.com.ar/el-mundo/el-orden-mundial-pospandemia-le-conviene-argentina-nid2447718. [2020-09-19]

美最重要的经济伙伴之一，在推动中拉经贸合作中保持着多个第一的纪录，而且在发展与中国经贸合作方面形成了国家共识，无论左右翼政府都保持了对拉政策的稳定性。但在发展与中国的政治合作方面则相当谨慎。2017年皮涅拉（Sebastian Pinera）总统明确表示，"中国在拉美的强大政治影响力并不好"，"因为两国对民主和人权有着共同的承诺，智利将与美国保持优先关系"①。2023年8月，哥斯达黎加以网络安全风险为由将中国公司排除在5G供应商之外，该国科学技术和电信部副部长休伯特·巴尔加斯（Hubert Vargas）甚至将中国描述为"极权主义"国家②。拉美甚至有一些学者认为，拉美国家只追求与中国的经济合作是有问题的，指出"如果认为拉美外交只关注经济利益，而忽视共同的政治和哲学价值以及该地区的具体历史经验，那将是错误的"③。

此外，目前中拉军事和安全合作有限。中拉军事合作目前大多停留在人员的军事交流上。根据美国国防部官员的说法，"中国与拉美国家之间的防务合作确实存在，但水平较低"④。军事设备和武器交易很少，只限少数左翼执政的国家。2000—2018年间，中国向该地区的武器销售额为7.08亿美元，其中6.31亿美元（近90%）流向委内瑞拉，5100万美元（约7%）流向玻利维亚⑤。拉美在军事与安全方面非常倚重美国，美拉军事安全合作是长期培育起来的，并且基于实力、政治及地缘优势。

---

①Manuela Andreoni, "Brazil's New President Stokes Fear of China's Regional Presence", Oct. 31, 2018, DOI: https://www.chinadialogue.org.cn/article/show/single/en/10911-Brazil-s-new-president-stokes-fear-of-China-s-regional-presence.

②"Costa Rica-China tensions rise over 5G regulations", LatinNews Daily, October 19, 2023.

③Monica Herz y Giancarlo Summa, "América Latina y la Caja de Pandora del Unilateralismo de las Grandes Potencias", Nueva Sociedad, No. 305, 2023, p.30.

④Daniel Erikson: "La administración Biden está muy comprometida con América Latina y la considera una región democrática, próspera y segura", 18 de Mayo de 2022, DOI: https://www.infobae.com/america/america-latina/2022/05/18/daniel-erikson-la-administracion-biden-esta-muy-comprometida-con-america-latina-y-la-considera-una-region-democratica-prospera-y-segura/.

⑤Mendonça Júnior, Os Reflexos da Inserção da China no Mercado de Defesa Sul-Americano para a Indústria Nacional de Defesa Brasileira. Rio de Janeiro: Escola de Comando e Estado Maior do Exército, 2019，p.24.

因此，中拉军事安全合作水平在短期内很难超越美国与拉美的合作。以巴西为例，"巴西军方认为，巴美在防务合作方面的利益契合度，比巴西与中国、俄罗斯等大国的利益契合度高得多。巴西与美国战略对手的伙伴关系极其有限，甚至在"左倾"的巴西政府期间，这种偏好也没有改变"①。

（二）中国提升在拉美的软实力仍面临政治障碍

促进扩大民心相通和文明的交流，是改善国家形象、扩大中国政治和文化影响力、构建命运共同体必不可少的。尽管中国通过文化外交，投入了大量资源，在拉美建立了多所孔子学院，增加了中央电视台、新华社等传媒机构的传播力度，并在促进媒体、青年、学者的交流等方面做出了很多努力，但"由于拉美距离中国更遥远，文化更复杂，受西方价值理念影响更深，从而给中国在该地区的形象构建带来了特别的挑战"②。

拉丁晴雨表（Latinobarómetro）2022年的一项调查进一步证实了这一结果。根据2022年民调，拉美人对中国持积极看法的比例仍偏低，拉美地区只有19%的人对中国持正面看法，没有一个国家达到30%。③

表2 拉美人对美、德、俄、中有好感的人占比（%）

	美国	德国	俄罗斯	中国
拉美	47	43	17	19
阿根廷	32	50	16	12
玻利维亚	52	40	29	10

①Hussein Kalout, "How Will Brazil Navigate the US-China Rivalry?", DOI: https://www.americasquarterly. org/article/how-will-brazil-navigate-the-us-china-rivalry/, JULY 13, 2021.
②郭存海：《中国的国家形象构建：拉美的视角》，载《拉丁美洲研究》2016年第5期，第43页。
③"Un Estudio Revela que Rusia y China son los Países con Peor Imagen entre los Latinoamericanos", 28 de Marzo de 2022, DOI: https://www.infobae.com/america/america-latina/2022/03/28/un-estudio-revela-que-rusia-y-china-son-los-paises-con-peor-imagen-entre-los-latinoamericanos/. [2022-03-29]

	美国	德国	俄罗斯	中国
巴西	44	32	4	10
哥伦比亚	51	50	18	17
哥斯达黎加	56	38	16	21
智利	39	43	12	14
危地马拉	53	40	25	28
墨西哥	39	45	28	28
乌拉圭	40	43	10	17
委内瑞拉	66	45	16	19

资料来源：Latinobarómetro. Un Estudio Revela que Rusia y China son los Países con Peor Imagen entre los Latinoamericanos"，28 de Marzo de 2022, https://www.infobae.com/america/america-latina/2022/03/28/un-estudio-revela-que-rusia-y-china-son-los-paises-con-peor-imagen-entre-los-latinoamericanos/. [2022-03-29]

（三）中拉经贸合作的外溢效应不显著

21世纪以来，中拉经贸合作的跨越式增长并没有产生巨大的外溢效应，在促进中拉政治上的相互支持、影响拉美国家公共和外交政策、改善中国的国家形象和认知等方面的效用不明显。国内外一些相关的研究基本上都得出了否定的答案，认为中拉经济关系与政治关系没有必然的正向相关性，即经济上的相互依存度的增加并不会必然导致政治合作的加强和身份认同。

美国哈佛大学教授多明戈斯（Jorge Dominguez）是第一位做此项研究的学者。他通过研究中国与拉美国家在联大投票表决的契合度，试图论证中拉经济关系的发展是否会影响拉美国家在联合国的投票。研究表明，中国与拉美经贸关系的发展，对拉美主要大国在联合国安理会的投票行为不会产生确定性的影响。"拉美国家和中国在联合国大会上步调的一致性，自20世纪90年代初至今没发生大的变化。"①美国学者弗洛雷斯–马西亚斯（Gustavo A. Flores-Macías）和克里普斯（Sarah E. Kreps）也做了相同的研究，他们对1992年至2006年间非洲和拉美国家在联合国大会上与中国在人权相关投票上的政策趋同性与这些国家与中国贸易同步增长的关系做了研究，指出，"中国及其贸易伙伴之间的贸易越频繁，就越可能在外交政策上趋同"，但贸易水平和投票相似性在统计上的联系似乎只发生在非洲国家。②

智利学者做了一项中智经贸关系是否会影响国内政治精英思想的相关研究。研究表明，"智利精英对中国的印象是正面的。智利人似乎已经达成共识，认为亚洲国家是智利经济的好机会……另一方面，该研究并没有证明中国对智利精英的思想有影响。……中国更大的经济存在不可能取代美国在智利的影响力"③。秘鲁学者的研究也得出了相同的观点，"拉丁美洲的经济参与在21世纪急剧增加，这通常是由于中国对自然资源的需求。中国领导人一直在努力培养中国在海外的软实力。虽然秘鲁人普遍信任中国政府，然而，高度重视民主的秘鲁人不太可能把中国作为他们国家的榜样"④。

三、对命运共同体的认知差异

美国学者阿查亚（Amitav Acharya）认为，"理念转变（idea-shift）对全球治理的影响可能比正在发生的权力转移或新势力的崛起更

①Jorge I. Dominguez, "China's Relations with Latin America: Shared Gains, Asymmetric Hopes", DOI: http://www.people.fas.harvard.edu/~jidoming/images/jid_chinas.pdf, June 2006.

②Gustavo A.Flores-Macías and Sarah E. Kreps, "The Foreign Policy Consequences of Trade", *The Journal of Politics*, Vol. 75, No. 2 (2013), pp. 363, 368.

③Andres Borquez, Felipe Muñoz, Diego Leiva, "The Growing Chinese Economic Presence in Chile: Opinions Among the Chilean Elite", *China Review*, Vol. 23, No. 3, 2023, p. 151.

④Kerry Ratigan, "Are Peruvians Enticed by the 'China Model'? Chinese Investment and Public Opinion in Peru," *Studies in Comparative International Development*, No. 56, 2021, p. 87.

大"①。人类命运共同体作为一种理念，为动荡的世界朝向和平、发展、繁荣、多元包容的方向发展提供了一个理性的选择。然而，如何让人类命运共同体的理念被包括拉美国家在内的世界更多的国家认知和认同，是一个难题。

中国与拉美国家的地理和文化距离大，双方在20世纪70年代才逐步建立正式的外交关系，加之语言差异、传播渠道少等因素，拉美国家对中国的了解有限，这也影响了命运共同体理念的传播和认知。巴西学者指出，"许多巴西人仍对美国的开国元勋怀有敬意，特别是他们建设了一个基于法治、分权、民主稳固和令人羡慕的教育制度基础上的国家。巴西对中国通常没有类似的赞赏，部分原因是它悠久而传奇的历史在巴西并没有被广泛了解或研究。在公众眼中，中国是一个遥远、神秘、充满异国情调的国家"②。由于传播和文化距离的因素，拉美学术界对人类命运共同体的讨论不多。作者在拉美地区有影响的科学在线电子图书馆（https://www.scielo.org）搜索关键词"人类命运共同体"，只检索到一篇文章。因此，巴西学者不得不感叹："无论是从政治经济学还是国际关系的角度来看，了解中国可能是当代最复杂的任务之一。"③

在目前仅有的一些研究和讨论中，拉美媒体和学术界对人类命运共同体有较为客观和积极的评价。有学者指出，用霸权概念解释中国的崛起是有范式局限性的，这种局限性源于国际关系学科的欧洲中心主义看法。由于学科的局限性，对中国的崛起和"一带一路"倡议进行新的

---

① Amitav Acharya, "'Idea-Shift': How Ideas from the Rest Are Reshaping Global Order", *Third World Quarterly*, Vol.37, No. 7, 2016, p.1165.

② Hussein Kalout, "How Will Brazil Navigate the US-China Rivalry?", DOI: https://www.americasquarterly. org/article/how-will-brazil-navigate-the-us-china-rivalry/, JULY 13, 2021.

③ Bernardo Salgado Rodrigues, "Belt and Road Initiative and the Geoeconomic Implications for Brazil", Dec. 30, 2022, DOI: https://preprints.scielo.org/index.php/scielo/preprint/view/5321/10297.[2023-08-25]

研究是必不可少的，要超越霸权的概念。[①]另有阿根廷学者认为，"天下"设想的是一种"世界意识"，而不是希腊城邦概念所提出的"国家意识"。……这是理解命运共同体的前提：全球、多层面问题，取决于共同的责任和繁荣。因此，它不是个人特殊利益的总和，甚至不是平庸的利益平衡，也不是与朋友和敌人结盟的制度，而是一个共同体。[②]阿根廷国际关系理事会（CARI）外交关系和武装部队委员会主任弗拉格（Rosendo Fraga）认为，"命运共同体"的概念对该地区来说是新的，需要发展这一概念。"在我看来，中国的目标是在中期内实现'一个适度富裕的社会'，与拉丁美洲的目标和需要完全一致。我们必须努力完善发展它们。"[③]

但是，拉美学术界有很多学者对中拉命运共同体的看法与西方学者一致。阿根廷罗萨里奥国立大学教授，国家科学和技术研究委员会独立研究员奥维多（Eduardo Daniel Oviedo）认为，随着经济的崛起，"中国期待建立一个中国治下的和平（Pax Sínica）"，而实施"中国治下的和平"需要一种意识形态，能够说服其他国家相信中国治下的合法性。和谐社会、人类命运共同体、"一带一路"等具体的或意识形态的倡议，是中国政府建立大国霸权的话语和实践的一部分[④]。

---

①Lemus Delgado, Daniel Ricardo, "Las Limitaciones Paradigmáticas del Concepto de Hegemonía: China y el Sur Global", *Colombia Internacional*, No.113, 2023, pp. 106–107.

②María Francesca Staiano, "Algunas Reflexiones acerca de la Comunidad de Destino Compartido para la Humanidad en una Nueva Era...Bélica", [Ar]*Relaciones Internacionales*, Vol. 31, Núm. 63, 2022, p.221.

③Rosendo Fraga, "La Visita del Presidente Xi", Nov. 15–18, 2018, DOI: http://www.nuevamayoria.com/index.php?option=com_content&task=view&id=5692&Itemid=27. [2018–11–19]

④Eduardo Daniel Oviedo, "Argentina frente a la Comunidad de Destino de la Humanidad", *Análisis y Pensamiento Iberoamericano sobre China*, No. 55, 2018, p.56.

第三节　大国竞争与地缘政治挑战

中拉命运共同体面临的最大挑战是全球权力转移带来的体系压力。压力主要来自现有国际体系的霸权主导国美国对中国的战略竞争和遏制。随着中国的崛起，美国现在有"越来越多的共识认为，中国的崛起不仅是对美国的战略挑战，而且是一个以牺牲美国利益为代价崛起的国家"。2017年12月18日特朗普政府公布首份《国家安全战略报告》，明确把中国列为"战略竞争者"。美国国家安全的主要焦点从反恐转向大国竞争。其中，拉美特殊的地缘政治地位使美国对中国在拉美日益扩大的存在感比其他地区更加敏感，因此也受到美国更多的关注和打压。门罗主义的回归对中拉命运共同体构成了巨大的挑战。

一、中拉关系与门罗主义的强势回归

自1823年门罗主义诞生时起，美国一直将拉美视为自己的"后院"，并将域外大国在拉美的存在视为一种威胁。进入21世纪后，中拉关系的快速发展引起美国的担忧。2006年美国学者彼得·哈基姆在《外交事务》杂志上发文，警告"华盛顿正在失去拉美"[①]。2008年5月，美国外交关系委员会发表了由20多位美国著名学者和政界人士牵头起草的报告，宣称"美国在拉美的霸权时代已经完结了"[②]。但当时的美国政府及多数学者认为，"中国对美国在本地区的利益还没有构成威胁"[③]。甚至有"一种更为温和的观点认为，中国与拉美不断扩大的关系与其说是

① Peter Hakim, "Is Washington Losing Latin America?", *Foreign Affairs*, Vol.85, No.1, 2006, pp.39-53.

② Charlene Barshefsky, James T. Hill and Shannon K. O'Neil, "U.S.-Latin America Relations: A New Direction for a New Reality", May 14, 2008, DOI: http://www.cfr.org/content/publications/attachments/LatinAmerica_TF.pdf. [2022-01-02]

③ Andres Oppenheimer, "U.S. Should Fear no 'China Threat' for Now", *Miami Herald*, Sep. 29, 2005.

一种威胁，不如说是一种机遇，是中国对大宗商品和能源需求不断增长的自然表现"。①约翰·霍普金斯大学高级国际研究院西半球事务部主任赖尔登·罗特（Riordan Roett）指出："中国在一定程度上对本地区的参与创造的大量贸易顺差将会帮助稳定本地区的经济增长，美国无论如何不应将这看成一种威胁，因为本地区的繁荣符合美国的国家利益。"②2013年7月举行的中美拉美事务对口磋商达成的共识是："双方认为中拉关系和中美关系并行不悖，中美和其他国家完全可以发挥各自优势，在充分尊重拉美国家意愿前提下，共同为拉美国家的发展发挥积极作用。"③同年11月，时任美国国务卿的约翰·克里在美洲国家组织的一次演讲中宣布，门罗主义的时代已经终结④，奥巴马总统在2014年也宣布，"帝国和势力范围的时代已经结束"⑤。

然而，随着中拉关系的深入发展以及中美关系复杂性的加剧，特别是特朗普政府上台以来，美国越来越多地将中拉关系的发展看作是一种威胁，门罗主义强势回归。2017年《美国国家安全战略报告》明确表示，西半球正受到中国的威胁，"中国寻求通过国家投资和贷款将该地区置于其轨道上……并寻求在整个地区扩大军事联系和武器销售"⑥。2018年2月，时任美国国务卿的蒂勒森在得克萨斯大学演讲时称，"门罗

---

①Riordan Roett and Guadalupe Paz, ed., *China's Expansion into the Western Hemisphere Implications for Latin America and the United States'*, Washington: Brookings Institution Press, 2008, p.2.

②"China's Influence in the Western Hemisphere-Hearing before the Subcommittee on the Western Hemisphere", April 6, 2005, DOI: https://www.govinfo.gov/content/pkg/CHRG-109hhrg20404/pdf/CHRG-109hhrg20404.pdf.[2023-08-10]

③《美国务院通报中美拉美事务磋商将举行》，中国新闻网，2013年11月09日。

④John Kerry, "Remarks on U.S. Policy in the Western Hemisphere", U.S. Department of State, November 18, 2013. DOI: https://2009-2017.state.gov/secretary/remarks/2013/11/217680.htm. [2022-11-22]

⑤Dinorah Azpuru, "Is U.S. Influence Dwindling in Latin America? Citizens' Perspectives", *The Latin Americanist*, Vol.60, Iss. 4, 2016, p.448.

⑥"National Security Strategy of the United States of America", White House, December 2017, DOI: http://nssarchive.us/wp-content/uploads/2020/04/2017.pdf, p.51.

主义是一个成就",维系了西半球的民主价值观。[1]2018年9月,特朗普在联大发言时宣称,门罗主义原则是美国的一项正式的外交政策。[2]作为中国威胁论的主要鼓噪者,南方司令部司令克雷格·法勒上将(Craig Faller)2021年3月16日在国会作证时甚至称,"拉丁美洲已成为与中国发生冲突的前线"[3]。

美国强化在拉美对中国的战略遏制主要原因是门罗主义作祟,具体来说有三个方面。一是大国竞争下,拉美成为中美战略竞争的一部分。美国一些政客和学者甚至认为,"如果美国和中国之间的全球战略竞争恶化为新的地缘政治冲突,拉美将成为这种竞争的战场之一"[4]。中美战略互信的消失导致美国对中国的战略疑虑增加,美国对中国在拉美的一切活动都泛安全化。一些政策制定者和分析人士甚至认为,"中国军队可能在许多国家资助了具有双重用途的基础设施项目"[5]。有人甚至称,中国对拉美港口的投资和动作旨在实现军民两用[6],中国对外投资的双重用途已被正式纳入北京近年来一直在推广的军民融合(Military-Civil Fusion)概念,包括在"一带一路"倡议项目中。[7]二是美国认为中拉已从单纯的经济合作向科技、政治、军事合作扩张,对美国构成了

①"Secretary Tillerson Delivers Address on U.S. Engagement in the Western Hemisphere", U.S. Mission to the Organization of American States, February 1, 2018, DOI: https://usoas.usmission.gov/secretary-tillerson-delivers-address-u-s-engagement-western-hemisphere/. [2022-12-01]

②马科斯·C.皮雷斯、卢卡斯·G.德纳西门托:《新门罗主义与中美拉三边关系》,载《拉丁美洲研究》2020年第4期,第34页。

③Bill Van Auken, "US SOUTHCOM chief calls Latin America 'front line' in clash with China", DOI: https://www.wsws.org/en/articles/2021/03/18/scom-m18.html.

④Ellis, R. Evan, *The strategic dimension of Chinese engagement in Latin America. Commercial activities in strategic sectors*, Progressive Management Press, 2016, p. 493.

⑤Nicolas Devia-Valbuena; Alberto Mejia, "How Should the U.S. Respond to China's Influence in Latin America?", August 28, 2023, DOI: https://www.usip.org/publications/2023/08/how-should-us-respond-chinas-influence-latin-america.

⑥Daniel R. Russel and Blake H. Berger, *Weaponizing the Belt and Road Initiative*, New York: Asia Society Policy Institute, September 2020; and Gustavo Arias Retana, "Latin America Allows China to Take Over Ports," Diálogo Américas, December 6, 2018.

⑦Chad Peltier, "China's Logistics Capabilities for Expeditionary Operations", Janes, April 15, 2020, p. 55.

威胁。美中经济与安全评估委员会（U.S.-China Economic and Security Review Commission）在2022年提交给国会的最新报告强调，中国在拉丁美洲通信、关键矿产、基础设施甚至疫苗领域的投资给美国带来了潜在的挑战[①]。三是美国认为中国在拉美越来越有战略和地缘政治目的。美国著名的智库兰德公司在2023年4月发布的研究报告指出，"中国出于经济原因对拉丁美洲感兴趣，但是，在与美国的对抗中，现有的经济关系很容易被地缘政治考虑所取代"[②]，美国视中国的"一带一路"倡议为地缘战略挑战，"是输出中国发展模式的企图"[③]。特朗普政府的国家安全顾问博尔顿在2018年明确表示，"一带一路"倡议旨在"推进中国的全球主导地位"[④]。

随着美国总统选举的临近，美国共和党候选人几乎都高举门罗主义大旗，遏制中国在拉美地区影响的呼声高涨。因此，未来，美国因素将是中拉命运共同体面临的最大挑战。

二、美国在拉美对中国的遏制政策及其影响

为了遏制中国在拉美的影响，破坏中拉合作，美国多管齐下，政策手段既有强制性，又有对冲和软平衡；从维度看，美国不仅施压于中拉政治和军事合作，也影响中拉经济合作，重点是中拉高科技领域合作；

[①] "2022 Annual Report to Congress of the U.S.-China Economic and Security Review Commission", Nov. 2022, DOI: https://www.uscc.gov/sites/default/files/2022-11/2022_Annual_Report_to_Congress.pdf. [2023-1-10]

[②] Irina A. Chindea, Elina Treyger, Raphael S. Cohen, Christian Curriden, Kurt Klein, Carlos Sanchez, Holly Gramkow, Khrystyna Holynska, *Great-Power Competition and Conflict in Latin America*, Rand, April 25, 2023, p.10.

[③] Rhys Jenkins, "China's Belt and Road Initiative in Latin America: What has Changed?", *Journal of Current Chinese Affairs*, Vol.51, Iss. 1, 2022, p.14.

[④] L. Jones, Shahar Hameiri, "Debunking the Myth of 'Debt-Trap Diplomacy'", London: Chatham House, 2020, p.3.

从战略看，美国逐步将对拉战略融入美国对中国的竞争战略之中。

（一）胁迫外交

经贸合作符合中拉双方的利益，拉美国家不想受到美国的干扰。在劝说无效的情况下，美国便使用胁迫手段来达到其目的。由于担心与中国合作会受到美国的制裁或惩罚，拉美国家不得不在一些敏感问题上放弃与中国合作。

为了阻止美洲开发银行与中国的合作，2017年10月19日，美国财政部副部长马尔帕斯（David Malpass）致信美洲开发银行行长莫雷诺（Luis Alberto Moreno），警告中国对拉美信贷增加的风险。在美国的胁迫下，美洲开发银行不得不取消原定于2019年3月在成都举行的年会。

科技是中美战略竞争的核心，中美科技战自然而然地延伸至拉美。其中，涉及5G、光缆、网络设备的通信领域，不仅被美国视作中美科技竞争的核心，而且由于拉美特殊的地缘政治地位，被美国视作安全威胁。因此，电子通信成为美国在拉美使用胁迫手段的重点领域。典型案例是美国向拉美国家施压将华为等中国公司排除在5G设备招标之外。美国驻牙买加大使塔皮亚（Donald Tapia）威胁说，如果牙买加使用5G技术，美国可能在该国遭受自然灾害时不提供援助，因为5G网络可以给中国一个"下载美国所有数据的机会"[①]。在美国的压力下，巴西博索纳罗政府不得不将华为排除在5G政府通信的单独网络之外。2023年8月25日，哥斯达黎加总统查韦斯（Rodrigo Chaves）签署法令，该法令禁止那些未签署2001年《布达佩斯网络犯罪公约》国家的公司参与该国的5G设备招标，由此将中国公司排除在外。在美国的胁迫下，巴西、厄瓜多尔、多米尼加、哥斯达黎加等拉美国家先后加入了美国的清洁网络倡议（Clean

---

① Wazim Mowla, "Re-examining Caribbean-Chinese relations", January 12, 2021, DOI: https://theglobalamericans.org/2021/01/re-examining-caribbean-chinese-relations/.[2021-04-27]

Network initiative）"。①通信光缆也是美国施压的重点。智利的太平洋海底电缆是"一带一路"延伸至拉美后确定的第一个跨区域项目。2019年4月，智利总统皮涅拉（Sebastian Pinera）访问北京时，华为承诺投资智利的数据中心，华为最初成为铺设海底电缆的主要候选者。随后，美国国务卿蓬佩奥访问智利，对皮涅拉总统施压。在美国的压力下，智利选择了经过日本、澳大利亚而非中国上海的跨太平洋电缆线路。此外，美国还以安全为由，直接干预中国与拉美国家的合作。2021年10月，智利政府公司与一家中国牵头中德合资企业签订了一份价值2.05亿美元的合同，该企业将在未来十年为智利生产身份证和护照。几天后，美国国土安全部威胁将取消对智利的免签计划，智利不得不取消了与中国企业的合同。2022年5月，美国驻墨西哥大使萨拉查（Ken Salazar）致信墨西哥外交部长埃布拉德（Marcelo Ebrard），以中国的扫描设备在数据完整性和传输方面不可靠为由，要求墨西哥不要采购中国的扫描设备。

（二）对冲战略

特朗普政府和拜登政府提出了一系列计划，提出增加对拉美国家的基础设施投资和融资，以对冲中国的"一带一路"倡议。2018年4月特朗普政府提出了"美洲增长"倡议（Growth in the Americas initiative），由美国财政部牵头，多个部门协调，加大对拉美国家在能源和交通基础设施方面的投资。为此，美国在2018年10月成立了国际发展金融公司（DFC），并将对拉美的融资增加一倍，提高到120亿美元，目的是"帮助拉美国家避开北京设置的不透明和不可持续的债务陷阱"。2022年6月拜登政府在美洲峰会上又提出了美洲繁荣伙伴关系（Americas Partnership for Economic Prosperity，APEP），2023年1月拜登政府与巴巴多斯、智

---

① 2020年8月6日由美国国务院提出，主要有5项措施：清洁运营商、清洁商店、清洁应用程序、清洁云和清洁电缆。

利、哥伦比亚、哥斯达黎加、多米尼加、厄瓜多尔、墨西哥、巴拿马、秘鲁和乌拉圭等11个拉美国家签署了美洲经济繁荣伙伴关系宣言，美国承诺加大对拉美的基础设施投入，为拉美国家的商品提供更多进入美国市场的机会。2021年5月27日，美国副总统哈里斯（Kamala Harris）访问中美洲前夕，提出了中美洲伙伴计划（Partnership for Central America programme）[①]，美国承诺向北部三角国家提供42亿美元投资[②]。

此外，美国还在双边层面向一些国家提供资金、援助等，"帮助它们摆脱对中国的依赖"。2021年1月美国国际发展金融公司（FDC）向厄瓜多尔提供35亿美元贷款，帮助它缓解债务压力，条件是厄瓜多尔承诺在其电信网络中不使用任何中国技术，且在公共部门资产私有化时，由双方共同决定。FDC执行董事亚当·博勒（Adam Boehler）将这一做法称为将中国赶出拉美国家的"新模式"，是一种"有趣和创新的方法"[③]。2022年12月23日，拜登政府签署了由美国参议员罗伯特·梅内德斯提出的《2022年美国–厄瓜多尔伙伴关系法案》（The United States Ecuador Partnership Act of 2022），该法案将加强厄瓜多尔与美国的关系。

美国的对冲战略在多大程度上影响中拉合作取决于美国对拉美的投入。但无论如何，拉美国家是受益的一方，因此有些拉美国家将中美战略竞争看作是机会。2023年7月，智利总统博里奇（Gabriel Boric）表示，北京"不寻求购买智利，也不寻求行使绝对霸权"，但"只依赖一

① "FACT SHEET: Vice President Harris Launches a Call to Action to the Private Sector to Deepen Investment in the Northern Triangle", MAY 27, 2021, DOI: https://www.whitehouse.gov/briefing-room/statements-releases/2021/05/27/fact-sheet-vice-president-harris-launches-a-call-to-action-to-the-private-sector-to-deepen-investment-in-the-northern-triangle/. [2023-9-10]

② "FACT SHEET: Vice President Harris Announces Public-Private Partnership Has Generated More than \$4.2 Billion in Private Sector Commitments for Northern Central America", DOI: https://www.whitehouse.gov/briefing-room/statements-releases/2023/02/06/fact-sheet-vice-president-harris-announces-public-private-partnership-has-generated-more-than-4-2-billion-in-private-sector-commitments-for-northern-central-america/.[2023-9-10]

③ Gallagher K. y J. Heine. 2021. "Biden needs to reverse Trump's economic policy in Ecuador". *The Hill*, 26 January.

个国家是不好的，包括中国。我们有兴趣使我们的经济多样化"。①巴西前外长阿莫林（Celso Amorim）曾表示，中国已成为世界上最大的投资来源国之一，巴西是中国在拉美投资的首选目的地，两国合作潜力巨大。但"巴西必须找到一个平衡点。我们不能把所有的鸡蛋放在一个篮子里"②。

（三）"长臂管辖"

美国长期实施"长臂管辖"，对"违反"美国国内法的国家实施制裁。近年，美国长臂管辖范围不断扩大，对国际政治经济秩序和国际法带来了严重危害，也对中拉合作产生了重要影响。

拉美许多国家受到美国的制裁。古巴是受美国制裁最久的国家之一。自20世纪60年代，美国一直对古巴实行全面经济禁运。1992年美国通过了《古巴民主法案》，禁止在过去180天内与古巴进行贸易的船只停靠美国港口。1996年克林顿签署《赫尔姆斯-伯顿法案》（Helms-Burton Act），禁止与古巴有业务往来的外国公司在美国开展业务。自2006年，美国以支持恐怖主义、协助贩毒和侵犯人权为由，不断加大对委内瑞拉的制裁力度。委内瑞拉与古巴一道成为美国在全球范围内维持广泛制裁的五个国家之二。这意味着它们几乎所有交易都在某种程度上受到监管。自2018年起，美国又加大了对尼加拉瓜的制裁力度。

美国对拉美的制裁，加剧了中国对拉美相关国家的贸易和投资的风险。其中，特朗普为了对委内瑞拉极限施压而采取的制裁措施对中国的影响很大。因为在美国制裁之前，委内瑞拉是中国石油重要的进口来源

---

①Gabriel Boric busca evitar que Chile dependa de China y se acerca a la Unión Europea, 23 Jul, 2023, DOI: https://www.infobae.com/america/america-latina/2023/07/23/gabriel-boric-busca-evitar-que-chile-dependa-de-china-y-se-acerca-a-la-union-europea/.

②"China-Brazil Ties to Get Boost if Lula Wins, Says Ex Foreign Minister", *Reuters*, Jan. 24, 2022, DOI: https://www.usnews.com/news/world/articles/2022-01-24/china-brazil-ties-to-get-boost-if-lula-wins-says-ex-foreign-minister.

以及工程承包和金融合作主要对象。2019年，美国为了切断委内瑞拉政府的经济命脉，将制裁扩大到石油部门，禁止进口委内瑞拉原油、冻结委内瑞拉国家石油公司在美境内资产等。与委内瑞拉有贸易和石油投资的两家中国石油企业——中石化和中石油不得不在2019年8月停止从委内瑞拉进口原油和燃料。此外，美国以委内瑞拉总统马杜罗破坏民主为由，在2020年对中国电子进出口公司（CEIEC）实施制裁。

近年，中国的华为、中兴等高科技企业成为美国制裁的主要目标，这也会影响拉美国家与中国高科技企业的合作，因为拉美国家政府担心会引起美国的制裁或威胁，不得不放弃与中国高科技企业的合作。

（四）盟友合作

2021年6月拜登政府与西方盟友在七国集团峰会上提出了"重建更美好世界"（B3W）倡议，计划投资数亿美元，以满足包括拉美国家在内的发展中国家对基础设施的需求。2022年6月22日，七国集团峰会提出了"全球基础设施和投资伙伴关系"（Partnership for Global Infrastructure and Investment，PGII）计划，取代了B3W计划，目标是在2027年前筹集6000亿美元，作为发展中国家发展基础设施的资金，拉美也是投资目的地之一。

2023年6月，美国宣布与澳大利亚、加拿大、芬兰、法国、德国、日本、韩国、瑞典、英国和欧盟建立矿产安全伙伴关系（Minerals Security Partnership, MSP），致力于建立强大、负责任的关键矿产供应链，以支持经济发展和能源转型目标的实现。拉美是世界上锂矿资源最丰富的地区，中国是世界上最大的锂电池生产国，该计划可能对中国在拉美的锂矿投资产生影响。

欧盟力图重新恢复在拉美的影响力。2023年6月7日欧洲委员会提出了欧盟—拉美和加勒比关系的新议程。2023年7月，欧盟—拉共体峰会在经历了拖延8年后再次举行。在此次峰会上，欧盟宣布了全球门户计划

（Gateway initiative），作为该计划的一部分，欧洲表示，到2027年，它将利用欧盟基金、成员国捐款、开发银行和私营部门的资金，在拉丁美洲和加勒比地区投资超过450亿欧元(506亿美元)。

（五）污名化战略

随着中拉经贸关系从贸易向投资、金融扩展，中拉合作从经贸向政治、科技、军事、人文等多维度展开，中拉关系从相对简单向较为复杂的阶段转变，中拉关系中也不可避免地出现一些问题。美国利用这些问题污名化中国，美国先后给中国贴上了"新殖民主义"、"掠夺性行为者"（predatory actor）[①]、"债务陷阱的制造者"、"环境破坏者"等标签。

美国为了应对中国在拉美影响力的增加，加强了对中国在拉美活动的监控和中国威胁论的宣传。美国参议院在2020年8月17日提出的《美洲提升竞争力、透明度和安全法案》（Advancing Competitiveness, Transparency, and Security in the Americas Act, ACTSA），扩大了对中国在美洲的经济、政治、安全和情报活动的监控，要求所有美国驻拉丁美洲和加勒比大使馆和领事馆任命一名中国业务专员（China Engagement Officer），并批准1000万美元资金用于美洲的公民社会互联网自由项目。2021年4月美国参议院外交关系委员会通过的《2021年战略竞争法案》（Strategic Competition Act of 2021），同意设立"反击中国影响力基金"，五年费用为15亿美元，拉美是受基金支持的重点地区。

美国不断炒作中国威胁论。在厄瓜多尔莫雷诺政府与中国谈判石油换债务问题时，美国国家安全委员会（National Security Council）2020年7月28日在推特上表达对厄瓜多尔总统莫雷诺（Lenin Moreno）的支持，

[①] Richard Miles, "Last, Team Trump Has a Western Hemisphere Policy", February 9, 2018. DOI: https://www.csis.org/analysis/last-team-trump-has-western-hemisphere-policy. [2019-08-23]

称反对"任何针对其经济和环境主权的侵略行为"①。佛罗里达州共和党众议员萨拉查（Elvira Salazar）2023年2月在众议院外交关系委员会称，阿根廷以及委内瑞拉和玻利维亚等国允许中国在拉丁美洲获得军事立足点。"中国人来这里不是为了贸易。他们是来打仗的。"②

除此之外，美国近年还炒作和打击中国远洋渔船在拉美，特别是南美太平洋地区的所谓"非法、未报告和不受管制的捕鱼（IUU）活动"。2020年8月2日，美国国务卿蓬佩奥（Mike Pompeo）指责中国"经常侵犯拉美沿海国家的主权和管辖权"。其后，美国参议院拨款委员会同意提供2830万美元的额外拨款，用于资助南方司令部在情报、监视和侦察方面尚未满足的需求，其中特别提到"打击中国的掠夺性经济和非法捕鱼"③。美国大学拉丁美洲研究中心（CLALS）和调查新闻组织"透视犯罪"（InSight Crime）在2022年8月的《拉丁美洲和加勒比地区的IUU捕鱼犯罪》（IUU Fishing Crimes in Latin America and the Caribbean）报告中指出："IUU对美国及其拉丁美洲和加勒比邻国的安全和福祉构成了潜在的持久威胁。"此外，美国还将海岸警卫队的船只派往拉美国家，帮助拉美国家打击IUU活动，主要针对中国。

此外，美国将毒品泛滥也甩锅给中国，指责中国向美国和拉美国家走私制作毒品的原料芬太尼。拜登政府将包括中国在内的20多个国家列为"主要毒品中转国或主要非法毒品生产国"。

另外，美国还大肆炒作中国在拉美的战略和军事意图，渲染中国威胁论。美国称，2018年以来，中国在阿根廷巴塔哥尼亚地区运营了一个

---

① "Estados Unidos dio su apoyo a Ecuador en soberanía económica y ambiental por presencia de flota china", DOI: https://www.eluniverso.com/noticias/2020/07/29/nota/7923495/estados-unidos-ecuador-china-galapagos-flota-pesca.

② "China flexes muscles in Latin America in latest security challenge to US", March 13, 2023, DOI: https://www.wgmd.com/china-flexes-muscles-in-latin-america-in-latest-security-challenge-to-us/.

③ LARA SELIGMAN, "Biden urged to focus on long-neglected Latin America as chaos erupts", biden-latin-america-crisis-49975, 20/15/2021.

空间站，谈判在火地岛建立一个军事海军基地，这将使中国人民解放军海军进入南极和南大西洋。

美国对中国诸多的不实指控和恶意揣测，夸大宣传，目的是破坏中国的国家形象，渲染中国威胁论，破坏中拉合作的民意基础。

（六）结构性压力和制度性制约

虽然美国在拉美的影响力下降，但其影响力仍不可忽视。美国仍是拉美国家最大的贸易伙伴，2020年美国占拉美9个国家外国直接投资（FDI）存量的37%，而中国只占8%。美国对拉美的援助仍是巨大的，2022财政年度，拜登政府为拉美地区申请援助拨款达21亿美元。此外，美国在拉美仍保持着强大的军事存在，没有哪个大国能像美国那样在拉丁美洲拥有如此大规模的军事部署和影响力。尽管拉美在美国的安全战略处于较低的优先级，但美国在近年加强了与巴西、厄瓜多尔等国家的安全合作，阿根廷、哥伦比亚和巴西（2019）获得了非北约主要盟国（Aliado Mayor No-OTAN）的地位，它们由此将获得美国军事训练和装备的特权，以及合作研究和开发项目的资格。拜登政府还邀请巴西主办2022年在拉美每年举行的UNITAS多国海上演习，并表示支持巴西作为北约全球伙伴。另外，不可忽视的是美国与拉美在文化、移民家庭纽带方面的联系。美拉不对称关系对拉美国家会产生巨大的结构性压力，从而影响拉美国家对外战略选择。

墨西哥在地理上靠近美国，占美拉贸易的70%，美国移民总数的25%，这使墨西哥成为拉美国家受制于美拉之间结构性压力最大的国家。1994年加入北美自由贸易区（NAFTA）后，墨西哥经济融入美国和加拿大的北美地区，墨西哥对美国的经济依赖加深，身份定位也从一个拉美国家转变为北美国家，美墨关系的结构性变化使墨西哥不仅在经济上，而且在政治上和对外关系上逐步倒向美国，美国因素也成为影响墨西哥外交的决定性因素①。墨西哥前驻美国大使巴尔塞纳（Martha Bárcena）明确表示，"对墨西哥来说，美国仍然是其最优先考虑的国家，每个拉美国家都需要优先考虑自己的国家利益"②。

美墨之间紧密依存关系对中墨关系也产生了一定的结构性压力，加之中墨在第三方市场，特别是美国市场的竞争，两国有巨额贸易逆差，墨西哥政界和商界一直把中国看作是墨西哥的威胁。③尽管涅托总统在执政期间，希望加强与中国的合作，但受到内外压力，不得不在2014年取消中国铁建（CRCC）修建墨西哥城和克雷塔罗（Querétaro）的高速客运铁路合同。中墨关系出现的问题，被视为"一种地缘政治逻辑，而不是纯粹的金钱逻辑"④。特朗普上台后重新修订北美自由贸易协定，在2018年9月30日三国签署的美墨加协定（USMCA）中，美国通过修订原产地规则以及增加禁止成员国与"非市场"国家谈判签署自由贸易协议的"毒丸"条款，从制度上限制了中墨间的经贸合作。

中墨这种结构性矛盾并没有因为左翼总统洛佩斯（López Obrador）上台而改变。在2021年11月北美领导人峰会时，墨西哥总统洛佩斯呼吁加强美加墨经济一体化，以应对中国的指数级增长（crecimiento exponencial）和贸易扩张⑤。2021年7月24日，他在纪念西蒙·玻利瓦尔

---

① Rafael Velázquez Flores, "La Política Rxterior de México Bajo una Administración de Izquierda: Cambios y Continuidades 2018-2021", [Mexico]Revista de Relaciones Internacionales de la UNAM, Núm. 141, p.197.

② "Navigating the China-U.S. Divide: A Challenge for Latin America", DOI: https://www.as-coa.org/watchlisten/navigating-china-us-divide-challenge-latin-america, Oct 20, 2021.

③ "China no es una amenaza económica, replican a AMLO; sugieren complementación", DOI: https://www.forbes.com.mx/economia-china-no-es-una-amenaza-economica-replican-a-amlo-sugieren-complementacion/.

④ Luis Rubio, "The US-China-Mexico Triangle: a strategic assessment- Testimony Before the U.S.-China Commission Economic and Security Review Commission", DOI: May 20, 2021, https://www.uscc.gov/sites/default/files/2021-05/Luis_Rubio_Testimony.pdf.

⑤ "AMLO llama a 'detener' a China: pide más integración entre México, EU y Canadá", noviembre 18, 2021, DOI: https://www.elfinanciero.com.mx/nacional/2021/11/18/marco-rubio-senador-norteamericano-dice-que-amlo-apoya-a-tiranos/. [2021-12-07]

诞辰238周年对拉共体讲话时甚至渲染中国威胁论，称中国在全球出口和服务市场所占份额的不断增加，"不仅在经济领域是不可接受的不平衡，而且还增加了使用武力解决这一差距的诱惑，这将使我们所有人处于危险之中"。"美国不仅在军事上强大，而且在经济上强大，这符合我们的利益。"①基于这种结构性矛盾，有学者指出"美加墨三国的繁荣、经济、基础设施、安全以及公共卫生是相互交织的，不要指望中国在这里取得重大进展"②。

---

①Natalia Saltalamacchia y Sergio Silva, "El discurso de López Obrador ante la CELAC: el grano y la paja", 28 julio, 2021, DOI: https://revistafal.com/el-discurso-de-lopez-obrador-ante-la-celac-el-grano-y-la-paja/.[2022-09-26]

②James Jay Carafano, "The Great U.S.-China Divorce Has Arrived", DOI: https://nationalinterest.org/feature/great-us-china-divorce-has-arrived-146177, April 20, 2020.

结语

前景与战略选择

尼迪克特·安德森（Benedict Anderson）将民族和国家看作是"想象的共同体"，它们存在于成员的头脑和心中，而不是现实世界中。通过某种"想象"方式将其成员团结在一起。①而人类命运共同体作为中国对未来世界的美好愿景和目标，并非幻想出来的，是有现实基础的。而且，面对世界百年大变局，世界从来没有像现在这样，需要抛弃旧的、现实主义的零和思维，来避免世界的不确定性甚至战争的风险。而人类命运共同体倡导的和平、发展、合作、共赢的理念为这个动荡的世界提供了一个理性的选择。

人类命运共同体的实现路径是构建一个多层次的关系网络，与国际社会中志同道合的国家和地区伙伴，促进共同的利益和身份认同，共同应对全球化挑战。中拉命运共同体是人类命运共同体全球多层次关系网络的一部分。中拉有共同的发展利益，对构建一个和平、繁荣、公平正义、多元包容的世界有共同的利益诉求，从而奠定了中拉命运共同体的政治基础。中拉携手构建命运共同体必将为这个动荡的世界提供更多的确定性和稳定性。

中拉命运共同体的构建是一个长期的目标。面对各种挑战，中拉应继续以发展合作为导向，在"一带一路"合作框架下，强化经济的压舱石作用，扩大双方的利益融合，与此同时，中国对拉美应保持战略耐心和战略定力，推动中拉命运共同体走深走实。

---

① [美] 本尼迪克特·安德森：《想象的共同体》，吴叡人译，上海人民出版社，2011。

一、以中国的确定性应对世界的不确定性

世界正面临百年未有之大变局，世界的和平与发展受到挑战。这主要体现在几个方面。一是去全球化。所谓去全球化，是指削弱国家间相互依存的程度。冷战结束后，全球化进程加速，贸易和投资快速增长，贸易全球化在2007年至2010年间达到顶峰，外国直接投资的增长在2007年至2011年间达到顶峰。在贸易和投资的推动下世界经济曾出现了长周期的增长和繁荣，中拉经贸合作也受益于此。但2008年国际金融危机之后，世界经济出现了去全球化趋势，英国《经济学人》甚至认为，自2008年金融危机后全球化已经停止或消退。保护主义似乎是世界经济复苏的一种可能选择，最终导致商品和服务的跨境贸易受到限制。2017年特朗普对中国的贸易战、新冠疫情、美国对中国的产业脱钩和去风险的政策，俄乌冲突等进一步加剧了去全球化的风险，这导致后疫情时代世界经济复苏充满了不确定性。二是世界权力转移正在使冷战后形成的国际和平与发展的主题被大国竞争所取代，国家间的竞争和冲突加剧，战争的风险加大。三是以联合国为主导的多边主义受到挑战，联合国及国际多边机构的作用下降，越来越多地成为大国权力斗争的战场。

在世界的动荡变革期，不确定性是这个时代的主要特征。特朗普上台、美国国会山冲击事件、中美贸易战和科技战、世纪疫情、俄乌冲突等"黑天鹅"事件一个接一个地发生。拉美学者将世界的不确定性比作"流沙"（arenas movedizas），认为"当前世界政治和经济的发展呈现的不是秩序，而是混乱。反过来，这种不确定性正在经历一场看不到尽头的霸权过渡。美国是一个泥足巨人，放弃了作为世界领袖的使命，而中国的不可阻挡的崛起巩固了它从财富向权力的过渡。新冠疫情加速了

一切，但也使其更加有形和密集。"①另有阿根廷学者指出，目前世界正面临着三重危机，全球化危机、全球治理危机和国际自由秩序危机。国际体系正在经历一个复杂的过渡，具有高度的不确定性和加速转型趋势，这意味着全球地缘经济和地缘政治的重塑②。玻利维亚前总统、拉美左派智囊阿尔瓦罗·加西亚（Álvaro García Linera）将目前全球秩序的不确定性，局限性、矛盾和分裂的状态比作"日落的时间，而不是日出的时间"，称"没有选择，没有替代方案"。③

由于这种不确定性，拉美国家面临着战略选择困境。有一种观点认为，中国崛起正在终结西方时代，形成"中国之治"，拉美国家必须加强与中国的合作④。瓦加斯基金会（Fundação Getulio Vargas）国际关系教授奥利弗·斯图恩克尔（Oliver Stuenkel）说，"巴西的未来更多地取决于中国，而不是美国"。⑤然而，在拉美也有另外一种观点认为，由于中国经济增长放缓和美国对中国的战略遏制，中国的发展模式和中拉经贸合作已经触顶⑥。这种观点在一定程度上会影响拉美国家与中国合作的信

---

①Esteban Actis y Bernabé Malacalza, "Autonomía Líquida: América Latina y la Política Exterior en el Siglo XXI", DOI: https://www.perfil.com/noticias/internacional/esteban-actis-bernabe-malacalzaautonomia-liquida-america-latina-y-la-politica-exterior-siglo-xxi.phtml. [2020-10-26]

②Andrés Serbin, "América Latina y el Caribe Frente a un Nuevo Orden Mundial: Crisis de la Globalización, Reconfguración Global del Poder y Respuestas Regionales", en Andrés Serbin (Editor), América Latina y el Caribe Frente a un Nuevo Orden Mundial: Poder, globalización y respuestas regionals, Icaria Editorial – Ediciones CRIES, 2018, p.13.

③Bernarda Llorente, "Álvaro García Linera: 'Vivimos un tiempo de desgarramientos del orden mundial'", https://www.telam.com.ar/notas/202201/582209-entrevista-exclusiva-alvaro-garcia-linera.html, 1 de febrero de 2022.

④[巴西]奥利弗·施廷克尔：《中国之治终结西方时代》，宋伟译，北京：中国友谊出版社，2017年。

⑤"Bolsonaro hosts BRICS summit: his heart with Trump but Brazil's economy in need of Beijing", November 13 2019, DOI: https://en.mercopress.com/2019/11/13/bolsonaro-hosts-brics-summit-his-heart-with-trump-but-brazil-s-economy-in-need-of-beijing.

⑥Javier Vazquez, "El modelo económico de China ha tocado techo. ¿Podrá Pekín cambiarlo?", 09/03/2023, DOI: https://analisisglobal.com/2023/03/09/el-modelo-economico-de-china-ha-tocado-techo-podra-pekin-cambiarlo/; Jorge Heine, "¿Tocó techo la presencia china en América Latina?", Cuadernos de Política Exterior Argentina(Nueva Época), No.129, 2019, p.93.

心和战略选择。阿根廷首富爱德华多·尤尼金（Eduardo Eurnekian）在2019年10月大选前公开呼吁阿根廷下一任总统，"除了拥抱美国之外，没有其他增长途径""与中国结盟只会加剧贫困""如果阿根廷犯了一个新的地缘政治错误，就像它在过去80年里所犯的错误一样，一次又一次地选择错误的政治盟友，阿根廷将注定失败"。[①]

面对世界政治经济的不确定性，人类命运共同体倡导的和平、发展、合作、共赢的理念为世界向何处去提供了一个理性的选择。而中国倡导的"一带一路"为包括拉美国家在内的世界各国开展合作提供了一个重要的平台，从而为不确定的世界提供了更多的确定性和稳定性。在拉美国家面临战略选择困境时，中国对拉战略要给予拉美国家信心，稳定拉美国家对中国的战略预期。为此，中国应继续改革开放，做大做强，保持崛起的势头，用自身的发展和强大为世界、为中拉合作提供更大的确定性，增加拉美国家对中国发展的信心。

此外，中国对拉战略目标明确，路径清晰，规划性及可操作性强，这是中拉关系发展的最大确定性，为中拉关系向着可预期的方向发展提供了政治上的保障。但中国对拉政策的关键在于落实，并产生政策效果。只有这样才能增加中国对拉战略的国际信誉及竞争力。

对于中拉身份认同导致的政治合作困境，中国应保持战略耐心，通过扩大利益共同点，改善传播方式，加强民心沟通，提升软实力，逐步提升双方的政治认同。

二、以"一带一路"为引领，深化中拉发展的命运共同体

尽管出现了去全球化的趋势，但如新加坡学者马凯硕（Kishore

[①]Pablo Gonzalez, "Argentine Billionaire Warns Fernandez against Closer China Ties", Bloomberg, September 18, 2019. DOI: https://www.yahoo.com/finance/news/argentine-billionaire-warns-fernandez-against-100000907.html. [2019-11-09]

Mahbubabi）在《大融合》（*the Great Convergence*）一书中指出的，不管人们喜欢与否，全球化是不可避免的。逆全球化只是暂时的，由科技推动的全球化是不可逆转的。中国倡导和推动的"一带一路"，促进世界互联互通，已成为新型全球化的解决方案和公共产品。

"'发展'一词，作为一个终极概念，是西方国际关系理论中几乎没有的一个概念"①，但它却是中拉关系的最大公约数和中拉构建命运共同体的压舱石。尽管拉美地区存在一些不确定性的因素，对中拉合作有一些不和谐的声音、不同的判断和观点，但在促进发展问题上，中国与拉美是有共识的。中国将发展作为第一要务，在拉美，发展问题在外交中占据主导地位。"自19世纪末以来，拉美国家主要关注经济发展和社会经济问题……这种压倒性的考量已经优先于战争与和平等传统安全问题。因此，从国内和国际角度来看，（拉美的）核心政治利益仍然是经济发展和不发达，而不是权力或国家间安全。"②发展，无论对于拉美的左翼政府还是右翼政府都是优先目标。而中国作为世界经济的引擎是他们绕不开的选择。拉美一些右翼政府，如阿根廷的马克里政府（Mauricio Macri，2015—2019）和巴西的博索纳罗政府（Jair Bolsonaro，2019-2022）在上台时都曾提出要调整对中国的政策，但在现实面前不得不重新加强与中国的合作，博索纳罗甚至表示，"中国越来越同巴西的未来息息相关"③。厄瓜多尔石油与不可再生资源部长卡洛斯·佩雷斯说："我们并不在乎与谁做生意，无论是美国、俄罗斯还是中国。我们在乎的是公平的贸易、公平的价格以及获得最大的利益，谁能促进厄瓜多尔

---

①María Francesca Staiano, "La Relaciones Internacionales entre China y América Latina", Humania del Sur, Año 13, Nº 25, 2018, p.49–50.

②Heraldo Muñoz, "Los Estudios Internacionales en América Latina: Problemas Fundamentales", *Estudios Internacionales*, Vol.13, No.51, p.335.

③《巴西总统：中国同巴西的未来息息相关》，人民网，2019年11月14日，网址链接：http://finance.ifeng.com/c/7rbFIjU20PG。[2019-11-15]

经济发展，谁能给厄瓜多尔人民带来福祉，我们就和谁合作。"①

此外，坚持人类命运共同体合作共赢的理念，着手解决中拉合作中出现的结构性问题，实现中拉关系的合作共赢，让拉美国家从中国的发展中获得实实在在的好处。目前，拉美国家对中拉经贸结构仍存在不满和质疑。巴西学者认为，中国的"一带一路"，"尽管带来了好处，但对巴西的生产结构产生了负面影响，加剧了出口的初级产品化，致命的荷兰病长期存在导致专业化倒退，并加剧了去工业化"②。阿根廷学者认为，"中拉双边贸易关系强化了阿根廷和巴西等拉丁美洲国家可能出现的依赖和倒退。从这个角度来看，与中国的关系意味着采用传统的中心—外围模式，这阻碍了工业化进程和拉丁美洲后续的社会经济发展……导致拉美在国际秩序中的地位作用不会发生重大变化"③。针对中拉经贸关系中的结构性问题，中国应加大中拉产业合作，扩大对拉美的技术转移，助力拉美实现结构性转型，实现中拉互利共赢。

虽然，拉美政治稳定和社会稳定受到一定挑战，给中拉合作构成了一定风险和挑战，但政治上，拉美政局总体可控，除少数国家外，大多数国家仍在民主的框架内解决各种矛盾和冲突。此外，发展是解决目前拉美面临的经济政治困境和社会不稳定的一剂良药，各国都把发展作为优先的目标。对中国来说，拉美仍是"充满活力与希望的热土……拥有巨大发展潜力和良好发展前景，是国际格局中不断崛起的一支重要力量"④。

---

① 《"谁能促进厄瓜多尔经济发展 我们就和谁合作"》，《21世纪经济报道》，2018年11月22日。
② Bernardo Salgado Rodrigues, "Belt and Road Initiative and the Geoeconomic Implications for Brazil", Dec. 30, 2022, DOI: https://preprints.scielo.org/index.php/scielo/preprint/view/5321/10297.[2023-08-25]
③ Florencia Rubiolo y Gonzalo Fiore-Viani, "China en el Orden Liberal Internacional: Debates Globales y Lecturas desde América del Sur", *Revista Latinoamericana de Estudios de Seguridad*, No. 35, 2023, p.103.
④ 《中国对拉美和加勒比政策文件》，载《人民日报》2016年11月25日第10版。

三、保持战略的定力，应对大国竞争的挑战

美国因素是中国崛起必须面对的"崛起困境"。因为中国崛起的过程就是一个中国对美国主导的国际体系的影响力不断增强的过程，而且"一个大国崛起对国际体系形成的影响力越大，导致其面临的国际体系压力就越大"[1]。中国在拉美影响力的不断扩大是中国实力地位不断提升的一个体现。而拉美特殊的地缘政治地位，使中国在拉美地区面临的体系压力更大。

大国竞争给世界和平与发展带来巨大挑战，这不符合中国的利益，也不符合世界各国的利益。正如摩根索在《国家间政治》中所说的："理性的外交政策将是好的外交政策，因为只有理性的外交政策能够最大限度地减少危险和最大限度地使国家获利。"[2]中拉推动构建命运共同体并非要建立排他性的联盟。美国布朗大学沃森国际与公共事务研究所高级研究员斯道林斯（Barbara Stallings）指出，中国与拉美积极联盟，"意味着一系列限制美国进入该地区的政策……但这种可能性是非常低的……此举既不符合中国的利益，也不符合拉美的利益"[3]。因此，美国以现实主义国家利益最大化的理性选择为出发点，在经历一段对中国战略遏制的非理性政策之后，最终会回归理性，如现实主义政治家基辛格所说，"对（中美）共存的政策保持开放态度"[4]。在拉美，如果美国改变认知，中美两国在拉美可以实现合作共赢。因为中拉合作有利于拉美的繁荣和稳定，而一个繁荣和稳定的拉美符合各方的利益。

---

① 阎学通、曹玮：《超越韬光养晦：谈3.0版中国外交》，天津：天津人民出版社，2016年7月，第5页。
② 汉斯·摩根索：《国家间政治》，孙芳、李晖译，海南：海南出版社，2008年，第11页。
③ Barbara Stallings, "The U.S.–China–Latin America Triangle", Riordan Roett and Guadalupe Paz, ed., *China's Expansion into the Western Hemisphere Implications for Latin America and the United States'*, Washington: Brookings Institution Press, 2008, p.255.
④ Mathias Döpfner, "INTERVIEW: Henry Kissinger on the political consequences of the pandemic, China's rise, and the future of the European Union", April 25, 2021, DOI: https://www.businessinsider.com/henry-kissenger-interview-politics-after-pandemic-china-europe-2021-4.

面对美国战略遏制，奉行战略自主且实现对外关系多元化的拉美国家并不会追随美国，抵制与中国的发展合作。拉美国家领导人曾多次宣告门罗主义时代已结束。早在2013年委内瑞拉总统查韦斯就说过，拉共体成立将埋葬门罗主义①。墨西哥总统洛佩斯也表示过，"美国继续奉行门罗主义或'美国属于美国人'的口号已经不可能了"②。现在，拉美国家有许多共识，"在一场新冷战的阵痛和一个世纪以来最严重的危机中，拉丁美洲必须走一条精确校准的美国和中国之间的中间道路，而不是落入这样的陷阱，在华盛顿和北京之间选边站"③"新的冷战不仅损害美国的国家利益……拉丁美洲能够也应该采取措施，确保我们不再是大国的战场"④。因此，积极的不结盟（El no alineamiento activo）政策、平衡外交⑤、弹性外交（Diplomacia elástica）⑥、流动性自主等成为许多拉美大国的外交战略选择。虽然墨西哥总统希望加强与美国的联系，但墨西哥学者也指出，"墨西哥必须对与中国建立战略关系保持开放态度，但必须是一种平衡的关系""我们不想制造任何形式的依赖，既不依赖中国，也不依赖美国"⑦。

虽然拉美一些小国对美国的依赖较大，但也不希望受制于美国，

① "Bolívar's second coming and the end of the OAS, or a damp squib?", *Weekly Report*, 08 December 2011.

② William Camacaro, Frederick Mills, "Decolonization, Multipolarity, and the Demise of the Monroe Doctrine", December 6, 2022, DOI: https://www.coha.org/decolonization-multipolarity-and-the-demise-of-the-monroe-doctrine/.

③ Jorge Heine and Carlos Fortín, "Latinoamérica: no alineamiento y la segunda Guerra Fría", *Foreign Affairs Latinoamérica*, Vol. 20, No 3, 2020, p.112.

④ Juan Gabriel Tokatlian, "Latin America Doesn't Want a New Cold War", April 28, 2022, DOI: https://www.americasquarterly.org/article/latin-america-doesnt-want-a-new-cold-war/. [2022-04-29]

⑤ "América del Sur en la Nueva Geopolítica Global: Entrevista a Celso Amorim", *Nueva Socieda*, No.301, 2022.

⑥ Martín Dinatale, "Diplomacia elástica: las últimas jugadas ambivalentes de Alberto Fernández en política exterior", 06/06/2022, DOI: https://www.cronista.com/economia-politica/diplomacia-elastica-las-ultimas-jugadas-ambivalentes-de-alberto-fernandez-en-politica-exterior/.

⑦ Mary Kay Magistad, "China's new Silk Road runs through Latin America, prompting warnings from the US", DOI: https://news.wbfo.org/post/chinas-new-silk-road-runs-through-latin-america-prompting-warnings-us, Oct 6, 2020, 2020年10月8日下载。

希望发展与中国的合作。安提瓜和巴布达总理加斯顿•布朗（Gaston Browne）明确表示，"加勒比国家奉行实用主义"，加勒比共同体（CARICOM）成员国是"所有国家的朋友，没有敌人"①。2021年6月24日，巴拿马外交部长艾丽卡（Erika Mouynes）说，"中国是一个我们不能忽视的经济大国，中美洲国家维持与中国的良好关系，采取'中立'立场，而不是介入两个巨人之间的纠纷。"②。牙买加针对美国的压力表示，"在当前的世界秩序下，中国这样的新权力中心崛起，像牙买加这样的小国越来越有兴趣维持一个可行的多边伙伴关系体系"③。尽管厄瓜多尔是美国极力拉拢的对象，厄瓜多尔加强了与美国在安全上的合作，但中厄经济合作没有受到影响。2018年12月，两国签署共建"一带一路"合作谅解备忘录。2022年12月，第十五届中国—拉美企业家高峰会在厄举行。2023年5月11日两国还签署了自由贸易协定。尽管美国仍是厄瓜多尔最大的贸易伙伴，但在2022年中国在非石油贸易上首次超过美国。④

此外，中国不惧怕与美国西方的竞争。美国实力地位和在拉美的影响力下降是不争的事实。在贸易上，2021年中国与南美的双边贸易额超过4000亿美元，而美国只有2950亿美元。在促进地区发展问题上，尽管美国的特朗普政府和拜登政府以及欧盟都提出了与中国"一带一路"的对冲计划，但这些计划无法与中国竞争。一是这些计划的资金投入规模远不及中国对拉美的基础设施投资规模。以美洲增长倡议为例，美国

①Wazim Mowla, "Re-examining Caribbean-Chinese relations", January 12, 2021, DOI: https://theglobalamericans.org/2021/01/re-examining-caribbean-chinese-relations/. [2021-04-27]

②"Panamá Subraya sus Buenas Relaciones con China, sin Conflictos con EUA", EFE, 24 de Junio de 2021, DOI: https://www.eleconomista.net/actualidad/Panama-subraya-sus-buenas-relaciones-con-China-sin-conflictos-con-EUA-20210624-0011.html. [2021-06-30]

③Scott B. MacDonald, "Caribbean international relations: Jamaica, China and the United States", December 19, 2019, DOI: https://theglobalamericans.org/2019/12/the-shifting-tides-in-caribbean-international-relations-jamaica-china-and-the-united-states/. [2020-01-16]

④"Ecuador: Country Overview and U.S. Relations", September 15, 2023, DOI: https://crsreports.congress.gov/product/pdf/IF/IF11218.

国际开发署（USAID）下属的国际发展金融公司（DFC），将海外投资上限提高了一倍，从290亿美元提高到600亿美元，对西半球的融资增加一倍，提高至120亿美元，但远不及"一带一路"的上万亿的投资。因此，这些协议对拉美国家的吸引力不大。此外，美国的许多政治承诺不到位，也影响了拉美国家与美国合作的热情。2019年12月美国发布的"美国增长计划"进展报告，"除了满是术语的在线常见问题解答外，几乎没有什么其他的信息"[①]。拜登政府提出的美洲经济繁荣伙伴关系计划，目前只停留在声明阶段，只是"为未来在关键问题上的谈判指明方向"[②]，并未提出具体的措施。而且，该倡议没有自由贸易和新的市场准入承诺。另外，拜登政府为避免因获得国会批准导致延误和挑战，只是将该倡议作为一项行政协议来实施，因此，美国对APEP支持的持久性受到质疑，拉美国家的参与热情不高[③]。虽然乌拉圭希望与美国谈判FTA，但由于美国国内的贸易保护主义抬头，而遭到拒绝。对于与中国谈判FTA的质疑，乌拉圭右翼总统拉卡列表示，"我只能把鸡蛋放在我能放的地方"[④]。对此，智利前驻华大使、波士顿大学帕迪全球研究学院教授贺乔治（Jorge Heine）表示："美国正在与中国争夺在拉丁美洲的影响力，但它没有什么可以摆上台面的。""今天，中国是整个南美以及大多数南

① Mat Youkee, "What is América Crece, the US response to the Belt and Road in Latin America?", September 18, 2020, DOI: https://dialogochino.net/en/infrastructure/37481–what–is–america–crece–the–us–response–to–the–belt–and–road–in–latin–america/.

② White House, "Joint Declaration on The Americas Partnership for Economic Prosperity", January 27, 2023, DOI: https://www.whitehouse.gov/briefing–room/statements–releases/2023/01/27/joint–declaration–on–the–americas–partnership–for–economic–prosperity/.

③ Gregory Spak, Francisco de Rosenzweig, Earl Comstock, "The future of US–Latin America trade relations: What can we achieve in the next few years?", 25 October 2022, DOI: https://www.whitecase.com/publications/insight/latin–america–focus–fall–2022–future–us–latam–trade–relations.

④ Luis Lacalle Pou ante la Asamblea de la ONU: "Uruguay está en un proceso de abrirse más al mundo，22 de Septiembre de 2021, DOI: https://www.infobae.com/america/america–latina/2021/09/22/luis–lacalle–pou–ante–la–asamblea–de–la–onu–uruguay–esta–en–un–proceso–de–abrirse–mas–al–mundo/.

美国家的主要贸易伙伴……就纯粹的市场力量而言,中国非常强大。"①

特朗普政府在执政后期曾计划推出促进生产链"回归美洲"的计划,准备利用财政奖励措施来鼓励美国企业将亚洲的生产设施转移到美国和拉美国家。2022年4月,美国国会议员提出了《西半球近岸法》(Western Hemisphere Nearshoring Act),该法案将通过税收减免和从发展金融公司(DFC)获得低息贷款的制度安排,鼓励美国公司将其供应链转移到拉美。拉美国家对美国的近岸和友岸外包战略表现出深厚的兴趣,希望在全球产业链重组的过程中获益,扩大投资,促进本国工业发展。然而,近岸和友岸外包能否使拉美国家受益取决于诸多条件,如劳动力套利、产业配套、自由贸易协定、投资条件、市场规模等。除墨西哥和少数中美洲国家之外,多数拉美国家难以成为产业转移的承接地。根据美洲开发银行的报告,全球价值链重组将为该地区带来巨大短期收益的答案是否定的,也许只有墨西哥是个例外②。

总之,面对各种挑战,中国应保持战略耐心和战略定力,按照自身的节奏,以平等、互利、合作、共赢的人类命运共同体的理念为指导,在"一带一路"倡议引领下,加强与拉美国家的务实合作,促进共同利益和身份认同,推动中拉命运共同体走深走实。

---

① Phelim Kine, "China's long shadow looms over Biden's Americas summit", 06/09/2022, DOI: https://www.politico.com/newsletters/politico-china-watcher/2022/06/09/chinas-long-shadow-looms-over-bidens-americas-summit-00038291.

② Mauricio Mesquita Moreira, Juan S. Blyde, et al., "The Reorganization of Global Value Chains: What's in it for Latin America and the Caribbean?", IDB Working Paper Series No. IDB-WP-01414, 2022. DOI: https://publications.iadb.org/en/reorganization-global-value-chains-whats-it-latin-america-and-caribbean. [2023-01-10]

参考文献

一、中文文献

（1）赵汀阳：《天下体系：世界制度哲学导论》，南京：江苏教育出版社2005版。

（2）[巴西] 奥利弗·施廷克尔：《中国之治终结西方时代》（Post Western World），宋伟译，中国友谊出版公司2017年版。

（3）任晓：《共生：上海学派的兴起》，上海：上海译文出版社2015版。

（4）秦亚青：《关系与过程——中国国际关系理论的文化建构》，上海：上海人民出版社2012年版。

（5）张立文：《中国传统和合文化与人类命运共同体》，北京：中国人民大学出版社2019年版。

（6）马俊峰、马乔恩：《构建人类命运共同体的历史性研究》，北京：人民出版社2019年版。

（7）吴白乙：《转型中的机遇：中拉合作前景的多视角分析》，北京：经济管理出版社2013年版。

（8）赵重阳、谌园庭：《进入"构建发展"阶段的中拉关系》，《拉丁美洲研究》，2017年第5期。

（9）郭存海：《中共十八大以来中国对拉美的政策与实践》，《拉丁美洲研究》，2017年第2期。

（10）范和生、唐惠敏：《全球化背景下中拉共同体关系研究》，《太平洋学报》，2016年第11期。

（11）李菡、韩晗：《构建中拉命运共同体的文化支柱——以乌拉圭为例探析拉美文化特性》，《江苏师范大学学报（哲学社会科学版）》，2017年第5期。

（12）吴白乙：《全球化与"一带一路"视角下的中拉发展战略对接》，《拉丁美洲研究》，2017年第6期。

（13）谢文泽：《"一带一路"视角的中国–南美铁路合作》，《太平洋学报》，2016第10期。

（14）刘铭赜：《拉美国家融入"一带一路"的必要性，可行性与路径选择》，《西南科技大学学报（哲学社会科学版）》，2018年第1期。

（15）李慧：《"一带一路"倡议下中拉能矿行业的投资合作问题及其对策》，《西南科技大学学报（哲学社会科学版）》，2019年第3期。

（16）［美］亚历山大·温特：《国际政治的社会理论》，秦亚青译，上海：上海人民出版社，2014年10月版。

二、外文文献

（1）Rhys Jenkins, *How China is Reshaping the Global Economy: Development Impacts in Africa and Latin America*. Oxford University Press, 2018.

（2）Gastón Fornés and Alvaro Mendez, *The China-Latin America Axis- Emerging Markets and their Role in an Increasingly Globalised World*, Palgrave Macmillan, 2018.

（3）Jean A. Berlie ed. *China's Globalization and the Belt and Road Initiative*. Palgrave Macmillan, 2020.

（4）Francisco Javier Valderrey, Miguel Àngel Montoya and Adriana

Sánchez, "Latin America: The East Wing of the New Silk Road", *Competition and Regulation in Network Industries,*2019.

（5）Marcos Cordeiro Piresy Luís Antonio Paulino, *Reflexões sobre Hegemonia e a Política Internacional da China: a Iniciativa "Cinturão e Rota" como uma Estratégia de Desenvolvimento Pacific*, Relaciones Internacionales, Vol. 26 Núm. 53, 2017.

（6）William A. Callahan, *"China 2035: from the China Dream to the World Dream", Global Affairs,* Vol.2, No.3, 2016.

（7）Joseph S. Tulchin, *"Regional Security in Latin America after US Hegemony." Power Dynamics and Regional Security in Latin America*, Palgrave Macmillan, 2017.

（8）Cui Shoujun, Pérez García, Manuel (Eds.)，*China and Latin America in Transition*，Palgrave Macmillan US, 2016.

（9）Ignacio Medina Núñez,"Culture as Social Capital for Development and Integration in Latin America", *Contextualizaciones Latinoamericanas,* No. 15, 2016.

（10）Miguel A. Montoya, Daniel Lemus, and Evodio Kaltenecker, "The Geopolitical Factor of Belt and Road Initiative in Latin America: The cases of Brazil and Mexico", *Latin American Journal of Trade Policy,* No.*6,* 2019.

（12）Osvaldo Rosales，*El Sueño Chino Cómo se ve China a sí Misma y cómo nos Equivocamos los Occidentales al Interpretarla*，CEPAL，Febrero 2020.

三、补充文献

（13）Andres Borquez, Felipe Muñoz, Diego Leiva, "The Growing

Chinese Economic Presence in Chile: Opinions Among the Chilean Elite", *China Review*, Vol. 23, No. 3, 2023, pp. 131−154.

（14）Mari Carmen Ramírez, Tomas Ybarra-Frausto and Héctor Olea edited, *Resisting Categories: Latin American and/or Latino?,* Yale University Press, 2012, pp.183−184.

（15）Carlos Fortín, Jorge Heine y Carlos Ominami(editor), *El No Alineamiento Activo y América Latina: Una Doctrina para el Nuevo siglo,* Santiago, Chile: Catal, 2021.

（15）Andrés Serbin (Editor), *América Latina y el Caribe frente a un Nuevo Orden Mundial: Poder, globalización y respuestas regionales, Icaria Editorial,* 2018, http://www.cries.org/wp-content/uploads/2018/06/CRIESnuevo-orden-mundialFINALWEB1.pdf. [2018−08−06]

（16）Eduardo Daniel Oviedo, "Argentina frente a la Comunidad de Destino de la Humanidad", *Análisis y Pensamiento Iberoamericano sobre China,* No. 55, 2018.